고유지능

PRIMAL INTELLIGENCE
You Are Smarter Than You Know

Copyright © 2025 by Angus Fletcher
All right reserved.

Korean translation copyright © 2025 by Influential, Inc.
Korean edition is published by arrangement with Avery, an imprint of Penguin Publishing Group,
a division of Penguin Random House through Alex Lee Agency ALA.

The publisher will include any and all disclaimers that appear on the proprietor's copyright page
of the book in the publisher's editions of the work.

이 책의 한국어판 저작권은 알렉스리 에이전시 ALA를 통해
저작권자와 독점 계약한 ㈜인플루엔셜에 있습니다.
저작권법에 의해 국내에서 보호를 받는 저작물이므로 무단 전재와 복제를 금합니다.

고유지능

당신 안에 있는 위대한 지성을 깨워라

PRIMAL
INTELLIGENCE

앵거스 플레처 지음 | 김효정 옮김

INFLUENTIAL
인플루엔셜

어릴 적 윌리엄 블레이크의 시
〈타이거, 타이거Tyger, Tyger〉를 읽어주신 아버지에게

이 책에 대한 찬사

● 앵거스 플레처의 《고유지능》은 우리가 종종 잊고 지내는, 그러나 인간만이 가진 힘의 근원을 다시 일깨운다. 인공지능이 모든 영역에 스며드는 시대에, 저자는 인간이 결코 기계에 넘겨줄 수 없는 지능의 핵심, 즉 직관, 상상력, 감정, 상식을 탁월한 서사와 과학적 통찰로 복원해낸다. 이 네 가지 능력은 단순한 심리적 도구가 아니라, 불확실성을 헤쳐나가고 새로운 길을 개척하게 하는 인간 두뇌의 진화적 선물임을 설득력 있게 증명한다.

플레처의 논지는 매혹적이다. 그는 셰익스피어의 무대, 베토벤의 악보, 마야 안젤루의 목소리, 링컨의 연설을 차례로 불러내며, 위대한 사상가와 창조자들이 어떻게 '고유지능'을 발휘했는지를 보여준다. 동시에 그는 전장과 회의실, 그리고 일상의 순간들에서 이 지능이 어떻게 인간을 지탱하고 혁신으로 이끌었는지를 날카롭게 포착한다. 독자는 책장을 넘길수록, 데이터와 알고리즘으로 환원될 수 없는 인간 정신의 독창성과 회복탄력성, 그리고 개성적인 상상력이 가진 잠재력을 실감하게 될 것이다.

뇌과학자의 눈으로 보았을 때,《고유지능》은 단순한 자기계발서가 아니라 인간 사고의 본질에 관한 일종의 선언문이다. 우리의 뇌는 계산기가 아니라 서사적 발명 기계이며, 불확실성을 오히려 새로운 가능성으로 바꿔내는 경이로운 베틀이다. 이 책은 독자들로 하여금 자신 안에 잠들어 있던 본래의 지능을 다시 신뢰하고, 그것을 삶의 도전 속에서 살아 있는 힘으로 추동하게 만든다. 오늘날 인간의 독창성과 존엄을 재확인하게 해주는, 우리 시대가 간절히 필요로 하는 책이다.

— 정재승, KAIST 뇌인지과학과 교수

● 획기적이다!

―미 육군

● 인간의 잠재력을 탐구하는 매혹적인 여정을 담은 이 책은 우리의 '생각하는 방식' 자체를 바꿔놓는다. 앵거스 플레처는 셰익스피어가 특수부대에게 왜 중요한지, 반 고흐가 혁신에 관해 무엇을 가르쳐줄 수 있는지, 마리 퀴리의 직관이 물리학을 어떻게 변화시켰는지를 광범위하면서도 생생한 통찰로 풀어낸다. 불확실한 세상에서 성공하고자 하는 모든 이에게 필요한 안내서다.

―다니엘 핑크Daniel Pink, 미래학자이자 《드라이브》 저자

● 내가 오랫동안 품어왔던 확신 하나가 이 책을 통해 증명되었다. 앵거스 플레처는 단 한 번도 평범한 생각을 해본 적이 없는 사람이다!

―말콤 글래드웰Malcolm Gladwell, 《아웃라이어》 저자

● 호기심을 자극하고, 흥미로우며, 쉽게 읽힌다. 플레처는 수많은 역사적·과학적 사례를 통해 인간이 실제로 어떤 능력을 지니고 있는지, 그리고 그 능력을 어떻게 더욱 날카롭게 연마할 수 있는지를 보여준다.

─《월스트리트 저널》

● 앵거스 플레처는 가장 독창적인 사상가 중 한 명이다. 그의 핵심 메시지는 단순하면서도 강력하다. 변동성이 크고 불확실성이 높은 환경에서는, 논리와 데이터보다 직관과 상상력이 더 큰 힘을 발휘한다는 것. AI는 빠르지만, 적응하고, 이야기하고, 예외를 감지하는 능력만큼은 여전히 인간이 앞선다. 무엇보다도 그의 연구는 경계를 넘나드는 진정한 '융합 지성'이다.

─**빅 싱크**Big Think

서문

인간은 인공지능을 뛰어넘을 수 있는가

캠퍼스 잔디에 있는 대령을 눈여겨보는 사람은 아무도 없었다. 활기찬 봄날이었다. 학생들은 강의실로 달려가거나 휴대전화에 정신이 팔려 있었다. 어쨌거나 눈에 띄지 않는 것이 대령의 임무였다. 평범한 체격에 무채색 옷을 걸친 그는 태평양의 코코넛 섬에서부터 콘크리트로 지은 페르시아 궁전, 달빛 아래 총알이 날아다니는 골목까지, 수천 개의 목표물에 낙하산을 타고 내려갔다. 어디를 가든 그는 모습을 감췄다.

2021년 3월, 대령은 오하이오주립대학교에 낙하했다. 그가 벽돌과 유리로 지어진 건물이 즐비한 드넓은 공립대학교에 잠입한 것은 소문을 확인하기 위해서였다. 미 육군에서 복무하는 20년 내내 대령은 심령 스파이, 오라 측정기, 초광속 비행기에 대한 소문을 조사했다. 하지만 이토록 믿기 힘든 이야기를 조사하는 것은 오랜만이었다. 오하이오주립대학교의 싱크탱크가 스티브 잡스Steve Jobs를 비롯해 마야 안젤루Maya Angelou, 니콜라 테슬라Nikola Tesla, 빈센트 반 고흐Vincent van Gogh의 천재성을 뒷받침하는 신비한 뇌 부위를 발견했다는 소문이었다.

가볍게 탐문하던 대령은 놀랍게도 싱크탱크가 실제로 존재한다는 사실을 알게 되었다. 싱크탱크는 한때 대학 행정본부였던 건물의 최상층에 있었다. 여름이면 고물 에어컨이 힘겹게 돌아가는 녹슨 건물에는 싱크탱크를 지키는 잠금장치는커녕 입구를 표시하는 표지판도 없었다. 그저 정체를 알 수 없는 사무실이 늘어선 지루한 복도만 보였다. 그런데 의외로 싱크탱크에는 이름이 있었다. 엉뚱한 이름이라고 대령은 생각했다.

'프로젝트 내러티브Project Narrative.'

프로젝트 내러티브는 어떤 군 데이터베이스에도 등재되어 있지 않았다. 하지만 의사, 우주비행사, 시인 등과 공동으로 혁신적인 연구를 진행한 기관으로, 학계에서는 꽤 유명했다. 대령은 검은 테 안경을 쓴 스탠퍼드대학교 박사 출신의 사십 대 남성인 그곳 연구원과 은밀히 친분을 쌓았다. 그 결과 싱크탱크의 활동에 관한 믿기 어려운 소문이 진실이라는 것을 알게 되었다. 적어도 그 연구원은 그렇게 주장했다.

연구원은 자신을 앵거스 플레처 교수 연구소의 수석 분석가 마이크 벤베니스트Mike Benveniste 박사라고 소개했다. 그는 마치 즉석에서 백과사전을 집필하는 것처럼 난해한 이론을 막힘없이 설명했다. 그의 주장에 따르면 플레처 교수의 연구소는 직관, 상상력, 상식, 지적인 감정을 일으키는 인간 고유의 두뇌 능력을 발견했다. 컴퓨터 AI로는 결코 구현할 수 없는 이 능력은 오늘날의 교육에서 철저히 외면받고 있었다. 하지만 잡스, 안젤루, 테슬라, 반 고흐, 마리 퀴리Marie Curie, 에이브러햄 링컨Abraham Lincoln, 웨인 그레츠키Wayne Gretzky, 윌리엄 셰익스피어William Shakespeare 등의 정신적 재능을 펼치게 한 열쇠였다.

대령은 회의적이었다. 회의적인 태도를 유지하는 것 또한 그의 일이었다. 하지만 그가 느낀 건 직업상 으레 품어야 할 회의가 아니었다. 오늘날의 학교 교육에 부족함이 있다는 말은 공감할 수 있었다. 직관의 과학도 수긍할 수 있었다. 하지만 인공지능을 뛰어넘는 능력이라니? 그가 보기에 터무니없고 위험한 생각이었다. 대령은 노련한 컴퓨터 전문가로, 초당 수천 조 건의 연산을 처리하는 메가코어 시스템을 잘 이해하고 있었다. 비록 AI에도 한계는 있지만(어떤 프로그램이 멈출지를 미리 판별하는 게 불가능하다는 앨런 튜링Alan Turing의 정지 문제halting problem 증명이 머릿속에 떠올랐다) 절대 과소평가해서는 안 된다고 배웠다.

대령은 정중히 물었다. "인간 두뇌의 아주 오래된 영역에 숨어 있지만 우주시대의 컴퓨터는 가지지 못한 그 능력은 무엇입니까?" 연구원은 신경과학 용어로 대답했다. 시냅스 전달이 어쩌고, 서사 인지가 어쩌고…. 그러고는 이렇게 요약했다. "우리는 그것을 '고유지능Primal Intelligence'이라고 부릅니다."

고유지능은 단지 이론에 불과했다. 프로젝트 내러티브 밖에서는 검증된 적이 없었다. 너무 새롭고 독특했다. 하지만 연구실의 두툼한 문서를 훑어본 후, 대령은 인정하지 않을 수 없었다. 그 이론은 설득력이 있었다. 상식과 일치했다. 그의 직관과도 일치했다. 물론 아무것도 증명할 수는 없었다. 하지만 수백 차례의 전투에서 그를 살아남게 한 것은 바로 직관이었다. 그래서 그는 심사숙고 끝에 결정을 내렸다.

그는 고유지능을 독자적으로 검증하기로 했다. 물론 그 여정은 만만치 않을 터였다. 대령은 짐 채넌Jim Channon처럼 역사에 기록되고 싶지는 않았다. 육군대학원 장교였던 채넌은 1982년에 뉴에이지 매뉴얼《제1지구 대대The First Earth Battalion》를 집필해 미군 병사들에게 꿈으로 시간을 조작하는 법을 알려주려 했다. 큰 낭패를 피하면서 믿기지 않는 대상을 탐구하려면, 상상력이 뛰어나지만 헛소리는 용납하지 않는 사람들이 실험을 진행해야 했다. 그런 사람은 흔치 않았지만 미 육군에는 그런 인재를 육성하는 파이프라인이 있었다. 바로 특수부대였다.

대령은 그 파이프라인을 잘 알았다. 자신을 길러낸 곳이었기 때문이다. 그곳에서는 휴대용 GPS, 피를 빠르게 응고시키는 거즈, 그리고 대중에게 공개하기에는 비밀스러운 첨단 장비를 만들어냈다. 이런 임무들이 성공할 수 있던 건, 거대한 위험에 과감히 도전하려는 특수부대의 의지 때문만이 아니었다. 혹독한 환경에서 고달픈 임무를 수행하는 요원들은 '매직 해피magic happy'를 전혀 용납하지 않았다. 매직 해피란 현실에 부딪치면 산산이 부서져버리는 그럴듯한 공상을 의미했다. 매직 해피는 환각적 신비주의이자 관념주의였다. 후방에서는 사치였고, 전방에서는 재앙에 가까운 것이 바로 매직 해피였다.

특수부대는 고유지능을 매직 해피로 취급할까? 대령은 사실을 확인하기 위해 수화기를 들었다. 잠시 후 그는 답을 얻었다. 특수부대는 고유지능을 검증하기로 했다. 오하이오주립대학교의 싱크탱크처럼 그들도 직관과 상식을 믿는 사람들이었다. 고유지능이 그들에게 더 많은 것을 줄 수 있다면? 한 번쯤은 시도해볼 가치가 있는 일이다.

위성 교란기와 레이더 유도 벌컨포로 보호되고, 청동빛 바위와 강철 빔으로 지어진 비밀 기지에서, 미 특수부대는 플레처 연구소의 이론을 완전히 체득했다. 대령의 지휘에 따라 그들은 그것을 실제 훈련으로 발전시켰다. 이어서 그 훈련을 육군의 최정예 부대에 적용했다. 그들의 이름은 비밀에 부쳐졌고, 임무는 기밀 사항이었다.

훈련은 효과가 있었다. 요원들은 미래를 더 빨리 내다보았다. 트라우마를 신속히 극복했다. 생사의 갈림길에서 더 현명한 선택을 내렸다. 2023년에 군은 플레처 연구소에 '혁신적인 연구'라 공표하고 훈장을 수여했다. 고유지능의 존재를 공식적으로 인정한 것이다.

이 책에는 프로젝트 내러티브와 미 특수부대가 개발한 훈련법이 담겨 있다. 훈련은 간단하지만 쉽지 않다. 최적화 요령이나 치트키가 아니다. 뇌를 다르게 사용하는 방법이다.

이 훈련은 직관, 상상력, 감정, 상식을 활성화해 빈센트 반 고흐, 니콜라 테슬라, 마야 안젤루, 스티브 잡스 등이 발휘했던 힘을 일깨울 것이다. 그 결과 당신은 지금껏 잊고 있던 노하우를 모두 활용할 수 있다. 잃어버린 본성, 즉 고유지능을 되찾을 수 있다.

프롤로그
잃어버린 본성, 잠든 뇌의 능력을 깨워라

2000년대 초, 미 육군 특수부대는 문제의 조짐을 보았다. 외부의 문제가 아닌 내부의 문제였다. 젊은 신병들이 의사결정, 전략 계획, 리더십에서 기대 이하의 성과를 내고 있었다. 사실 신병들의 IQ는 매우 높았다. 아이디어 창출, 합리적 분석을 비롯한 다른 지표에서도 최고 수준을 보였다. 하지만 역동적으로 변화하는 환경에서 그들의 정신 능력은 취약했다. 한 관찰자는 이렇게 평가했다. "그들은 수학 문제는 잘 풀어도 인생 문제는 풀 줄 모릅니다."

비단 육군만의 문제가 아니었다. 신병들 자신에게도 심각한 문제였다. 그들은 분노를 폭력적으로 표출하고, 인간관계를 망치고, 쉽게 약물 중독에 빠졌다. 더구나 이런 상황이 점점 악화되고 있어 육군은 크게 우려했다. 신병들의 역량은 2000년보다 2010년에 더 나빠졌고, 2020년에는 더 심각해졌다. 알 수 없는 이유로 젊은 미국인들의 정신이 망가지고 있었다. 2021년 3월, 육군은 해답을 찾기 위해 내게 연락했다. 그들은 내가 지능을 개발하는 접근 방식을 가지고 있다는 말을 들었다고 했다. 그리고 이렇게 물었다. "우리 신병들에게 어떤 조언을 해줄 수 있습니까?"

나는 잠시 말을 잃었다. 군대와 함께 일해본 적 없거니와 살인 병기를 만드는 데 기여하고 싶은 생각도 없었다. 전쟁의 참혹함이 어떤 것인지는, 그 생존자를 만나며 이미 뼈저리게 느꼈다. 공습으로 고아가 된 리비아의 아이들, 폭격으로 팔다리를 잃은 바그다드의 십 대들, 아들들을 불태운 바로 그 무장 헬기에 의해 삶터를 잃고도 향신료 시장을 다시 세워야 했던 아프가니스탄 여성들.

그러나 나는 전쟁에 반감을 품은 만큼, 젊은이들에 대한 육군의 걱정도 충분히 이해할 수 있었다. 20년 동안 교수 생활을 하면서 나 역시 대학생들이 표준화된 시험 문제는 잘 풀어도 실생활의 문제 해결은 어려워하는 모습을 자주 봐왔기 때문이다. 이념적 경직, 공연한 불안, 권위에 대한 복종, 비현실적 사고는 갈수록 심해졌다. 졸업 후에도 직장에 제대로 적응하지 못해 어쩔 수 없이 학위를 따러 돌아오는 학생들은 그나마 운이 좋은 편이었다. 더 심각한 경우 정신병동 침대에서 내게 편지를 보내거나, 합성 마약을 탄 물병을 갖고 다니며 직장에서 겨우 버티고 있다고 고백하거나, 평화를 찾아 안데스 산맥으로 하이킹을 떠났다가 투신으로 생을 마감하는 사람도 있었다.

학생들이라고 사정이 다르지 않았다. 내 아들과 딸은 미국 중서부의 공립초등학교에 다녔다. 매일 아침 두 아이가 푸른색으로 칠해진 학교 정문 안으로 들어가는 모습을 바라보며, 30년간의 연구로 알게 된 사실을 떠올렸다. 매일 수업에 집중할수록 자립심, 적응력, 회복탄력성은 점점 떨어진다는 것이었다.

육군이 찾아왔을 때, 그런 추세를 바꿔보고 싶은 내 바람만으로 그들의 요청을 받아들인 것은 아니다. 내게는 별로 이타적이지 않은 다른 동기가 있었다. 그 동기는 특수부대가 노스캐롤라이나 해안지대, 흑곰이 서식하는 숲과 습지로 뒤덮인 디즈멀 늪지대 인근에서 열리는 훈련에 나를 초대했을 때 드러났다.

나는 마치 고등학교 체육 교사처럼 축구화와 스톱워치를 챙겨 그곳에 도착했다. 내가 본 모든 것을 기록할 작정이었다. 새벽에 장갑 트럭에 실려 저격수가 지키는 산길을 따라 이동했다. 그리고 늪지 특유의 이끼 냄새와 씹는 담배에서 풍겨나오는 민트 향이 뒤섞인 공기 속에서 특수부대 교관들과 마주했다. 그들은 나를 녹슨 화물 컨테이너가 있는 햇살 가득한 마을의 질퍽한 오솔길로 천천히 안내했는데, 그때 뜻밖에도 포탄이 요란하게 터졌다.

나는 곧장 폭발 지점으로 달려갔다. 놀란 교관이 나를 뒤쫓았다. 그는 내 팔을 붙잡으며 폭발음과 땅이 흔들리는 소리 속에서 소리쳤다. "엎드려요! 머리를 땅에 대고 귀를 막아요!"

진동과 굉음이 가라앉자, 교관은 나를 신기하다는 듯이 바라보았다. "폭발이 일어나면 대부분은 동요하죠. 움찔하거나 얼어붙거나 물러선다고요. 그런데 당신은 반대로 행동했어요. 쾅! 포탄이 터지는 순간에 그쪽으로 다가갔잖아요. 주저 없이 열기 속으로 뛰어들었죠. 그런 행동은 어디서 배웠습니까?"

나는 배운 적이 없었다. 본능적인 반응이었다. 교관이 이유를 캐묻자, 나는 고대 로마의 박물학자 플리니우스Gaius Plinius Secundus의 이야기를 들려주었다. 예수 탄생 20년 후, 로마제국이 광기에 빠져 있던 시기에 태어난 플리니우스는 모든 것을 알고자 하는 열망에 사로잡혔다. 태양의 기원, 들장미 뿌리의 치유력, 표범의 심장 박동까지. 그는 일생을 바쳐 수집한 세상의 온갖 지식을 《박물지Natural History》라는 37권의 방대한 책으로 편찬했다. 그러나 서기 79년의 어느 화창한 가을 오후, 베수비오 화산이 폭발해 이탈리아 남서부 하늘을 굉음과 화염으로 뒤덮으면서 그의 글쓰기도 중단되었다.

나폴리 해변가 별장의 아늑한 테라스에서 대기의 소용돌이를 지켜보면서도 플리니우스는 움찔하거나 얼어붙거나 물러서지 않았다. 화산 폭발을 처음 보는 그는 오히려 불타는 호기심을 느끼고 배에 뛰어올라 용암을 향해 노를 저었다. 그는 '지옥불'에서 무엇을 보았을까? 불의 어떤 비밀을 발견했을까? 우리는 결코 알 수 없다. 그는 지하에서 올라온 연기에 질식해 목숨을 잃었고, 그의 시신은 화산재에 묻혔다.

"궁금한 건 절대 못 참는 사람이었나 봅니다." 교관이 웃으며 말했다.

그랬다. 나도 그런 사람이다. 그래서 나는 디즈멀 늪지대의 폭발 현장으로 달려갔고, 비슷한 이유로 특수부대와의 협업도 선뜻 받아들였다. 주류에서 벗어난 이론을 연구하는 사람이 다 그렇듯 나는 늘 외롭고 쪼들렸다. 그런데 이제 미군이 그레이스 호퍼Grace Hopper에게 해준 일을 내게도 해주겠다고 제안하고 있었다.

배서칼리지 교수였던 호퍼는 1940년대에 자연어 프로그래밍을 개발했는데, 당시 해군이 제공해준 5톤짜리 전자기계식 계산기인 하버드 마크 1을 가지고 파격적인 아이디어를 실현할 수 있었다.

수년간 나는 내 파격적인 통찰들을 시험해보고 싶었다. 지친 밤에도 잠을 이루지 못하고 생각했다. '내 생각이 옳은 걸까?' 그래서 나는 단지 생각이 다르다는 이유만으로, 자발적으로 다가온 연구 파트너를 거부할 수 없었다. 사실 생각이 달랐기 때문에 그들의 제안이 더욱 흥미롭게 느껴졌다.

차분하지만 진취적인 중령 톰 게인스Tom Gaines와 함께하면서, 내 학문적 연구를 특수부대가 수십 년 동안 쌓아온 비정규 훈련 시스템과 결합했다. 우리는 군에서 말하는 VUCA, 즉 변동성Volatility, 불확실성Uncertainty, 복잡성Complexity, 모호성Ambiguity의 상황에서 현명하게 행동하도록 뇌를 훈련하는 새로운 방법을 개발했다. 그리고 그 방법을 어떤 지도에도 존재하지 않을 만큼 비밀리에 운영되는 육군 특수부대의 한 학교에 넘겼다.

그 실험은 상당한 효과를 냈다. 시간제한이 있는 상황에서 창의적인 계획과 전략적인 실행 능력이 크게 향상되었다. 육군 측의 표현에 따르면 요원들은 VUCA 상황에서 더 현명했고, 혼란 속에서 더 민첩했다.

첫 성공 이후 육군은 내게 임무에 투입될 요원들이 훈련하는 모습을 참관할 수 있는 기회를 주었다. 1년간의 공동 연구 끝에 우리는 그 훈련을 육군의 비정규전 특수부대인 그린베레Green Berets에 제공해 고위 간부들의 극찬을 받았다. 그다음 이 훈련을 캔자스주 레번워스에 있는 육군 리더십 과정인 지휘참모대학교로 가져가, 150명 이상의 고위 장교를 대상으로 별도의 과학 실험을 실시했다. 육군의 평가 지표에 따르면, 이 훈련은 창의적 문제 해결 점수를 보통에서 우수로, 우수에서 최우수로, 최우수에서 탁월로 끌어올렸다.

그 후 우리는 이 훈련을 민간 분야에도 적용했다. 외과의사, 조종사, 기업 임원, 우주비행사, 사업가, 투자자, 영업팀, 사회복지사, 의사, 간호사, 교사, 코치, 운동선수, 학부모 등등. 이를 통해 그들은 의사결정, 혁신, 소통, 리더십이 향상되었다.

이 교육은 대학으로도 확대되었다. 육군 ROTC를 시작으로 학부생, 우등 졸업생, 전문 과정(경영학 석사, 미술학 석사, 의학 박사, 교육학 석사, 공학 박사)까지 이어졌다. 그 결과 실생활에서 겪는 어려움을 극복하는 능력이 눈에 띄게 향상되었다. 학생들은 변화와 불확실성에 더 잘 대처했고, 스트레스와 분노를 덜 표출했다. 전례 없는 기회를 예상하고 다른 사람들에게 길을 제시했다.

마침내 경험이 풍부한 공교육 교사들의 도움을 받아 내가 처음부터 꿈꿔왔던 것을 이룰 수 있었다. 공립초등학교 학생들에게 이 훈련을 적용한 것이다. 그 결과 겨우 여덟 살 어린이들조차 상당한 효과를 보았다.

그것은 어떤 훈련이었을까? 내 독특한 이론이 어떻게 이처럼 효과를 볼 수 있었을까?

4가지 고유한 능력

내 이론은 현대 사회가 지능을 잘못 정의했다는 데서 출발한다. 미국 교육부, 마이크로소프트와 구글, 노벨경제학상, 중국 정부, IQ 테스트 등에서 지능은 대부분 '논리'에 대한 능력으로 정의된다. 일상적인 대화에서 논리는 합리적인 사람이 이해할 수 있는 사고방식 전반을 의미하지만, 보다 정확히 정의하자면 컴퓨터로 자동화할 수 있는 기계적 연산을 말한다. 2천여 년 전에 그리스의 박식한 철학자 아리스토텔레스가 발견한 이 연산은 인공지능 외에도 산술, 통계, 설계, 데이터 분석, 귀납, 연역, 해석, 비판적 사고, 베이즈 추론(베이즈 정리에 따라 새로운 데이터나 증거가 나타날 때마다 기존 지식이나 확률에 반영해 더 정확한 결론을 얻는 추론 방식 - 옮긴이), 최적화, 아이디에이션, 행동경제학, 조직심리학, 시스템 2(경제학자 대니얼 카너먼 Daniel Kahneman이 제안한 인간의 두 가지 사고 시스템 중 하나로 빠르고 자동적이고 직관적이며 감정적인 시스템 1에 대비되는, 느리고 의식적이며 노력이 필요한 분석적 사고 - 옮긴이), 패턴 찾기 등 21세기 교실에서 가르치고 평가하는 거의 모든 것의 기반이다.

논리는 지능의 본질로 인식될 뿐만 아니라 인간이 수년 동안 공부해야 하는 어려운 학문이기 때문에 교육 현장을 지배하고 있다. 그렇다면 이런 의문이 생긴다. 논리를 공부하지 않으면 우리의 뇌는 어떻게 생각할까? 인간이 지닌 본연의 사고방식은 무엇일까?

이 질문에 논리는 이렇게 답한다. 인간의 뇌는 본래 무작위성과 오류라는 두 가지 비논리적 행동 성향을 가지고 있다. 무작위성은 논리의 부재고, 오류는 논리의 정반대다. 논리학자의 관점에서 무작위성은 창의성의 원천이 될 수 있으므로 가치가 있다. 그러나 오류의 근본 원인인 감정과 인지 편향은 제거해야 할 대상이다.

하지만 이렇게 뇌를 논리적으로 보는 관점은 가당치 않다. 이는 생물학의 기본에 어긋난다. 다만 학교에 들어간 순간부터 끊임없이 주입되기 때문에 합리적으로 보일 뿐이다. 세뇌의 결과는 우리에게 유해하다.

세뇌에서 벗어나려면 가장 먼저 지능이 단순히 무작위성의 폭발로 보강된 논리를 넘어선다는 점을 인정해야 한다. 무작위성은 변덕스럽고 비효율적이지만, 지능은 목적이 있고 신중하다. 그래서 인간의 뇌는 무작위로 작동하지 않는다.

이를 증명할 방법이 있다. 무작위 숫자 목록을 만들어보라. 아마 더디게 적어나갈 것이고, 결국 무작위가 아닌 숫자 패턴이 형성될 것이다. 그렇다고 당신의 뉴런이 논리를 실행하고 있다는 뜻은 아니다. 논리에는 데이터가 필요한데, 현실에서 데이터는 거의 항상 부족하다. 살면서 겪게 되는 불안정하고 어두운 상황을 처리하기 위해 우리 뇌는 정보가 거의 없거나 아예 없어도 영리하게 행동하는 법을 발달시켜야 했다. 그렇게 하지 못했다면 지능은 별 쓸모가 없었을 것이다.

요컨대 우리 뇌에는 임의적이지 않은 비논리적 지능이 있다. 이 지능은 데이터에 의존하는 AI의 회로보다 수백만 년 앞서, 원시시대의 우리 조상에게 미지의 세계에서 살아남을 수 있는 능력을 부여하며 진화해왔다. 처음에 이 능력은 단순히 삶의 방식으로 받아들여졌다. 하지만 조상들이 스스로를 성찰하면서, 자신의 지능을 탐구하는 데 곧바로 이 지능을 사용하게 되었고, 그 결과 지능에는 직관, 상상력, 감정, 상식이라는 네 가지 고유한 능력이 있음을 알게 되었다.

- 직관은 세상의 숨겨진 규칙을 인식한다.
- 상상력은 미래를 만든다.
- 감정은 개인이 어떤 경로로 성장할지를 정한다.
- 상식은 불확실성 속에서 현명한 결정을 내린다.

인간은 이 네 가지 고유한 능력 덕분에 정보가 거의 없어도 현명하게 행동할 수 있다. 물론 인간이 항상 현명하게 행동한다는 뜻은 아니다. 하지만 '현명하게 행동할 수 있다'는 사실은 AI가 제 구실을 못하는 상황에서도 성공할 수 있는 이유다. AI는 논리적 추론을 할 수 있고 무작위적으로 아이디어를 쏟아낼 수 있다. 하지만 상식이나 상상력은 기계적으로 발휘되는 것이 아니므로, 데이터가 부족하거나 빈약할 때는 인간의 뇌보다 성능이 떨어진다. 따라서 컴퓨터의 사고는 혁신과 리더십 그리고 대부분의 일상생활에서 실패하게 된다.

논리의 이러한 현실적 한계는 오늘날의 교육 시스템이 실패하는 이유를 보여준다. 학생들을 컴퓨터처럼 생각하게 만들어 컴퓨터가 잘할 만한 일을 하도록 훈련시킬 뿐, AI가 따라 할 수 없는 인간 본연의 지혜는 길러주지 못하기 때문이다. 결국 미래 세대는 원시 인류보다도 실용적 지능이 떨어지는 2류 알고리즘이 될 수 있다.

그렇다고 학교를 없애야만 이 상황을 해결할 수 있다는 말은 아니다. 디자인씽킹design thinking(디자이너가 제품이나 서비스를 설계할 때 사용하는 과정을 차용한 문제 해결 방식-옮긴이)과 통계는 유용한 도구가 될 수 있다. 하지만 고유지능의 뿌리를 강화해 교육의 질을 높일 필요는 있다. 고유지능의 뿌리는 마법이 아니다. 의식consciousness도 아니고 신비로운 힘도 아니다. 그것은 컴퓨터 논리 게이트에는 존재하지 않고 전자 트랜지스터로는 결코 구현할 수 없는, 동물의 뉴런이라는 물리적 구조 속에서 작동하는 기계적 과정이다.

마법이 아닌 이런 현실의 창의성은 어디서 나오는 것일까? AI는 절대 가질 수 없는 지혜를 갖게 해주는 두뇌의 오래된 능력은 무엇일까? 바로 이 지점에서 내 이론은 너무나 이례적이어서 미 육군 특수부대를 제외한 모든 사람에게 거부당했다. 내 이론은 직관, 상식을 비롯한 고유지능은 서사 인지narrative cognition에 의해 움직인다는 것이다. 쉽게 말해 인간의 뇌가 실생활에서 더 똑똑한 이유는 '이야기'로 생각하기 때문이다.

당신이 특수 요원처럼 이례적인 사고를 하는 사람이 아니라면 '이야기로 생각하는 것'이 본연의 천재성을 발휘하는 비결이라는 주장에 회의적일 것이다. 더구나 폭발이 일어난 곳으로 무작정 달려가는 사람이 개발한 지능 이론을 왜 믿어야 할까?

그런 의심 때문에 내 이론(서사 인지가 뇌에서 어떻게 작동하는지, 그리고 AI에게는 왜 그것이 불가능한지)을 철저히 파헤치고 싶다면, 3부에서 그와 관련한 과학적 근거를 확인하면 된다. 하지만 10장까지는 다른 회의론자들을 이미 설득한 효과적인 훈련법을 설명할 것이다.

이 훈련은 2부에서 다룰 혁신, 회복탄력성, 의사결정, 소통, 코칭, 리더십 등 삶의 기술을 키워줄 것이다. 1부에서는 고유지능의 네 가지 핵심 능력인 직관, 상상력, 감정, 상식 가운데 가장 먼저 직관을 강화하는 것부터 시작할 것이다.

차례

이 책에 대한 찬사 6
서문 인간은 인공지능을 뛰어넘을 수 있는가 10
프롤로그 잃어버린 본성, 잠든 뇌의 능력을 깨워라 15

1부 | 잠든 뇌의 스위치를 켜라
AI는 구현할 수 없는 인간 고유의 4가지 힘

1장 [직관] 예외를 포착하는 눈
─빈센트 반 고흐와 마리 퀴리처럼 새로운 규칙을 발견하라

직관은 규칙의 틈새에서 시작된다 39 | 잡음 속에서 규칙을 찾아내라 43 | 진실은 언제나 예외에 숨어 있다 50 | 아이처럼 모든 것을 새롭게 보라 54 | 이야기 속에서 직관을 다시 만나라 58 | 판단을 멈추고 질문하라 61

2장 [상상력] 존재하지 않는 것을 보는 힘
─베토벤과 특수 요원처럼 미래를 창조하라

보이지 않는 것을 보는 순간, 미래가 열린다 69 | 이야기는 모든 상상의 시작이다 71 | '왜'와 '만약에'를 잇는 순간, 가능성은 무한해진다 75 | 좋은 계획은 하나의 정상으로 가는 무한한 길에서 나온다 77 | 베토벤처럼 작곡하고, 요원처럼 행동하라 82 | 당신의 인생을 하나의 작품으로 설계하라 85

3장 [감정] 방향을 잃지 않는 나침반

—안티고네와 싱글턴처럼 스스로를 평가하라

두려움은 '계획이 없다'는 뇌의 경고다 92 | 분노는 '계획이 하나뿐'이라는 위험신호다 96 | 슬픔과 수치심은 현명한 행동을 이끄는 신호등이다 101 | 어리석다고 비웃음 받은 그 순간, 진짜 당신이 있다 105 | 예상치 못한 감사에서 인생의 진짜 목적을 발견하라 109 | 감정은 당신이 어디로 가야 할지 알려준다 110

4장 [상식] 결단을 이끄는 지혜

—벤저민 프랭클린과 주식 투자자처럼 순간을 지배하라

상식은 '내가 모른다'는 것을 아는 인간만의 능력이다 116 | 벤저민 프랭클린처럼 모순된 격언에서 상식을 배워라 120 | 상식 없는 박사가 0점을 받은 진짜 이유 123 | 불안은 적이 아니라 똑똑한 조력자다 125 | 과거의 걱정과 미래의 불안을 구분하는 기술 128 | 워런 버핏이 대중연설 공포를 투자 성공으로 바꾼 비결 133 | 제임스 사이먼스가 수학 대신 불안을 택한 이유 137 | 직관→상상력→감정→상식, 고유지능의 순환 142

2부 | 불확실성을 기회로 바꾸는 기술
전장, 무대, 회의실을 넘어서는 6가지 전략

5장 [혁신] 낯선 것을 환영하는 용기
— 아인슈타인과 스티브 잡스처럼 판을 새로 짜라

아인슈타인처럼 예외를 새로운 규칙으로 바꿔라 154 | 스티브 잡스가《리어왕》에서 배운 현실 왜곡장의 비밀 157 | 갈등을 피하지 말고 혁신의 연료로 사용하라 162 | 다윈이 핀치새에서 진화론을 발견한 과정 166 | 학창 시절 괴롭힘에서 배운 '적을 먹어치우는' 지혜 171 | AI를 매번 이기는 인간 팀의 비밀 무기 175 | 나폴레옹을 이긴 클라우제비츠의 집단 지성 실험 178

6장 [회복탄력성] 위기를 반전시키는 힘
— 클리닉 환자와 3학년 학생처럼 반취약성을 키워라

PTSD 없는 특수 요원에게 숨어 있는 반취약성의 비밀 186 | 해리 상태에서 벗어나게 한 마지막 이야기의 힘 189 | 행운의 반전이 뇌에 일으키는 경이로움의 기적 193 | 진짜 부정에서 진짜 긍정이 나온다 195 | '성공할 것이다'보다 '성공할 수 있다'가 더 강한 이유 199 | 성공한 동문들이 '학교가 문제'라고 단언한 이유 201 | 8세 아이도 따라 할 수 있는 3가지 훈련법 205 | 플랜 A, B… Z가 모두 망가져도 살아남는 법 208

7장 [의사결정] 먼저 움직이는 통찰
— 조지 워싱턴과 우주비행사처럼 승부수를 던져라

시뮬레이션이 완벽해도 실패하는 이유 216 | 조지 마셜이 훈장 단 장군들을 해고한 진짜 이유 218 | 평탄한 길을 벗어나 어둠 속에서 실마리를 찾아라 220 | 조지 워싱턴의 법칙, 상황이 불확실할수록 더 대담해져라 222 | 새로운 상황에 맞춰 새로운 계획을 세워라 224 | 암스트롱이 달 착륙 1초 전에 내린 생사의 결정 226 | 전문가가 안 된다고 할 수 없는 곳으로 가라 229

8장 [소통] 마음을 움직이는 언어
— 마야 안젤루와 링컨처럼 '왜'에 답하라

중간에서 시작해 뇌의 스토리씽킹을 깨워라 236 | 보편성이 아닌 예외성에 주목하라 240 | 링컨이 《맥베스》에서 배운 수수께끼의 힘 242 | 두려움이 아닌 상상력으로 마음을 사로잡는 법 244 | 끝에서 시작해 중간을 상상하게 하라 248 | 베트남 마을에서 발견한 진정성의 비밀 252

9장 [코칭] 잠재력을 깨우는 법
—챔피언과 윌리엄 오슬러처럼 인재를 성장시켜라

신참에게 비행을 맡겨야 전문가도 성장한다 262 | 즉흥극 전문가들이 신인과 함께하는 진짜 이유 268 | 역사가 증명한 해방의 성과들 271

10장 [리더십] 미래를 믿는 힘
—웨인 그레츠키와 니콜라 테슬라처럼 확신으로 이끌어라

관리자는 배출되지만 리더는 태어난다 280 | 군중을 버리고 내면의 나침반을 찾아라 285 | 혼자 걷는 자만이 리더가 된다 287 | 예측은 계산이 아니라 창의적 짐작이다 289 | 기회를 놓치는 리더들의 치명적 실수 293 | MBA가 리더십을 죽이는 방법 297 | 테슬라는 어떻게 에디슨을 뛰어넘었나 301 | 아무도 모르는 승리가 진짜 승리다 305

3부 | 고유지능의 비밀 금고를 열다

진화, 뇌과학, 스토리텔링이 풀어낸 지성의 원형

11장 [모토] 인류가 쌓아올린 지능의 역사

—생물학적 빅뱅에서 셰익스피어까지

생물학적 빅뱅에서 시작된 두 가지 지능의 기원 315 | 모토: 시냅스에서 작동하는 비논리적 뇌 기계 319 | 이야기의 힘: 스토리씽킹이 뇌를 바꾸는 방법 322 | 셰익스피어로 읽는 인류 지성사의 비밀 324 | 프로그래머가 논리로 세상을 지배하기 시작한 순간 332 | 특수 요원들과 함께한 고유지능의 검증 336

12장 [스토리씽킹] 인간 사고의 본질

—뇌를 움직이는 궁극의 사고법

예일대학교에서 셰익스피어를 만나다 348 | 프로젝트 내러티브: 이론이 현실이 되는 곳 350 | CEO들에게 전한 셰익스피어의 비밀 356 | 특수부대와의 운명적 만남 360

부록1 고유지능 자기평가 퀴즈 370   **부록2 고유지능 속성 가이드** 376
감사의 말 387   더 읽을 거리 389

1부

잠든 뇌의
스위치를 켜라

AI는 구현할 수 없는
인간 고유의 4가지 힘

가장 중요한 것은
마음과 직관을 따르는 용기를 가지는 것이다.
— 스티브 잡스

1장 [직관]
예외를 포착하는 눈

빈센트 반 고흐와 마리 퀴리처럼
새로운 규칙을 발견하라

그들은 자동차, 화장품, 냉장고, 보험, 의학 연구 관련 서비스를 판매하는 사람이었다. 다들 수년, 아니 수십 년 동안 같은 일을 해왔지만 하나같이 업무 능력이 변변치 못했다. 동료들은 그들의 성과를 이렇게 평했다. 수준 이하, 구제불능, 노력해봤자 역부족. 그중 한 명은 상황이 너무 심각해서, 실적을 지금의 세 배로 늘린다 해도 영업팀에서 꼴찌를 면치 못할 판이었다.

회사에서 이들을 내게 보낸 이유는 고쳐 쓰기에도 한참 늦었다고 판단했기 때문이다. 실제로 그들은 더 이상 나아질 가망이 없어 보이는 사람들이었다. 구부정한 자세로 강의실에 들어와 의자에 풀썩 주저앉더니 빈 프로젝터 화면만 멍하니 바라보았다. 내가 잡담을 건네자 처음에는 쾌활하게 응수하는 듯 하다가 이내 방어적인 태도를 보였다. 자신이 하는 일에 대해 그 어떤 질문을 받는 것도 달가워하지 않았다. 다만 "영업은 곧 인간관계다"라는 말을 되풀이했다. 그 말을 주문처럼 반복하면 마음이 편해지는 모양이었다. 내가 인간관계는 어떻게 쌓느냐고 묻자 이런 대답이 돌아왔다. "다 시간이죠. 관계를 쌓으려면 시간이 걸려요. 하루아침에 되는 일이 아니에요."

프로젝터를 끄고 이 영업 사원들을 일으켜 세웠다. 그런 다음 강의실 밖으로 데리고 나가 미술관으로 이끌었다. 전시실에는 흥미로운 그림이 가득했다. 화사한 색감의 창의적인 작품들이었다. 나는 그들에게 각자 인상적인 그림을 찾아 자세히 살펴보라고 말했다. 그림 속 장면을 영화처럼 되감기를 하면 어떤 상황이 펼쳐질지, 또 빨리 감기를 하면 어떻게 될지 상상해보라고 요청했다. 그런 다음 강의실로 돌아와서 10분짜리 훈련을 진행한 후 다시 업무 현장으로 돌려보냈다.

두 달이 지난 뒤, 그들이 어떻게 지내는지 확인했다. 약 40퍼센트는 여전히 무능하거나 이미 해고당했다. 그러나 나머지 60퍼센트는 전보다 나아졌다. 그것도 아주 많이. 개선된 그룹은 대체로 회사에서의 평가가 '미흡'에서 '보통'으로 올랐고, 몇몇은 눈에 띄게 발전했다. 꼴찌에서 단숨에 1등으로 도약한 사람도 있었다. 그의 상사가 내게 말했다. "당신이 그 사람 머리를 열고 뇌를 갈아 끼웠다고밖에 생각할 수가 없네요."

이런 극적인 반전에 놀란 회사 측이 내게 질문을 퍼부었다. 대체 어떤 훈련을 시켰느냐고, 10분짜리 훈련만으로 어떻게 성과가 이렇게 올라갈 수 있느냐고. 하지만 그것은 적절한 질문이 아니었다. 그들은 이렇게 물어야 했다. "성과가 향상된 60퍼센트와 그렇지 못한 40퍼센트의 차이는 무엇인가요?"

나는 영업 사원들에게 각자 미술관에서 선택한 그림을 직접 그려보게 함으로써 그 답을 얻었다. 40퍼센트는 세세한 부분을 모호하게 기억하거나 전혀 기억하지 못했다. 60퍼센트는 그림의 어느 한 부분을 아주 구체적으로 떠올리고 있었다. 그들은 그 특정한 부분을 상상 속에서 생생하게 보았다. 여러 달이 지난 지금도 미소를 머금거나 감탄하며 그림 속 그 부분이 얼마나 독특하게 보였는지 떠올린다.

 그들은 뇌 기능이 왕성했던 시절의 능력, 바로 직관의 힘을 되찾았던 것이다.

직관은 규칙의 틈새에서 시작된다

 직관은 의식적으로 생각하지 않고도 아는 것을 의미한다. 직관이 무언가를 알아내는 것은 삶에 숨겨진 규칙을 찾는 것이다. 그 규칙은 우리로 하여금 이전에는 아무도 상상하지 못한 방식으로 행동하게 해준다. 우리는 오래된 문제를 신선한 방식으로 해결할 수 있다. 새로운 사다리를 타고 더 높은 곳으로 올라갈 수도 있다. 자신과 세상을 재창조해 성장은 물론 혁신까지 이끌어낼 수 있다.

 직관은 번뜩이는 통찰력으로 찾아온다. 너무 순식간에 찾아와서 초자연적으로 느껴질 정도다. 중세 신학자들은 이를 신의 계시로 여겼고, 19세기 초월주의자들은 '영혼의 시각'이라고 주장했다. 현대의 융Jung 학파들(그리고 MBTI 애호가들)은 직관을 '신비로운 지각'으로 여긴다. 그러나 내가 미 육군 특수부대원들을 연구하면서 깨달은 바에 따르면 직관의 근원은 전혀 초자연적이지 않다.

특수부대원들은 일반 육군 신병에 비해 직관이 매우 뛰어나며 이는 경력이 쌓일수록 더 날카로워진다. 그들은 직관을 발휘하는 법을 익혀 종종 놀라운 결과를 보여주곤 한다. 몇 분, 몇 시간, 며칠 앞을 내다보며 어느 누구도 감지하지 못한 가능성을 예측한다.

육군을 연구하는 동안 나는 직관에서 나온 행동 수백 건을 기록해두었다. 대부분 최근 사건과 연관돼 공개하기 어렵지만, 특별한 사례 한 가지를 소개하면 이렇다.

2003년 3월, 미군 50만 명이 이라크를 침공했다. 침공은 계획대로 진행되었다. 사실 진행이 너무 순조로워서 단 42일 만인 5월 1일에 미국은 이라크의 사담 후세인 대통령을 상대로 승리를 선언했다. 그런데 그 3주 전, 한 특수부대원이 한적한 바그다드 교외를 거닐고 있었다. 부드럽게 늘어진 야자수 사이로 격자 구조의 목조주택이 즐비한 길을 지나가던 그때, 다리 위에 서 있는 이라크인을 보았다. 영어를 미국인보다 더 유창하게 하는 이라크인이었다. 이 뜻밖의 사실에 놀란 요원은 그에게 말을 붙였다. 그러자 이라크인이 말했다.

— 당신들이 와줘서 참으로 기쁩니다. 저는 모술대학교 공대 학과장입니다. 보스턴에서 20년을 살았죠. 모든 학위를 하버드대학

교에서 받았어요. 미군이 온 것을 여기 사람들은 무척 반기고 있어요. 사담 후세인을 좋아하는 사람은 아무도 없죠. 하지만 당신들이 당장 전기를 복구하고, 병원을 다시 열고, 물과 식료품을 공급하고, 무역을 회복시키지 않는다면, 앞으로 감당하지 못할 일이 닥칠 거예요.

요원은 이 일을 지휘부에 보고하며 강조했다. "우리 계획은 실패했습니다. 우리는 전쟁에서 패배했습니다." 그런데 얼마 후 미국 대통령은 항공모함에 올라 이와 정반대의 선언을 했다. "임무 완료." 그 요원은 정부가 향후 몇 년 동안 감도 잡지 못할 미래를 미리 내다본 것이었다(미국은 초기 군사작전에는 성공했으나, 이후 반군 활동과 내전으로 큰 어려움을 겪었다 – 옮긴이).

이 요원의 직관은 신의 계시처럼 보일 수도 있고, 엄청난 우연의 일치로 보일 수도 있다. 하지만 내가 기록하는 다른 모든 직관과 마찬가지로, 그 근원은 현실 세계에서 비롯된다. 바로 '예외적 정보 exceptional information'다. 미 육군의 임무형 지휘 매뉴얼은 예외적 정보를 이렇게 정의한다.

— 의외의 사건, 예상치 못한 기회, 새로운 위협에서 비롯되는 정보를 예외적 정보라 한다. 이는 현재 수행 중인 작전의 성공에 직접 영향을 미치는 구체적이고 중요한 정보를 말한다. 예외적 정보를 식별하려면 주도성initiative이 필요하다.

다시 말해 예외적 정보란 규칙의 예외다. 온혈 파충류나 밤하늘의 무지개처럼 이 정보는 기존에 알려진 법칙에 위배되며, 과거의 경험으로는 설명할 수 없는 많은 일이 일어날 수 있음을 보여준다.

선례 너머를 보는 관점은 대니얼 카너먼 같은 행동경제학자들이 논리적으로 정의하는 직관과는 정반대다. 카너먼은《생각에 관한 생각》에서 "직관은 인지recognition 그 이상도 그 이하도 아니다"라고 말했다. 인지는 과거에 나타난 패턴이 현재에도 반복된다는 사실을 알아차리는 것이다. 논리에 따르면 직관은 비예외적인 것을 식별하는 능력이다.

예외적 정보는 정반대의 결과를 보여준다. 직관은 표준적인 서사에서 균열을 찾아내 과거와의 단절을 이끌어낸다. 이런 단절을 이루기 위해서는 육군 교범에서 주도성이라 부르는 것이 필요하다. 이는 데이터보다 앞서 나가는 것을 의미한다. AI는 이를 할 수 없다. 우리 뇌는 할 수 있지만, 대개 그렇게 하지 않는다. 현대 사회의 논리에 따라, 뇌는 패턴을 충실히 따르고 예외는 잡음으로 여기며 알고리즘처럼 작동하는 것이 더 현명하다고 생각하도록 길들여졌다.

그러나 예외적 정보를 바탕으로 행동할 때 얻을 수 있는 보상은 어마어마하다. 예외적 정보에는 세상을 지배하는 이야기를 바꿀 새로운 규칙의 실마리가 들어 있다. 그저 하나의 잡음 같던 것이 결국 모든 것을 바꾼다. 2003년 바그다드에서 예외적 정보는 다리 위의 이라크인이었다. 그 전에 미국의 침공 원칙은 '미국을 이라크로 가져가는 것'이었다. 그런데 이곳에는 미국인보다 영어를 더 잘하는 이라크인이 있었다! 미국에서 받은 교육을 활용해 암 전문병원과 전자금융시스템을 설계한 이라크인이 있었다! 소리 소문 없이 미국식 침공을 시작한 이라크인이 있었다! 그것도 훨씬 더 앞서가는 형태의 침공이었다! 다른 사실은 필요 없이 그의 존재만으로도 요원은 정신이 번뜩 들었다. '이곳에는 우리가 예측하지 못한 수많은 가능성(좋든 나쁘든)이 존재한다'는 깨달음이었다.

전쟁에서는 도처에 예외적 정보가 있다. 전투는 기존의 행동 법칙을 무너뜨리기 때문이다. 예외적 정보는 그 밖의 다른 분야에도 있다. 사업, 문화, 정치 같은 인간의 환경은 절대 동일하게 유지되지 않는다. 예외적인 것을 더 잘 감지할수록 우리의 뇌는 미술·과학·기술 등에서 새로운 가능성을 예리하게 직관할 수 있다. 빈센트 반 고흐, 마리 퀴리, 애플 컴퓨터의 사례에서처럼 말이다.

잡음 속에서 규칙을 찾아내라

걸출한 화가 빈센트 반 고흐는 1853년에 참나무 풍차가 늘어서고 딸기밭이 펼쳐진 네덜란드 남부에서 태어났다.

그가 태어나기 수 세기 전에 화가들은 이미 특정 색상들이 서로 강한 대비를 이룬다는 사실을 발견했다. 초록과 빨강이 나란히 있으면 초록은 더 초록빛으로, 빨강은 더 빨갛게 보였다. 1820년대에 프랑스 학자들은 이 발견을 빨강-노랑-파랑(RYB)의 색상환으로 체

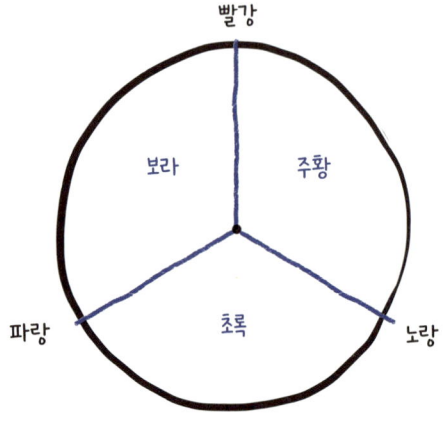

RYB: 색상의 고전 법칙

계화했다. 그 논리 패턴에 따르면 빨강-초록 외의 가장 강렬한 색상 조합은 노랑-보라와 파랑-주황이었다.

  19세기 중반, 파리에서 활동한 화가 외젠 들라크루아Eugène Delacroix는 이런 색상 조합을 매우 효과적으로 사용했고, 그가 생앙주 성당에 그린 벽화는 1880년대에 들어 반 고흐에게 깊은 감명을 주었다. 그러나 같은 벽화에서 반 고흐는 RYB의 예외를 발견했다. 바로 초록-보라의 대비였다. 이 조합에서 초록은 빨강-초록의 대비보다 더 강렬했고, 보라도 노랑-보라의 대비보다 더 강렬했다. 회화의 오래된 법칙을 깨뜨림으로써 새로운 가능성을 본 반 고흐는 1889년 5월에 〈라일락 덤불〉을 그렸다. 초록 잎과 연보라 꽃의 강렬한 대비로 시선을 사로잡았다.

이 현상을 발견한 반 고흐는 또 있을지 모를 예외를 찾고 싶어졌다. 실제로 그는 다른 예외를 발견했다. 노랑-파랑은 노랑-보라보다 노랑을 더 강렬하게 만들고, 파랑-주황보다 파랑을 더 강렬하게 만들었다. 1889년 6월, 반 고흐는 이 새로운 규칙을 적용해 현대 미술에서 가장 탁월한 걸작 중 하나로 평가받는 〈별이 빛나는 밤〉을 그렸다.

이제 반 고흐는 빨강을 제외한 주요 색상의 대비되는 조합을 모두 찾아냈다. 그렇다면 빨강의 보색은 무엇이었을까? 반 고흐가 발견한 색은 아콰마린, 즉 청록이었다. 1889년 9월에 생폴 정신병원에서 그린 마지막 작품에서 반 고흐는 자신의 수염을 빨강으로, 슈트를 청록으로 표현해 역사상 가장 강렬한 색감의 자화상을 만들어냈다. 현재 이 작품은 오르세 미술관에 걸려 있다(operationhuman.com/vangogh에서 이 자화상을 볼 수 있다).

반 고흐의 동시대 사람들은 그의 색 선택, 특히 청록에 어리둥절했다. 청록은 전통적으로 원색, 심지어 이차색(두 가지 원색을 같은 비율로 혼합해 얻는 색-옮긴이)으로도 인식되지 않았다. 오랫동안 청록색은 미술사에서 중요하게 취급되지 않았지만 현대 과학은 청록색이 생물학적으로 눈을 가장 자극하는 색채 대비를 만들어낸다는 것을 밝혀냈다. 이러한 색채 충돌의 원인은 청록이 아니라 청록과 대비되는 빨강이다. 적색에 반응하는 원추세포는 우리 눈에서 색 수용체의 약 3분의 2를 차지하며, 빨강은 초록과 노랑의 2배, 보라와 파랑의 30배에 달하는 생물학적 반응을 일으킨다. 신호등과 구

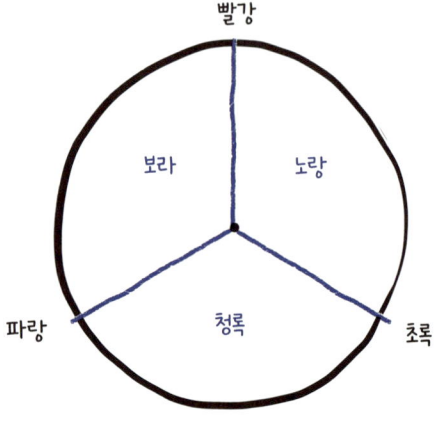

RGB: 반 고흐가 발견한 예외

급차에 빨강이 사용되는 것도 바로 이런 효과 때문이다. 빨강이 시각을 자극하는 자연스러운 성질은 청록과 나란히 있을 때 더욱 강조되므로 청록-빨강은 우리의 시각피질이 처리할 수 있는 가장 선명한 색 조합이 된다.

과학보다 먼저 이 사실을 알아챈 반 고흐는 역시 과학을 앞질러 더욱 놀라운 것을 만들어냈다. 바로 청록을 구성하는 색(초록과 파랑)이 청록의 보색(빨강)을 마주보는 원이었다. 빨강-초록-파랑(RGB)으로 이루어진 이 색상환은 현재 지구상에 존재하는 모든 영상 화면의 기반이다. 하지만 반 고흐의 직관 이전에는 드러나지 않았다.

반 고흐가 세상을 떠나고 10년 후, 마리 퀴리도 직관력을 발휘했다. 퀴리는 노벨상을 두 차례나 수상했지만, 과학계의 전설이 되기 전까지 남성 위주의 파리 과학계에서 별종 취급을 받았다. 그녀는 명문 연구소가 아니라 비가 새는 창고에서 방사성 에너지가 부글대는 가마솥을 철제 막대로 저어대는 폴란드 여성이었다.

퀴리가 가마솥을 휘저으며 몰두했던 연구의 출발점은 다른 과학자들이 대수롭지 않게 여기던 현상이었다. 그것은 우라늄염인 '황산우라닐칼륨'이 내뿜는 희미한 광선이었다. 당시 학계는 이 광선을 단순한 화학적 현상, 즉 원자 결합의 변화에서 비롯된 규칙적인 결과로만 이해했다. 칼륨, 황, 우라늄 원자 간의 결합에서 나타날 수 있는 이 변화에 관심을 가진 사람은 거의 없었다. 그저 에너지 보존 법칙처럼 기존의 물리 법칙을 재확인하는 현상으로 여겼다.

하지만 퀴리는 자신의 표현대로 "이상하고" "놀라운" 사실을 발견했다. 이 방사선이 원자 간의 결합에서 나오는 것이 아니라 단일 원자, 즉 우라늄 원자 '내부'에서 나온다는 사실이었다. 이는 기존 자연법칙에서 벗어난 독특한 에너지였다. 1900년 7월 21일, 퀴리는 학술지 《르뷔 시앙티피크Revue Scientifique》에 이렇게 발표했다. "이 현상은 흥미롭게도 지금껏 사실로 널리 인정받았던 과학의 기본 법칙과 충돌한다."

한마디로 우라늄은 규칙에서 벗어난 예외였다. 우라늄의 내부 에너지는 원자 속에 물리학자들이 아직 발견하지 못한 비밀이 많이 있다는 사실을 암시했다. 만일 미세한 입자 속에 과학 혁명이 숨어 있다면, 광대한 우주에는 얼마나 급진적인 가능성이 기다리고 있을까?

퀴리의 새로운 물리학은 20세기 천문학, 농업, 의학, 고고학 분야의 혁신을 주도했다. 또 세상을 뒤흔든 전자공학이라는 기술의 탄생에도 기여했는데, 이 기술은 1975년 3월 5일 캘리포니아 멘로파크의 어느 차고에서 한 하드웨어 엔지니어의 직관에 의해 또 한 번 큰 변화를 맞이한다.

그 하드웨어 엔지니어는 친구들에게는 '워즈'로 불린 스티브 워즈니악Steve Wozniak이었다. 그 차고는 홈브루 컴퓨터 클럽의 첫 모임 장소였다. 모임에서 워즈는 최신 기계였던 알테어 8800 마이크로컴퓨터를 처음 보았다. 다른 엔지니어들은 너무 작아서 쓸모가 없다며 알테어 8800을 무시했다. 1960년대에 IBM 같은 기업들이 세운 규칙은 데이터 처리량이 많을수록 돈이 된다는 것이었기에 마이크로컴퓨터는 수익성 측면에서 오히려 역행하는 것처럼 보였다. 하지만 알테어 8800의 유난히 작은 크기에서 워즈는 '소형 컴퓨터로 집에서 일하고 노는 세상'이라는 미래의 새로운 이야기를 발견했다. 그는 곧장 집으로 달려가 애플 1을 설계했다.

애플 1이 개인용 컴퓨터라는 혁명을 일으키면서 세계 최초의 1조 달러 기업인 애플이 시작되었다. 하지만 워즈 혼자 애플을 만든 것은 아니었다. 그의 옆에는 공동 창업자 스티브 잡스가 있었다. 그리고 잡스에게는 또 다른 종류의 예외적 정보를 알아보는 눈이 있었다. 반 고흐, 퀴리, 워즈가 각각 회화, 자연, 기술에서 예외를 발견했다면, 잡스는 사람들에게서 그것을 보았다. 워즈는 이렇게 회상한다. "잡스는 셰익스피어와 아인슈타인처럼 세상의 진보를 앞당긴 소수의 천재들에 대한 책을 즐겨 읽었다. … 그는 항상 그런 특별한 인물이 되고 싶어 했다." 잡스는 기존 하드웨어 엔지니어의 규칙에서 예외를 발견함으로써 그 꿈을 이루었다. 그 예외는 바로 워즈였다.

우리의 뇌는 잡스, 워즈, 퀴리, 반 고흐 같은 직관을 갖도록 진화했다. 이것이 바로 석기시대 선조들이 미래를 창조한 방식이었다. 하지만 우리가 그런 능력을 타고났다 해도 예외가 저절로 발견되는 것은 아니다. 예외가 더 예외적일수록 현대인의 뇌는 그것을 쉽게 발견하지 못한다. 반 고흐는 시대를 너무 앞서갔기 때문에 아직도 교육이 그를 따라잡지 못하고 있다. 2022년 암스테르담의 반 고흐 미술관에서 만난 도슨트는 내게 가장 강렬한 색상 대비는 파랑-주황, 노랑-보라의 RYB 조합이라고 설명했다. 〈별이 빛나는 밤〉을 자세히 살펴보면 하늘이 보라색인 부분을 제외하고는 별들이 주황색으로 표현되었다고 말했다.

그 말은 옳지 않다. 한눈에 보아도 〈별이 빛나는 밤〉의 별은 노란색이고 하늘은 파란색이라는 사실을 알 수 있다. 반 고흐의 뛰어난 뇌는 기존의 논리 법칙에 벗어나는 예외를 간파했다. 하지만 이 도슨트의 말에서 알 수 있듯이, 특히 컴퓨터의 시대에는 기존 규칙을 외면하기가 어렵다. 컴퓨터는 예외적 정보를 처리하지 못한다. 예외를 만나면 어물쩍 건너뛰고 원래 정해진 틀로 돌아간다. 컴퓨터에게 예외는 규칙을 증명하는 수단, 평균으로 회귀해야 할 오류에 지나지 않는다. 워즈가 설계한 기계와 함께하는 시간이 늘어날수록, 우리의 뇌 역시 예외를 발견하기보다 무시하며 기계처럼 생각하기 시작한다.

하지만 반 고흐가 색상에서, 퀴리가 물리학에서, 워즈가 기술에서, 잡스가 사람에게서 특별함을 발견했듯이 우리도 이런 고유한 능력을 되찾을 수 있다. 그 방법을 알고 싶다면 미 특수부대로 돌아가보자.

진실은 언제나 예외에 숨어 있다

미 특수부대에는 직관을 가동하는 방법이 있다. 나는 군 관계자를 처음 만난 직후에 그 방법을 엿볼 수 있었다. 그들은 내가 신뢰할 만한 사람인지 확인하기 위해, 나를 오하이오주립대학교의 내 연구실에서 6시간 떨어진 군사시설로 데려갔다. 1950년대 중학교를 통째로 옮겨다 놓은 듯한 그곳은 고도의 보안 시설을 갖춘 교도소를 연상케 했다. 거기에서 나는 거짓말 탐지기 검사를 받아야 한다는 말을 들었다.

창문 없는 따뜻한 방으로 안내를 받은 후 검사가 시작되었다. 거짓말 탐지기는 없고 전투화와 청바지 차림의 요원 세 명이 전부였다. 접이식 의자에 걸터앉은 그들은 내 신상에 관한 평범한 질문을 던졌다. 부모는 어떤 사람들인지, 결혼은 했는지, 어느 고등학교를 나왔는지 등등. 스스럼없는 그들의 태도에 나는 마음을 놓았다. 중요한 테스트인 줄 알았는데 그렇지도 않은 모양이었다.

그때 요원 한 명이 몸을 앞으로 기울였다.

"억양이 가짜네요." 그가 슬며시 웃으며 말했다.

나는 놀라서 숨이 턱 막혔다. 사실 내 억양은 가짜였기 때문이다. 하지만 여태 눈치챈 사람은 아무도 없었다. 지금껏 만난 수천, 수만 명의 미국인이 알아차리지 못한 사실이었다.

나는 황급히 설명했다. "영국에서 태어났지만 평생 미국에서 살았어요."

요원은 내 말을 곧이곧대로 믿지 않았다. "그렇다면 시간이 흐르면서 억양도 서서히 바뀌었다는 뜻일 텐데 그건 사실이 아니에요. 당신은 억양을 빠르게, 그리고 의도적으로 바꾸었어요. 미국인으로 위장하려고 원래 억양을 없애기로 결심한 거죠."

나는 긴장했다. 그걸 어떻게 알았을까? 나중에 알게 됐지만 그 요원들은 간첩 사냥꾼이었다. 그들은 내 억양을 듣고 내가 미국 토박이도, 미국의 다른 어떤 지역 출신도 아니라는 사실을 알아챘다. 내 영어는 TV에서 배운 말씨와 내 상상을 짜깁기한 일종의 프랑켄슈타인이었다.

나는 솔직히 털어놓기로 했다.

"미국에 처음 왔을 때 학교에서 영국 억양 때문에 놀림을 받았어요."

"어떤 식으로 놀림받았죠?"

미국 독립전쟁에서 조지 워싱턴George Washington에게 패배한 '머저리'라고 나를 조롱하던 소년들이 떠올랐다. 머리에 젤을 바른 6학년

생이 나를 구석에 몰아세운 채 "이 더러운 영국 놈!"이라고 위협하던 기억이 뒤를 이었다. 그 당시엔 몹시 속상했지만, 지금 생각하면 웃어넘길 만큼 대수롭지 않은 일이다. 어린 시절의 내가 얼마나 위축되어 있었는지 털어놓기가 민망해서 간첩 사냥꾼들에게 이렇게 말했다. "나한테 욕을 한다거나 뭐, 그런 식이었죠."

사냥꾼들은 나를 찬찬히 뜯어보았다. "그럼 그때 영국 억양을 버렸습니까?"

아니다. 나는 가만히 생각했다. 그때 억양을 바꾼 게 아니다. 괴롭힘은 오히려 역효과를 냈다. 내 출신이 부끄럽지 않다는 것을 보여주려고 영국 억양을 고수했다. 하지만 십 대가 되자 내 억양이 부자연스럽게 느껴지기 시작했다. 나는 영국에서 그리 오래 살지 않았다. 영국인이라기보다 미국인에 가까웠다. 영국의 사촌들보다 미국의 학교 친구들과 공통점이 더 많았다. 고등학교를 졸업한 여름에 나는 영국 억양을 버리고 미국인처럼 말하기로 결심했다. 대학에 들어가기 전에 진정한 나 자신이 되고 싶었다.

어쨌든 내 생각은 그런 식으로 흘러갔다. 하지만 창문 없는 방에서 곱씹어보니 뭔가 억지스럽게 느껴졌다. 진정한 나 자신이 되고 싶다고 억양을 바꾸었다고?

간첩 사냥꾼들은 머리를 굴리는 나를 지켜보고 있었다. 나는 뭔가 잘못했다고 느꼈다. '바로 대답했어야 했는데. 이제 내가 무슨 말을 해도 믿지 않겠지? 내게 꿍꿍이가 있다고 의심할 테니까. 억양을 꾸민 것으로 보아 무언가를 숨기고 있다고 생각할 거야. 이제 나를

믿지 못할 사람으로 여기겠구나.'

결국 나는 억양을 고쳐야 진짜 나처럼 느껴질 것 같았다는 얼토당토않은 소리를 내뱉었다. 놀랍게도 간첩 사냥꾼들은 수긍하는 눈치였다. 사실은 내 변명이 어설프기 때문에 더 신뢰한 것이었다. 그들은 내가 허구보다 더 허구 같은 소리를 하는 순간을 노리고 있었다. 그런 고백이 바로 예외적 정보에 해당하며, 그 예외가 일관된 이야기에 들어맞는다면 내가 진실을 말하고 있을 가능성이 높다. 진실에는 항상 의외성과 일관성이 따르기 때문이다.

면담은 계속되었다. 그들은 무심하고도 쾌활하게 질문을 던지면서 내 잊어버린 기억을 파고들었다. 나는 어느새 친구, 가족, 심지어 나 자신에게도 숨겨둔 과거를 끄집어내고 있었다. 마침내 집중 공격이 끝나자 육군 특수부대는 내게 요원들의 두뇌 연구를 맡길 수 있겠다는 판단을 내렸다.

간첩 사냥꾼들은 이제 내가 그들을 조사할 차례라며 웃음 지었다. 나는 면담 내내 나를 홀린 비밀을 알려달라는 부탁으로 시작했다.

"방금 제게 쓴 방법을 저도 배울 수 있을까요? 예외적 정보는 어떻게 찾을 수 있습니까?"

아이처럼 모든 것을 새롭게 보라

간첩 사냥꾼들은 내게 이런 조언을 해주었다. "예외를 볼 수 없다면 '모든 것'을 예외로 취급하세요."

"모든 것을 예외로 취급하라고요?" 내가 확인차 되물었다.

"맞습니다. 어릴 때 세상을 보던 방식대로요."

어릴 때 세상을 어떻게 보았는지 기억나지 않았다. 하지만 내 아이들이 세상을 어떻게 보는지는 알고 있었다. 6개월 된 딸을 데리고 소풍 삼아 뒷마당에 나간 적이 있다. 내가 먹을 샌드위치와 레모네이드를 준비하고, 딸아이가 먹을 당근퓌레 한 병과 플라스틱 숟가락 한 통도 챙겼다.

병뚜껑을 열고 딸에게 한 숟가락을 내밀었다. 딸은 당근을 홀짝홀짝 먹다가 숟가락을 잔디밭에 떨어뜨렸다. "괜찮아!" 나는 쾌활하게 안심시키며 통에서 깨끗한 숟가락을 꺼냈다. "아빠가 또 준비해왔거든!"

딸은 당근 병에 담긴 새 숟가락을 수상하다는 듯이 들여다보았다. 그 숟가락을 내밀어도 도통 입에 넣지 않았다. 통통한 주먹으로 손잡이를 꼭 쥐고 유심히 살피기만 했다. 그러다 갑자기 울음을 터뜨리며 칭얼거렸다.

나는 당황해서 딸을 빤히 보았다. 그러다 천천히 깨달았다. 딸은 내가 새 숟가락을 준 것에 화가 났다. 예전 숟가락이 좋았던 것이다. 그리고 내가 자기를 속이고 숟가락을 빼앗아갔다고 생각했다.

결백을 증명하기 위해 나는 헌 숟가락과 새 숟가락을 나란히 들고 둘을 서로 바꿔 쓸 수 있다는 것을 보여주었다. 하지만 증명은 실패했다. 내 딸에게는 똑같은 숟가락이 아니었다. 원래 숟가락을 돌려받을 때까지 딸은 계속 앙앙거렸다.

그 순간에는 딸이 어리석다고 생각했다. 하지만 특수부대 요원들을 통해 깨달았듯 어리석은 사람은 나였다. 내 딸도 아는 인생의 진리를 나는 잊고 있었다. 이 세상에 똑같은 것은 하나도 없다. 모든 소풍, 모든 사람은 독특하다. 공장에서 대량으로 만든 플라스틱 제품조차 특정 상황에서는 의미가 다를 수 있다.

내 딸은 어떻게 그 사실을 알았을까? 배워서 알았을까? 요람에 누워 있다가 어느 날 문득 깨우쳤을까? 아니다. 내 딸은 무의식의 뇌, 깊은 생물학적 본능의 힘으로 알게 되었다. 저절로 얻게 된 암묵적 지식이었다. 의도적 결정이 아니라 눈에 보이는 모든 것을 특별하게 생각하라는 본능적 행동이었다.

세월이 흐르면 우리는 이 기본 설정을 잃게 된다. 나이가 들면서 우리는 패턴과 원칙에 따라 일상을 구성하고, 발견보다 효율을 우선시한다. 결국 우리 뇌는 무엇이든 '전에 본 적이 있다고 가정하는' 기본 설정을 갖게 된다. 태어났을 때와 정반대로, 느린 탐구를 **빠른 판단**으로 대체한다는 뜻이다.

이렇게 바뀐 기본 설정에는 장점도 있다. 주의가 흐트러지는 것을 막고 환경을 더 신속히 통제할 수 있다. 하지만 호기심, 공감, 경이, 기쁨을 빼앗기게 된다. 새로운 위협과 기회를 감지하는 유용한 능력도 잃는다.

그 능력을 되찾으려면 주변의 모든 것을 예외로 대하려는 노력이 필요하다. 하지만 성인의 뇌는 이를 거부한다. 자꾸만 '이건 시간 낭비야' 하며 버틴다. 학교에서 배운 대로, 패턴을 보고 판단을 내리는 습관으로 돌아간다. 도움이 필요하다는 생각에 간첩 사냥꾼들에게 다시 물었다.

"내 뇌를 재설정해서 모든 것을 예외로 볼 방법이 있을까요?"

"물론입니다." 그들은 고개를 끄덕였다. "모든 것이 예외로 느껴지는 완전히 새로운 환경으로 가보세요. 그러면 아이의 사고방식이 되살아날 겁니다."

"다른 나라로 여행을 떠나면 가능할까요?"

그들은 눈살을 찌푸렸다. "여행을 가서도 사람들은 휴대전화로 늘 보던 것을 보죠. 호텔에 머물고 레스토랑에서 식사를 하고요. 만나는 현지인이라고는 직원과 가게 주인뿐이잖아요. 그렇다 보니 집에 돌아와서도 생각은 그대로예요. 몸만 떠났지 마음은 아무 데도 다녀오지 않은 거죠."

"그러면 마음 여행을 하는 법을 알려주시겠어요?"

"그러죠. 파인랜드Pineland로 데려다드릴 수 있어요."

파인랜드는 노스캐롤라이나와 사우스캐롤라이나의 중앙부 어딘가에 은폐된 특수부대의 광대한 훈련장이다. 1952년에 육군 특수 요원 제리 세이지Jerry Sage 대령(제2차 세계대전 당시 독일 포로수용소에서 여러 차례 탈출을 감행한 인물로 영화〈대탈주〉의 모델이다)의 조언에 따라 설립된 이곳은 미국에 쳐들어온 가상의 외국 군대가 점령한 땅으로, 면적이 13만 제곱킬로미터에 이른다. '실제 총격이 오가는 상황극'을 위해 군은 파인랜드에 수천 명의 배우를 투입해 저마다의 사연을 연기하게 한다.

나는 검붉은 체리색 소총을 든 중년 남성을 만났는데, 그는 자신의 부모가 테네시주 그레이트 스모키 산맥에 소련의 은신처를 만든 쿠바인 스파이라고 말했다. 이어 초록빛 원석을 깎아 만든 목걸이를 건 십 대 소녀는 자신이 사라진 애팔래치족의 후손이라고 소개했다. 소녀에 이어 나는 허름한 비닐 천막에 사는 한 가족과 마주쳤다. 그들은 자신들이 북동쪽에 있는 부유하지만 위험한 나라인 미국 출신 난민이라고 불안한 투로 말했다.

파인랜드는 신병들에게 예외적 정보를 찾는 '아이의 눈child's eye'을 키워주기 위해 육군 특수부대가 만든 곳이다. 도착하자마자 나는 그 효과를 체감할 수 있었다. 그곳의 풍경은 아프가니스탄의 달면지 계곡, 아마존의 반딧불이 정글, 종말 이후의 황량한 철도역을 섞어놓은 듯했다. 요원들은 이처럼 전에 없던 세상에서 뇌가 새로 태어난 듯한 경험을 하게 된다.

대부분의 사람은 파인랜드에 들어갈 기회가 없겠지만, 그곳이 요원들에게 미치는 영향을 연구하면서 누구나 마음 여행을 할 수 있겠다는 생각이 들었다. 내가 미술관에 데려갔던, 새 두뇌를 얻은 듯했던 영업 사원들처럼 하면 된다.

이야기 속에서 직관을 다시 만나라

미술관에는 예술 작품이 가득하다. 그리고 예술은 예외로 가득하다. 반 고흐의 색상, 프리다 칼로Frida Kahlo의 초현실주의, 〈모나리자〉의 미소. 이런 변칙적인 요소들은 익숙한 규칙을 깨고 아이처럼 세상을 새로 인식하게 해준다. 조각은 일반적인 인체의 윤곽을 색다른 각도에서 보여준다. 사진은 예상치 못한 수천 가지 모습의 하늘을 드러낸다. 사랑은 오래전부터 존재하는 감정이지만, 조지아 오키프Georgia O'Keeffe의 〈히비스커스〉는 새로이 사랑을 갈망하게 한다. 미술관으로 깊숙이 들어갈수록 우리는 익히 보아온 것에서 독특함을 보게 된다.

미술관의 그림에서 예외적 정보를 발견한 영업 사원들에게 일어난 현상이 이런 직관의 부활이다. 하지만 예술 자체만으로는 충분하지 않았다. 영업 사원들은 논리를 따지는 성인 뇌의 습관을 깨기 위해 의식적으로 노력해야 했다.

논리는 예외를 생각하지 않는다. 그 반대인 '분류'를 좋아한다. 분류는 '좋음/나쁨, 이상/정상, 검다/희다'처럼 사물의 공통점을 드러낸다. 그러면 '똑똑하다/멍청하다, 신뢰할 수 있다/신뢰할 수 없다, 귀중하다/무가치하다' 등의 범주 가운데 어디에 할당할지 쉽게 판단할 수 있게 한다. 판단은 관료제의 작동 원리다. 기업 관리자와 정부 기관은 (인구 통계, 성격 검사, 실적 평가에 따른) 분류를 통해 사람들을 조직도에 배치한다. 판단은 컴퓨터 AI의 사고방식이기도 하다.

AI는 입력된 데이터를 태그와 키워드로 분류한 다음 신속하게 구분하고 분석하며 검색한다. 오늘날 학교와 기업에서는 우리의 뇌 또한 판단이라는 방식으로 작동하도록 훈련한다. 효율성을 위해 우리는 비판적 사고를 활용해 새 정보가 '타당한지, 유망한지, 유익한지', 아니면 그 반대인지를 (객관적이고 공평하게) 결정한다.

일반화된 사람들과 가상의 사물로 가득한 수학적 시뮬레이션에서는 판단이라는 방식도 나쁘지 않다. 하지만 현실 세계에서 판단은 분류할 수 없는 대상을 이해하는 데 방해가 되며 예외적 정보를 발견하는 능력을 억제한다. 영업 사원에게 이 능력의 부족은 '저 여자, 전형적인 극성 엄마네' '요즘 애들이 다 저렇지 뭐' '다들 야망이 하늘을 찌르는군' 하는 식으로 타인을 섣불리 평가해버리는 태도에서 드러났다.

그런 반사적인 판단에서 벗어나기 위해 나는 그들에게 '이야기로 전환하기shift to narrative'라는 파인랜드의 기술을 전수했다. 이는 뇌에게 두루뭉술한 분류를 독특한 이야기로 바꾸도록 촉구하는 방법이다. 논리 스위치를 끄고 상상력으로 직관을 가동시키는 것이다(상상력에 대해서는 2장에서 자세히 다룬다).

'이야기로 전환하기'를 실행하려면 뇌가 언제 '현명하다/미쳤다, 아름답다/추하다, 멋지다/촌스럽다' 같은 판단을 내리는지부터 알아야 한다. 판단에 집중하면서 이렇게 자문해보자. '이 판단은 어디서 나왔나?' 이런 질문은 뇌가 판단의 근거가 된 이야기를 직관해 '현명하다, 추하다, 멋지다' 등으로 분류한 특정 행동이나 활동, 사건등을 밝히게 한다. 이제 분류를 잊고 사건에 집중하면서 자문해보자. '다음에는 무슨 일이 벌어질까?' 이 질문으로 뇌가 직관을 독창적인 행동으로 옮기게 할 수 있다.

미술관에서 '이야기로 전환하기'를 하던 중에 한 영업 사원은 소녀가 등장하는 그림을 보고 걸음을 멈추었다. 그림 속 소녀는 두 주먹을 불끈 쥐고 미간을 찌푸린 채 놀이터에 홀로 서 있었다. 영업 사원은 이렇게 말했다. "'심각하다'라는 단어가 이 소녀에게 딱 어울려요."

그는 이 분류를 이야기로 바꾸기 시작했다. "소녀가 심각한 이유는 책상 앞에서 뭔가를 그리다가 억지로 놀이터에 나왔기 때문이에요. 아이의 손을 보세요. 한쪽 주먹이 아주 크잖아요. 안에 크레용을 감추고 있는 것처럼요. 그 크레용으로 상상을 그림으로 표현하고 있었거든요. 그리고 자기가 그리던 그림을 세세히 떠올리느라 얼굴을 찡그리고 있어요. 책상으로 돌아가서 그림을 완성해야 하니까요. 크레용을 손에 숨긴 이유는 딱 원하던 색이라 다른 아이에게 빼앗기기 싫어서예요. 그림을 완성하면 책상 서랍에 넣어두고, 꺼내 볼 때마다 뿌듯해하겠죠. 색상이며 모든 것이 자신이 상상한 대로 표현되었으니까요."

이제 그 영업 사원이 불끈 쥔 커다란 주먹이라는 특별한 디테일을 두 달 후에도 기억할 수 있었던 이유를 당신도 이해했을 것이다. 미술은 우리에게 이런 디테일을 직관하게 하고, 시간을 되감았다가 다시 빨리 감으며, 작가가 우리 마음에 남긴 이야기의 일부를 상상하게 한다(직관을 일깨우는 미술 작품의 예는 operationhuman.com/

intuition에서 확인할 수 있다).

미술관에 갈 수 없다면, 또 다른 예외성이 집약된 존재인 '사람들'을 대상으로 '이야기로 전환하기'를 시도해보자. 현대인의 뇌는 그 여자는 '친절하다', 그 남자는 '근면하다', 그들은 '기발하다' 같은 식으로 사람을 끊임없이 분류한다. 이렇게 분류하면 사람들을 정확하게 보고 있다는 착각을 불러일으킨다. 하지만 실제로는 직관을 방해하는 요소다.

아이의 눈을 가지려면 어떤 사람이 친절하거나 근면하거나 기발했던 구체적인 상황을 기억에서 떠올려보자. 그 상황에 관한 모든 세부 사항을 떠올려 보고, 그 사람이 지금 이 순간에는 어떻게 행동할지 상상해본다. 당신 앞에 어떤 문제나 기회가 닥쳤을 때 그 사람이라면 어떻게 반응할까? 그의 삶에 대한 독창적인 이야기를 만들어보자. 그가 과거에 했던 특별한 행동에서 시작해 새로운 미래로 확장해보자.

미술관에서 아이의 눈을 되찾은 영업 사원들의 다음 단계는 직관을 일상생활에 적용하는 것이었다. 그 단계를 밟기 위해, 우리는 그들의 회사가 그토록 궁금해한 10분짜리 훈련을 실시했다.

판단을 멈추고 질문하라

이 훈련은 영업 사원들끼리 짝을 짓는 것으로 시작한다. 한 사람은 질문자 역할을 하고, 다른 한 사람은 자신이 가장 좋아하는 여가 활동을 떠올린다. 그런 다음 질문자가 상대방에게 5분간 해당 활동에 대해 물어본다. 이때 '누가, 언제, 어디서, 무엇을, 어떻게' 등의 질문을 할 수 있지만 '왜'라고는 물을 수 없다.

만약 좋아하는 활동이 하이킹이라면 이렇게 질문할 수 있다. 처음으로 하이킹을 한 것은 언제인가? 가장 최근에 간 곳은 어디인가? 하이킹을 절대로 같이 가고 싶지 않은 사람은 누구인가?

질문자에게는 이렇게 당부한다. "놀라운 대답을 들으면 이유를 묻고 싶겠죠. 왜 남자친구와는 절대 하이킹을 하고 싶지 않은지, 왜 하필 쓰레기 매립지로 하이킹을 떠났는지. 하지만 그런 충동을 참아야 합니다. '왜'라고 물으면 상대의 판단을 유도하게 되고, 판단하는 순간 호기심은 끝나니까요. 더 많은 질문을 던지며 깊이 파고들어야 할 때, 판단은 단 하나의 답을 내려버리죠."

'왜'라고 묻고 싶은 이유는 놀라움이 곧 예외적 정보의 지표이기 때문이다. 그런 정보를 얻으려면, 당신을 놀라게 한 이야기에 대해 '누가, 언제, 어디서, 무엇을, 어떻게'를 더 자세히 물어보자. 남자친구가 하이킹을 같이 가자고 하면 어디로 떠나고 싶은가? 더 즐겁게 하이킹을 하려면 누구를 데려갈 수 있을까? 쓰레기 매립지에서 하이킹을 한 것은 언제였나? 절대 갈 생각이 없는 쓰레기 매립지는 어디인가?

이런 질문을 할 때 또 다른 논리적 경향인 상대방에 대한 동조는 자제해야 한다. "나도 같은 생각이에요!" "그 마음 잘 알아요!" "나도 똑같은 일을 겪었어요!" 이런 말을 하고 싶은 충동은 접어두자. 겉보기에는 상대방을 이해하는 반응 같아도, 사실은 독특한 점을 발견하지 못한 채 자기중심적인 판단으로 호기심을 차단하는 말이다.

5분이 지나면 당신이 발견한 예외적 정보를 검토한다. 그 정보를 바탕으로 상대가 그런 여가 활동을 하는 이유가 무엇인지 가설을 세운다. 상대가 그 가설에 동의하면 당신은 1점을 얻는다. 상대가 가설에 놀라도 1점을 얻는다. 목표는 2점을 얻는 것이다. 즉 가설로 상대의 놀라움과 동의를 동시에 이끌어내야 한다. 상대조차 몰랐던 것을 당신이 발견해야만 가능한 일이다. 유능한 영업 사원은 2점 획득이라는 어려운 과제에 성공할 확률이 70퍼센트다. 결국 세일즈란 고객보다 더 고객을 잘 아는 것이기 때문이다. 고객 자신도 깨닫지 못한 욕구나 필요가 무엇인지를 직관하는 것이다.

내가 영업 사원에게 적용하기 훨씬 전부터 육군 특수부대는 이 훈련을 실시해왔다. 간첩 사냥꾼을 훈련하는 통제 구역에 안전하게 고립된 특수부대는 예외적 정보를 발굴하는 질문 목록을 갖고 있다. 그 질문의 95퍼센트 이상이 '누가, 언제, 어디서, 무엇을, 어떻게'에 해당하는 것이다. 요원들은 이렇게 설명한다. "누구나 '왜'를 알고 싶어하지만 '왜'라고 물을수록 답을 빨리 놓치게 되죠."

청바지에 전투화를 신은 간첩 사냥꾼들은 바로 이 방법으로 내 인생의 특별한 부분을 끄집어냈다. 그렇다면 당신도 다른 사람들의 인생에 같은 방법을 적용할 수 있다. 의식적으로 '왜'를 미루면 만나는 모든 사람에게서 독보적인 잠재력을 발견할 수 있다. 미술관에 다녀온 영업 사원들은 고객과 소비자를 즉흥적으로 판단할 때는 보지 못했던 기회를 알아차렸던 것처럼 말이다. 스티브 잡스가 워즈의 뛰어난 재능을 발견했을 때처럼 말이다.

'왜'를 미루면 워즈, 반 고흐, 퀴리처럼 공학, 미술, 과학에서 기회를 찾아낼 수도 있다. 기술, 문화, 자연에서 당신의 눈길을 끄는 놀라움에 집중해보자. 판단하려는 충동을 억제한 채 '언제, 어디서, 무엇을'을 차근차근 물어보자.

그러면 앞으로 알테어 8800, 빨강-청록, 방사선 같은 예외를 발견했을 때 논리적으로 사고하고 무심히 지나치지 않을 것이다. 대신 독특한 '왜'를 엿보게 되고, 애플 1, RGB, 현대 물리학 같은 새로운 가능성을 상상하는 데 필요한 정보를 제공하게 될 것이다.

이 과정을 실행하고 조율하면 더욱 역동적이고 정교한 미래상을 그릴 수 있다. 다음 장에서는 고유지능의 두 번째 능력인 상상력에 대해 알아본다.

2장 [상상력]
존재하지 않는 것을 보는 힘

베토벤과 특수 요원처럼
미래를 창조하라

아침 안개가 아직 소나무숲을 감싸고 있을 때, 폭탄이 터졌다.

특수 요원들은 폭발음에 깜짝 놀랐다. 방금 전까지만 해도 그들은 게릴라 대장과 교섭하던 중이었다. 하지만 지금 그들의 귀에는 숲 어딘가에 있을 아이의 비명 소리가 들렸다. 아이는 얼마나 다쳤을까? 폭탄은 어떻게 터졌을까? 안개 낀 숲속에는 누가 혹은 무엇이 숨어 있는 걸까?

수백 가지 의문이 머릿속을 맴돌았지만 요원들은 답을 찾을 수 없었다. 하지만 신속하고 정확하게 행동해야 했다. 머뭇대거나 허둥대면 아이는 죽는다.

그다음에는 여러 번 일어났던 일이 일어났다. 하지만 매번 다르게 일어났다. 요원들은 돌아가면서 숲으로 들어가 게릴라 대장을 만났다. 물론 진짜 게릴라가 아니라 검은 물결이 출렁이는 노스캐롤라이나주 케이프피어강 인근의 비밀 기지에서 진행된 특수부대 훈련 시뮬레이션에 투입된 배우였다.

요원들은 시뮬레이션을 준비하기 위해 무려 72시간 동안 한숨도 못 자고 게릴라 대장의 방대한 불법 사업장에 대한 첩보 보고서를 분석했다. 고지대에서 칼륨 비료로 양귀비를 재배하는 계약 농부, 바레타 권총과 야간 투시경이 대량으로 거래되는 무기 시장, 은제 골동품을 밀매하는 노새 행렬까지 기록되어 있었다. 요원들은 시뮬레이션의 목적이 이러한 이해 관계를 밝혀내는 자신들의 능력을 시험하는 것이라고 믿었다. 하지만 실상은 예상치 못한 폭발 상황에서 그들이 어떻게 대처하는지를 시험하는 것이었다.

그날 아침, 나는 수십 명의 요원이 시험을 통과하는 모습을 지켜보았다. 그들의 행동은 비현실적으로 느껴질 만큼 유연했다. 더 놀라운 점은 어느 요원도 같은 방식으로 행동하지 않았다는 사실이다. 한 요원은 게릴라 대장을 설득해 낯선 숲길을 앞장서게 만들었고, 다른 요원은 혼자 접근해 폭탄의 비밀을 풀었다. 또 다른 요원은 대장에게 모든 일을 맡기고, 그가 아이를 구해내자마자 그를 추켜세웠다.

요원들은 어떻게 이처럼 신속하게 목적을 달성할 다양한 방법을 떠올렸을까? 한마디로 훈련 덕분이다. 그런 훈련을 받지 못한 대부분의 군인은 폭탄이 터지면 얼어붙거나 무턱대고 돌진한다. 그렇지 않으면 매뉴얼대로 지원을 요청할 것이다. 공포, 투쟁, 의존이라는 세 가지 전형적인 반응은 비상 상황이 닥쳤을 때 기업의 리더들이 가장 흔히 보이는 반응이기도 하다. 초등학생들에게 삶의 문제를 해결하라는 과제를 주었을 때도 마찬가지다.

그렇다면 요원들이 받은 훈련은 무엇이 특별했을까? 훈련은 어떻게 그들을 비범한 군인으로 만들었을까? 한마디로 훈련이 그들의 상상력을 키웠다.

보이지 않는 것을 보는 순간, 미래가 열린다

상상은 '눈으로 볼 수 없는 것을 보는 것'을 의미한다. 보이지 않는 것을 보는 것은 인간의 정상적인 특징이다. 너무나 당연해서 우리가 늘 하는 행동이기도 하다. 하지만 한편으로는 기이하고 불가사의하게 느껴지기도 한다. 우리는 어떻게 보이지 않는 것을 볼 수 있을까? 상상력의 기원은 무엇일까?

논리는 이를 두 가지로 설명한다. 첫 번째는 환각이다. 정신 회로에 뭔가 문제가 생겨 우리를 비현실적 사고로 이끌었다는 것이다. 하지만 이것은 설명이 될 수 없다. 상상은 망상이 아니다. 공간뿐만 아니라 시간적으로도 우리 눈보다 더 멀리 볼 수 있다. 즉 다음에 무슨 일이 일어날지 정확히 예측할 수 있다. 선구자들이 미래의 기술, 예술, 사업, 사회 움직임을 예견할 때 사용하는 방법이기도 하다.

두 번째는 더 빠른 정보 처리다. 즉 선구자들은 슈퍼컴퓨터처럼 사실을 더 빨리 분석해 다른 사람들보다 먼저 예정된 답을 찾아낸다는 것이다. 하지만 이것도 사실일 수 없다. 슈퍼컴퓨터는 많은 컴퓨터가 연결된 집합체로, 빅데이터를 더 빠른 속도로 처리한다. 하지만 요원들에게는 빅데이터가 없었다. 정보는커녕 폭탄, 아이, 안개 낀 소나무숲에 대해 아는 것이 거의 없었다. 따라서 더 빠른 정보 처리 능력만으로 달라지는 것은 없었을 것이다.

그렇다면 상상이 실제로 어떻게 작용하는지를 이해하기 위해 그 기원을 살펴보자. '상상imagination'이라는 단어가 영어 사전에 처음 등장한 것은 14세기다. 중세의 논리학자들은 이 말을 머리에서 이미지를 만들어내는 부분을 가리키는 용어로 사용했다. 이미지는 눈과 같은 감각기관을 통해 얻은 데이터로 구성한 정신적 그림으로, 모든 데이터의 산물이 그렇듯 계산을 통해 조립된다. 계산에는 많은 데이터가 필요하다. 그래서 시각피질에 많은 회로가 존재한다. 세계에서 가장 빠른 컴퓨터 칩이 원래 이미지 처리를 위해 고안된 것도 이 때문이다.

상상이라는 단어는 우리 머릿속에서 일어나는 이런 디지털 과정을 나타낸다. 하지만 이 과정이 상상의 전부는 아니다. 움직이는 머릿속 이미지가 아무리 놀라워도, 그 전에 훨씬 더 놀라운 과정이 일어난다. 영화를 만들려면 먼저 대본이 있어야 하는 것과 같은 이치다. 그 대본은 우리의 피질 회로에 어떤 순서로 장면을 보여줄지 지시한다. 의도대로 순서를 정하는 것이다. 대본은 어디선가 툭 튀어나온 것이 아니다. 우리 뇌가 발명한 것이다. 즉 중세의 논리학자들이 말한 이미지는 상상력의 생물학적 근원이 아니라, 더 근본적인 창조 행위의 파생물이다.

더 근본적인 행위란 무엇일까? 지금은 감이 잡히지 않을 것이다.

현대 심리서에서도 그 행위에 대한 설명을 찾을 수 없다. 하지만 영화 이미지의 근원이 대본이라는 사실을 생각해보면 뭔가 떠오를지도 모른다. 상상력에 관한 옛 문헌에서는 그것을 우화, 신화, 허구, 설화 등으로 불렀다. 이름은 다르지만 모두 '이야기'를 가리킨다.

오늘날 이야기는 상상의 산물로 분류된다. 하지만 방향이 잘못되었다. 시나리오 작가의 서사가 영화의 근원이듯 이야기는 상상력의 근원이다. 이야기는 대안적 세계와 가능한 미래를 상상하는 뇌 영역인 디폴트 모드 네트워크default mode network를 작동시킨다. 이야기를 통해 아이는 어른은 상상할 수 없는 역할놀이와 모험을 꿈꿀 수 있다. 이야기는 특수부대 요원들이 혼돈 속에서도 현명하게 행동하게 하는 신경 메커니즘이기도 하다.

우리 뇌는 이를 알고 있다. 하지만 어른이 되면서 잊어버렸다. 이야기를 이해하는 능력을 타고났지만 학교에서 잘못 배웠기 때문이다. 그러므로 상상력의 기반이 되는 이 고유한 능력을 되살리기 위해서는 우리가 한때 알던 것을 되찾아야 한다. 이제 학교에서 배운 것을 잊고 이야기가 어떤 목적으로 진화했는지 깨달아야 한다.

이야기는 모든 상상의 시작이다

학교는 이야기의 목적이 소통이라고 가르친다. 이런 믿음은 고대 지중해의 법정에서도 찾아볼 수 있다. 법원은 (구운 양고기와 민트 향이 진동하는) 아테네 시장과 (은화가 짤랑대고 무용수들의 심벌즈가 왈강대는) 포로 로마노 옆의 웅장하고 붐비는 관공서에 자리 잡고 있다. 이렇게 시끌벅적한 가운데 검사와 피고는 배심원의 표를 얻기 위해 경쟁했다. 양측 모두 자신의 주장을 입증해줄 사실을 가지고 왔다. 하지만 그들은 곧 사실만으로는 배심원을 설득할 수 없다는 것을 깨닫는다. 배심원단은 술 취한 상원 의원과 양파 농사꾼 등이 뒤섞인 오합지졸이었는데, 구체적인 사실을 늘어놓으면 대번에 지루한 티를 냈고, 세 가지 정도의 정보조차 제대로 기억하는 사람이 없었기 때문이다.

이렇게 산만한 군중 앞에 선 변호인들은 연설 전략을 생각해냈다. 사실들을 단순한 이야기로 구성해 배심원들의 관심을 끌고 원하는 방향으로 유도하는 것이었다. 이 전략은 효과가 있었다. 로마 최고의 연설가이자 스스로를 '공적 화술의 수호자'로 여긴 키케로 Marcus Tullius Cicero가 수사학 교본인 《논쟁을 시작하는 법》, 《논쟁에서 이기는 법》, 《모든 논쟁에서 이기는 법》에 언급하며 찬양할 만큼 효과가 대단했다. 고전 문명이 붕괴된 후에도 이 책들은 살아남아 르네상스 시대의 신사 교육과 오늘날 대학 작문 수업의 기초가 되었다.

키케로의 교본에서는 이 변호인들의 전략을 '나라티오narratio'라 불렀고, 여기서 내러티브narrative라는 영어 단어가 나왔다. 이야기의 목적이 소통이라는 믿음도 여기서 나왔다.

이 믿음은 그럴듯해 보인다. 키케로(또는 어떤 학교 교사)의 도움이 없어도 우리는 이야기를 사용해 소통한다. 우리는 성장한 곳, 하고 있는 일, 나아갈 방향에 대한 이야기를 주고받으며 친구를 사귄다. 성공 사례를 공유해 희망을 퍼뜨리고, 더 잘할 수 있었던 경험을 나누며 변화를 일으킨다. 공통된 역사와 미래의 꿈에 대한 이야기를 전달해 팀, 조직, 국가를 이룬다.

그렇다고 해도 이 믿음은 사실일 수 없다. 이야기가 언어보다 훨씬 일찍부터 진화했기 때문이다. 언어가 생기기 전에 이야기가 먼저 존재했다. 단어, 몸짓, 그 밖의 구두 또는 시각적 의사소통의 형태가 나오기 전부터 이야기는 우리 조상의 머릿속에 흐르고 있었다.

그들의 뇌는 무엇을 위해 이야기를 사용했을까? 서로 정보를 공유하지 않았다면 왜 이야기를 만들었을까? 어려운 수수께끼처럼 보이지만 사실 그렇지도 않다. 그들의 뇌는 뇌가 하는 일을 하기 위해 이야기를 사용했다. 다시 말해 생각하기 위해 사용했다는 뜻이다.

이야기의 생물학적 용도는 20세기 말 애나 크래프트Anna Craft에 의해 밝혀졌다. 크래프트는 케임브리지대학교를 나와 하버드대학교에서 학생들을 가르쳤지만, 그녀의 연구는 인지심리학, 이론물리학, 컴퓨터과학 같은 주요 학문 분과에 속하지 않았기 때문에 거의 알려지지 않았다. 대신 그녀는 유치원에서 아이들을 연구했다. 아이들은 자신을 구멍을 파헤치는 개, 뼈를 치료하는 의사, 집을 짓밟는 공룡으로 상상했다. 크래프트는 '아이들은 본능적으로 이야기를 통해 생각한다'는 사실을 깨달았다.

크래프트는 52세에 암으로 세상을 떠났다. 하지만 후대의 연구에서는 범위를 확장해 성인의 뇌, 침팬지, 쥐, 심지어 까마귀의 뇌에서도 '스토리씽킹storythinking'이 진행된다는 사실을 밝혀냈다. 까마귀와 인간은 가까운 친척이 아니다. 티라노사우루스가 지구를 활보하기 전에 이미 가계도는 갈렸다. 이는 스토리씽킹이 생물학적으로 무척이나 오래되었다는 뜻이다.

요즘 같은 논리의 시대에 스토리씽킹은 단순히 오래된 것을 넘어 시대착오적인 것으로 보일 수 있다. 컴퓨터처럼 계산할 수 있는데 왜 까마귀처럼 생각해야 할까? 하지만 우리 조상들의 뇌가 이야기 속에서 생각했던 데는 이유가 있다. 그 뇌가 잔혹한 생존 투쟁에서 살아남아 승리한 데는 이유가 있다. 그 뇌가 수십억 개의 정교한 기계로 이루어진 우리의 뇌에 이야기를 물려준 데는 이유가 있다. 논리는 개연성을 계산하는 반면, 이야기는 가능성을 창조하기 때문이다.

개연성은 전에 반복된 패턴으로, 과거의 통계를 통해 미래의 확률을 계산할 수 있다. 가능성은 지금껏 일어난 적이 없지만, 환경의 법칙에 어긋나지 않기 때문에 발생할 수 있는 사건이다. 가능성은 개연성에 비해 두 가지 생물학적 이점이 있다. 첫째, 진화의 속도를 높일 수 있다. 가능성은 과거에 잘되던 방법에 머무르지 않고, 미래로 도약해 기회를 잡게 한다. 둘째, 불확실성 속에서 주도적으로 행동할 수 있다. 가능성은 믿을 만한 데이터가 많이 필요하지 않기 때문이다. 빈약한 정보로도 작동하기 때문에 컴퓨터에 오류를 일으키는 모호한 환경에서도 적응하게 한다. 수학 문제에서는 논리가 절대

적이지만, 삶의 문제에서는 이야기가 논리를 능가할 수 있다. 혁신, 회복탄력성, 상식적 의사결정을 이끌어낼 수 있기 때문이다.

이야기는 완벽하지 않다. 만약 완벽했다면 까마귀가 유토피아를 지배했을 것이다. 하지만 이야기를 만드는 능력은 훈련으로 강화할 수 있다. 이를 확인하기 위해 숲속의 특수 요원들에게 돌아가보자.

'왜'와 '만약에'를 잇는 순간, 가능성은 무한해진다

애나 크래프트의 유치원생들처럼, 요원들도 이야기를 통해 생각한다. 주로 인과적 사고와 반사실적 사고라는 두 가지 방법을 사용하며, 요원들은 이를 간단히 '과거'와 '미래'라고 부른다.

- 요원들이 과거에 대해 스토리씽킹을 할 때는 자신이 겪은 사건을 돌아보며 '왜why'라고 묻는다. 왜 그런 일이 벌어졌을까? 애당초 그런 일은 왜 일어났을까?
- 요원들이 미래에 대해 스토리씽킹을 할 때는 일어날 수 있는 사건을 '만약에what if'로 상상해본다. 만약에 내가 이렇게 한다면? 만약에 상대방이 저렇게 나온다면?

과거와 미래에 대한 스토리씽킹은 뇌에서 순환 고리feedback loop로 연결된다. '왜'가 다양할수록 '만약에'는 혁신적일 것이고, '만약에'

가 효과적일수록, '왜'는 신뢰할 만하다. 다시 말해 어제의 원인을 창의적으로 해석할수록 역동적인 내일을 만들어낼 수 있다. 그리고 다가올 일을 목적에 가깝게 유도할수록 삶의 숨은 규칙을 더 잘 이해할 수 있다.

이렇게 연결된 과정은 과거를 명확히 정리하는 동시에 미래의 가능성을 넓히므로 요원들은 다음과 같은 서사를 갖게 된다.

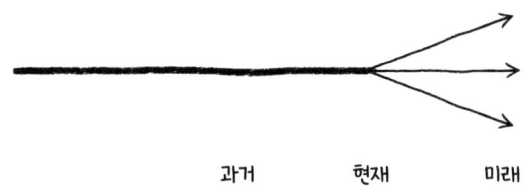

과거   현재   미래

이 형태는 통합된 과거와 분화된 미래를 연결하고, 하나의 명확한 '왜'를 여러 개의 창의적인 '만약에'와 결합한다. 이것이 바로 훈련된 상상력이다.

훈련된 상상력이 특수 요원의 전유물은 아니다. 운동선수, 외과의사, 코미디언처럼 순발력이 뛰어난 사람들에게서도 동일한 서사적 사고를 찾아볼 수 있다. 이들은 목표를 유지하면서 변화에 대응해야 한다. 운동선수는 경기장에서 경기 규칙을 바꾸지 않고 움직이면서 정해진 목표를 달성해야 한다. 외과의사도 생명을 살린다는 원칙을 존중하면서 메스를 유연하게 휘둘러야 한다. 코미디언의 재치 있는 입담은 웃음이라는 목표를 달성해야 한다.

운동선수, 외과의사, 코미디언의 적응력은 이야기의 갈라진 미래에서 비롯되며, 이는 그들에게 새로운 가능성을 찾는 능력을 부여한다. 한편 시간이 흘러도 변함없는 목표의 일관성은 이야기의 통합된 과거에서 비롯된다. 이런 설명은 직관에 어긋나는 것처럼 보일 수 있다. 뒤에 뻗은 길이 앞으로 펼쳐진 길을 고정한다니? 하지만 현실 세계에서 과거는 추진력의 원천이다. 과거가 통합될수록 우리는 한 방향으로 멀리 나아갈 수 있다. 위험을 피하고 기회를 잡아 하나의 큰 전략을 유지할 수 있다. 바위 주위를 흐르는 물처럼 잠시 굽이치다가도 원래 경로를 되찾을 수 있다.

이것이 바로 특수 요원들이 안개 낀 숲에서 목표를 향해 민첩하게 행동할 수 있었던 이유다. 그렇다면 그들은 어떻게 유연하면서도 명확한 상상력을 훈련했을까?

좋은 계획은 하나의 정상으로 가는 무한한 길에서 나온다

요원들이 어떻게 스토리씽킹을 개발하는지 알아내기 위해, 나는 특수부대 교관들의 협조를 받아 그들의 머릿속을 들여다보았다. 한때는 이 교관들이 바로 특수 요원이었다. 오래전에 그들은 특수부대를 이끌고 외딴 사막과 무법의 도시를 누비며 비밀 임무를 수행했다. 폭탄 제조범을 체포하거나 수용소 내부로 의약품을 밀반입하거나 여자 아이들을 위한 지하 학교를 세우는 일이었다. 그들은 오랜 경험을 통해 상상력의 기술을 터득했다.

"상상력을 훈련하는 방법이요? 물론이죠. 알려드릴 수 있어요." 땀 냄새와 파리 떼가 가득한 시멘트 벽돌 건물에서, 머리가 희끗희끗한 교관이 고개를 끄덕였다. 나는 들뜬 마음에 노트를 꺼내 훈련 내용을 세세히 기록할 채비를 했다.

"상상력을 훈련하는 방법은 계획하고, 계획하고, 계획하고, 계획하는 겁니다." 나는 멈칫거리며 아무것도 적지 않았다. "계획이 상상력과 무슨 상관이 있지요?"

교관은 조용히 실망한 기색을 내비쳤다. "상상력의 주된 용도가 바로 계획이니까요." 그는 머리가 아주 굼뜨게 돌아가는 사람에게 말하듯 천천히 설명했다. 그래도 이해가 되지 않아서 되물었다. "상상력을 주로 계획을 세우는 데 사용한다고요?"

"쉽게 설명할게요. 학교에서는 상상력을 공상할 때나 그림 그릴 때 쓰는 것처럼 가르치죠. 하지만 계획이 실패하는 이유가 뭘까요? 가능성을 충분히 고려하지 않았기 때문입니다. 벌어질 수 있는 일을 예측하는 시야가 너무 좁아서죠. 상상력이 부족한 탓이에요. 결국 상상력은 좋은 계획의 원천입니다."

마침내 나의 뇌가 감을 잡았다. 교관의 말을 이해한 동시에 그 이면의 과학적 원리도 깨달았다. '이야기는 뇌에서 계획을 세우기 위해 진화했다.' 계획은 미리 정한 행동의 순서를 뜻한다. 특수 요원들이 전략을 세우고 까마귀가 막대기로 도구를 만들게 하는 행동이 그것이다. 그리고 계획은 상상으로 만들어지고, 상상은 뇌에서 '이야기'를 통해 형성된다. 이야기도 계획처럼 미리 짜놓은 일련의 행동이기 때문이다. 그래서 이야기를 가리키는 다른 단어가 '플롯plot'이고, 플롯에는 '계획'이라는 의미도 들어 있다.

현대 사회는 이야기가 소통이나 공상을 위한 것이라고 가르치지만, 이야기의 생물학적 목적은 타인과의 소통이나 공상과는 관계가 없다. 계획을 세운다는 내면적이고 실용적인 목적이 있을 뿐이다.

"그렇다면 계획을 잘 세우려면 어떻게 해야 합니까?" 내가 교관에게 물었다.

교관은 다음과 같이 설명했다. "훌륭한 계획에는 두 가지 특징이 있죠. 첫째는 단 하나의 장기 목표이고, 둘째는 그 목표에 이르는 다양한 경로입니다. 다시 말해 '하나의 산 정상을 목표로 삼되 오르는 경로가 다양할 수 있다'는 뜻이에요."

즉 좋은 계획은 요원들의 머릿속 서사와 비슷하다. 하나의 '왜'가 여러 개의 '만약에'와 연결되어 있다.

"그렇군요." 나는 고개를 끄덕였다.

교관이 선글라스를 벗고 눈을 드러냈다. 담담하고도 생생한 그의 눈빛에는 천상의 고요와 혼돈의 유연성을 동시에 담고 있었다.

"네, 그렇습니다." 교관이 느릿느릿 말을 이었다. "하지만 아무도 그렇게 하지 않아요. 그렇게 한다면 당신은 예외라는 뜻이에요. 아니면 우리에게 훈련을 받았거나."

교관의 말은 옳았다. 나는 대학생부터 기업 임원에 이르기까지 수천 명을 대상으로 실험하면서, 이 계획 방식이 예사롭지 않다는 것을 몸소 확인했다.

첫째, 대부분의 사람은 단 하나의 장기 목표조차 갖고 있지 않다. 훈련이 부족한 지휘관은 대개 '언덕을 점령하되 누구도 죽이지 말라'는 명령을 내린다. 이 명령에는 상충하는 두 가지 목표가 들어 있고 그 결과 혼란, 마찰, 실패가 초래된다. 그런데 비즈니스, 의료, 교육 등 모든 분야의 리더가 대부분 이런 식으로 생각한다. 계획을 물어보면 목록을 줄줄 읊는다. 《포춘Fortune》이 선정한 50대 기업의 한 CEO는 내게 성공을 위해 꼭 달성해야 할 목표가 열다섯 개나 있다고 밝혔다.

둘째, 대부분의 사람은 다양한 경로를 개발하지 않는다. 플랜 A에 전부를 건다. 그들이 주장하는 플랜 B는 대개 모호하거나 플랜 A를 약간 수정한 것이다. 플랜 A가 무너지면(플랜 A는 무너지게 마련이다) 유일한 희망은 설익은 플랜 B나 살짝 변형한 플랜 A다.

결국 우리는 한 가지 등산 기술로 여러 봉우리를 오르려 애쓰며 인생을 낭비한다. 요원들은 이 상태를 '막연한 전략, 제한된 전술'이라 표현한다. '전략'은 장기적 서사이고, '전술'은 그 과정에서 나오는 단기적 계획이다. 목표에 꾸준히 다가가려면 명확한 전략과 유연한 전술을 가져야 한다. 그래서 특수 요원들은 '확실한 전략, 무한한 전술'을 추구한다.

전략을 만들기 위해 요원들은 하나의 중요한 목표를 정한다. 그들은 목표가 열다섯 개라면, 아니 목표가 두 개라도 뇌가 계획을 제대로 세울 수 없다는 것을 알고 있다. 이루고 싶은 목표가 여럿 있을 수 있지만, 한 번에 두 개의 산 정상에 오르려 해서는 안 된다. 출발 전에 목표의 우선순위를 매겨 1순위를 정해야 한다. 그렇지 않으면 압박을 받거나 자원이 고갈되는 순간, 우선순위에 충돌이 생긴다. 그 결과는 망설임, 의구심, 무질서, 집중력 분산, 허술한 결정, 포기다.

전술의 한계를 없애기 위해 요원들은 예외적 정보를 포착하는 훈련을 한다(1장 참고). 예외적인 것에서 가능한 행동 방침을 도출하고, 상상력과 직관을 불어넣는다.

훈련의 첫 번째 부분(확실한 전략)은 '왜'를 명확히 해 요원들의 과거를 통합한다. 훈련의 두 번째 부분(무한한 전술)은 다양한 가능성을 상상하게 해, 요원들이 상황에 따라 선택할 수 있는 여러 가지 미래 경로를 만들어낸다.

이렇게 두 부분으로 구성된 훈련은 예상치 못한 폭발을 만났을 때 요원들이 보여준 유연한 강인함의 원천이 되었다. 숲속에서 요원들은 '게릴라 대장과 신뢰 관계를 쌓아라'라는 전략을 정했다(신뢰 관계 형성은 상대에게 당신이 같은 편이라는 느낌을 주는 것이다. 자세한 내용은 8장을 참조하라). 폭발로 인해 이 목표를 이룰 첫 번째 경로가 사라지자, 요원들은 다친 아이라는 예외적 정보에 집중해 전술을 다양하게 확장했다. 어떤 요원은 '내가 직접 아이를 구출해 게릴라 대장에게 내 이타심을 보여주면 어떨까?' 하고 상상했다. 그런가 하면 어떤 요원은 '구출을 지휘하는 게릴라 대장을 따라가서 그에게 내 목숨을 맡길 수 있다는 것을 보여주어야 할까?' 하고 생각했다.

또 다른 요원은 이렇게 생각했다. '게릴라 대장 혼자 아이를 구출하러 간 사이, 내가 그의 부대를 믿고 맡길 사람이라는 것을 증명한다면?' 이런 여러 갈래의 가능성은 요원들의 민첩성과 방향성을 융합해 한 가지 핵심 목표인 '신뢰 관계 구축'으로 이끌었다.

이 훈련의 효과를 본 것은 요원들뿐만이 아니었다. 나는 케이프 피어의 안개 속을 벗어나 민간 분야에도 이 훈련을 적용했다. 그 결과 운동선수, 구급대원, 조종사, 소방관, 간호사, 교사, 학부모, 중학생에게서도 효과를 보았다.

이렇듯 다양한 집단에서 이 훈련이 성공한 이유는 우리의 공통된 생물학적 특성을 활용하기 때문이다. 우리의 뇌는 특수 요원처럼 생각하도록 진화했다. 산을 오르는 길에 폭탄이 터지면 새로운 계획에 적응한다. 직관을 일깨우고 상상력을 단일 목표에 집중해 삶에 강렬하고 우아하게 임하는 것이 우리의 본성이다. 나는 문득 이런 의문이 들었다. 대부분의 사람과 달리 요원들은 어떻게 이런 본성과 꾸준히 연결되어 있을까?

베토벤처럼 작곡하고, 요원처럼 행동하라

훈련 중에 휴식을 취하는 요원들을 붙잡고 질문을 던졌다. 그들은 소나무에 기대앉아 잘게 찢은 칠면조 고기와 레몬을 씹어 먹고 있었다.

요원들은 음식을 먹으면서, 자신들도 본성과 연결이 끊어진 적이 있었다고 대답했다. 문명인들이 까맣게 잊은 상상력의 비밀을 그들만 수천 년 동안 지켜온 것은 아니라는 뜻이었다. 미 육군 특수부대는 1950년대에야 창설되었기 때문에 그들도 지금의 신병들처럼 학교에서 배운 것을 잊고 '확실한 전략, 무한한 전술'을 되찾아야 했다.

나는 궁금해서 물었다. "그걸 어떻게 해냈죠?"

요원들은 무심히 어깨를 으쓱하며 말했다. "계획에 뛰어난 역사 속 인물들을 연구했어요."

나는 이 말을 듣고 흙이 잔뜩 묻은 공책에 '허레이쇼 넬슨Horatio Nelson'이라 적었다. 영국의 넬슨 제독은 19세기를 대표하는 해군 전략가다. 1758년에 노픽의 석회암 해안 마을에서 사제의 여섯째 아이로 태어났을 때는 아무도 그의 성공한 미래를 예측하지 못했다. 왜소하고 허약했던 그는 열두 살에 고향을 떠나 영국 해군에 갑판 청소부로 들어갔다. 첫 항해부터 심한 뱃멀미에 시달렸다. 그 후 20년 동안 항명을 불사할만큼 주도적인 군인으로 복무한 끝에 마침내 진급해 소형 군함 편대를 지휘하게 되었다. 그는 지휘 능력을 입증하겠다는 열의로 카나리아제도의 한 스페인 항구를 공격했다. 공격은 대담했지만 계획은 허술했다. 넬슨은 참패했고, 스페인 해군의 포탄에 오른팔을 잃었다. 음식을 먹고, 글을 쓰고, 항해를 지휘하는 것마저 힘든 상황이었다.

좌절을 겪은 넬슨은 왼손 쓰는 법을 익히는 동시에 계획 세우는 법을 개선했다. 그의 새로운 접근법은 함대에 통합된 전략을 제공하되 각 함장에게는 지역 상황에 맞는 전술을 펼칠 수 있는 자율성을 부여한 것이었다. 그는 이를 '넬슨 터치the Nelson touch'라 불렀고, 1805년 트라팔가르 해전에 적용했다. 넬슨은 다시 한번 스페인과 맞붙었다. 당시 스페인은 세계 최강 함대를 자랑했고, 나폴레옹 보나파르트가 이끄는 18척의 함선도 합류했다. 넬슨의 함대는 무려 500문의 대포와 1만 명이 넘는 병력에 밀리고, 넬슨은 저격수의 총에 맞아 치명상을 입었지만 결과는 정반대였다. 그의 함대는 배를 한 척도 잃지 않고 적군의 3분의 2를 생포했다. 즉흥적인 유연성을 하나의 전체적인 목표에 통합할 때 얼마나 큰 힘을 발휘할 수 있는지 증명한 것이다.

레몬 껍질을 뱉어내며, 요원들도 넬슨이 확실한 전략과 무한한 전술을 결합했다는 데 동의했다. 그런데 그들은 넬슨 같은 군사 지휘관에게서 영감을 받은 것이 아니었다. 뜻밖에도 베토벤 같은 예술가에게서 배웠다고 했다.

나는 요원들이 문화에서 영감을 받았다는 사실에 놀라움을 감추지 못했다. "19세기 작곡가 루트비히 판 베토벤 말씀이세요?"

요원들은 그렇다고 대답했다. 베토벤이 작곡한 음악의 구조는 매우 고전적이지만 조성의 변화와 화성 전개는 아주 자유로웠다. 정치적·문화적 혼돈의 시기에 베토벤이 음악가로서 크게 성공할 수 있었던 비결이다. 점령군이 조국을 짓밟고 지나가던 시기에도 베토벤은 5번 교향곡을 썼다. 전통적인 소나타 형식에 피콜로와 콘트라바순을 도입하는 파격적인 시도로, 통일성 있는 주제와 역동적인 변주를 구현해 확실한 전략과 무한한 전술을 보여주었던 것이다.

안개 낀 소나무숲에서 하나의 정상을 향해 다양한 경로로 산을 오르는 요원들을 지켜보면서, 나는 상상력에 담긴 음악성을 느낄 수 있었다. 또 하나, 속도감도 느낄 수 있었다. 폭탄이 터지는 순간, 요원들은 하나의 목표에 집중하면서도 목표에 도달하기 위한 여러 경로를 상상했다. 긴장하거나 주저하지 않고, 상황의 속도에 맞춰 에너지를 발휘했다.

베토벤의 말에 따르면 빈의 숲에서 참나무와 너도밤나무 사이를 걸을 때 새로운 선율이 햇살처럼 머릿속을 스쳐 지나갔다고 한다. 특수 요원들 역시 같은 속도로 창의성을 발휘했다. 그들의 천재성은 어디서 나왔을까? 그들은 어떻게 그토록 재빨리 유용한 계획을 떠올릴 수 있었을까?

그 답은 우리 삶의 이야기라는 뇌의 가장 중요한 서사에서 찾을 수 있다. '삶의 이야기'란 우리가 우리 자신에 대해 생각하는 이야기다.

당신의 인생을 하나의 작품으로 설계하라

───────

삶의 이야기는 바로 삶에 대한 계획이다. 여느 계획과 마찬가지로 가장 바람직한 형태는 다음과 같다.

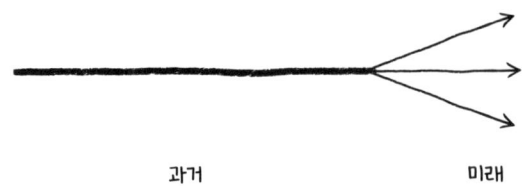

과거   미래

  과거가 통합되면 내 삶의 '왜'를 명확히 밝히고 장기적 방향을 정할 수 있다. 미래가 여러 갈래로 갈라지면 '만약에'의 잠재성이 넓어지고 그곳에 도달하는 경로가 다양해진다.

  이런 인생 계획을 통해 자신이 누구인지, 무엇을 할 수 있는지 깨닫고, 망설임 없이 행동에 나설 수 있다. 새로운 가능성을 보면 그것이 자신에게 맞는지 즉시 판단할 수 있다. 새로운 도전 앞에서 자신을 잃지 않고 앞으로 나아갈 수 있다. 명확한 사고로 기회를 더 빨리 붙잡고 좌절 앞에서 덜 흔들릴 수 있다. 하루하루 더 크게 발전할 수 있다. 인생의 잠재력을 더 많이 실현할 수 있다.

  당신의 삶에는 당신만이 지닌 잠재력이 있다. 1장에서 보았듯이 모든 인간은 예외적인 존재다. 우리 모두에게는 저마다의 '왜'와 독특한 '만약에'가 있다. 우리의 이야기, 과거와 미래는 그 누구와도 다르다.

  우리는 각자 자신만의 서사를 갖고 있지만, 모두의 뇌에는 과거를 통합하고 미래를 분화하는 도구가 있다. 덕분에 우리는 특수 요원처럼 인생 계획을 유연하고 의도적이며 신속하게 세울 수 있다. 그 도구는 세 번째 고유한 능력인 감정이다.

3장 [감정]
방향을 잃지 않는 나침반

안티고네와 싱글턴처럼
스스로를 평가하라

그는 감정이 지혜라는 사실을 잘 알았다. 적절하다고 느껴지는 시기와 그렇지 못하다고 느껴지는 시기를 구분하는 감각만으로도, 하계 인턴에서 세계적 거물로 성장해 매출 5천억 달러에 달하는 기업의 CEO가 될 수 있었다. 정상에 오른 그는 이제 자신의 정서적 능력을 직원들에게 전수하고 싶었지만 어려움에 부딪혔다. 관리자, 직원, 임원진은 모두 데이터와 지표를 선호했기 때문이다.

CEO는 그들의 마음을 열기 위해 감성지능Emotional Intelligence, EQ을 키우는 일주일간의 교육 프로그램에 큰돈을 투자했다. 감성지능과 감정의 관계는 IQ와 지능의 관계와 같다. 즉 감성지능은 감정을 논리로 환원한다. 논리는 분류와 공식화를 통해 작동하므로, 감성지능은 우리가 타인의 감정을 파악해서 그것을 자신이 경험한 감정과 동일시하도록 한다. '저 남자는 두려워하고 있구나. 나도 느껴본 적이 있는 감정이라 공감할 수 있어. 내가 그랬듯이 저 남자가 불안한 원인을 정확히 밝히고 해소할 수 있게 도와줘야겠다.'

감성지능 교육 과정은 임원들의 소통, 관리, 의사결정 능력을 키워줄 확실한 방법으로 홍보되었지만 CEO는 그 결과에 실망했다. 공감의 이점과 분노의 위험을 강조해도 직원들의 행동에는 그다지 변화가 없었기 때문이다. 그래서 CEO는 기대 반 우려 반으로 내게 연락했다. 그는 감성지능에 대한 나의 독특한 접근방식이 최정예 군부대에서 검증을 받았다는 말을 들었다고 했다.

그것은 사실이었다. 육군 특수부대의 요청으로 나는 감성지능의 대안을 개발했다. 논리적이라기보다 생물학적인 이 방법은 감정과 이야기를 잇는 뇌 연결에 기반한다. 그 연결 덕분에 영화와 소설의 서사가 감정을 건드릴 때, 우리는 기쁨이나 슬픔 등 말로 표현하기 힘든 다양한 정서를 경험하게 된다. 오랫동안 나는 이런 의문을 가졌다. 감정과 이야기는 왜 우리 머릿속에서 이렇게 연결되어 있을까? 그러던 차에 나는 루시 그레이Lucy Gray라는 특수 요원을 만났다. 그는 싱글턴singleton으로 활동하고 있었다.

싱글턴은 팀이나 지원 인력 없이 홀로 적진에 투입된다. 단독으로 임무를 수행하기 때문에 싱글턴은 자기평가에 철저해야 한다. 자신의 계획이 성공할 때는 언제이며 계획을 변경해야 할 때는 언제인지 알아야 한다. 자신감이 지나쳐서도 모자라서도 안 된다. 공정하게, 명확하게 자신을 평가하고 매번 자신의 능력을 정확하게 가늠해야 한다. 그렇지 않으면 작전이 실패해 목숨을 잃을 수도 있다.

"어떻게 그렇게 하세요?" 그레이에게 물었다. 워낙 체계적인 사람이니 작업 완료율에서 심박수까지 자신의 모든 것을 점검하리라 여졌다.

"전부 감으로 해요." 그레이가 곧바로 대답했다.

"감이라고요?"

"네, 느낌이요."

그레이의 자기평가는 감정에서 나오는 것이었다. 진행이 순조롭다고 느껴지면 계속하고, 뭔가 잘못되었다고 느껴지면 조정했다. 그레이에게 감정은 현실을 더 깊이 이해하는 신비의 감각 같았다. 하지만 그레이를 비롯한 싱글턴을 연구하면서, 나는 초자연적으로 보이는 그들의 자기평가 능력을 생물학적으로 해석하는 방법을 찾았다. 감정은 그들의 정신적 삶의 서사를 추적해, 서사가 가장 효과적인 형태에서 벗어나는 경우 방향을 바꿔야 한다는 신호를 주었다.

2장에서 확인했듯이, 정신적 서사는 과거는 통합되고 미래는 분화되는 형태가 가장 이상적이다.

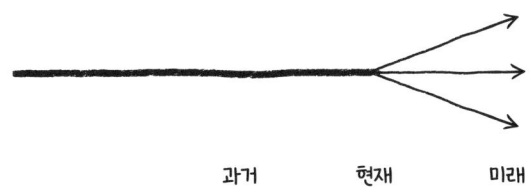

과거　　현재　　미래

우리의 감정은 과거가 나누어지거나 미래가 좁아진다는 것을 경고해 이 서사를 이루는 데 도움을 준다. 그 원리를 알고 싶다면, 우리 뇌에서 가장 오래된 감정인 두려움부터 살펴보아야 한다.

두려움은 '계획이 없다'는 뇌의 경고다

두려움은 신경생물학의 핵심이다. 수천 년 동안 현자들은 "두려움은 비이성적인 감정이므로 휘둘리지 말라"고 경고했다. 하지만 그 말은 옳지 않다. 두려움은 똑똑하다. 아주 똑똑하다. 두려움은 중요한 정보를 알려준다. '당신에게는 계획이 없다'는 정보다.

계획이 없는 상태에 이르는 경로는 여러 가지다. 계획이 있었지만 실패했을 수 있다. 계획을 세울 필요가 있었지만 무시했을 수도 있다. 계획이 필요한 줄 몰랐는데 의외의 상황이 닥쳤을 수도 있다. 서류상으로는 훌륭해 보이지만 뇌에 신뢰를 주지 못하는 계획을 세웠을 수도 있다.

계획이 없다는 사실을 아는 것이 무엇보다 중요하다. 계획은 지적인 성공의 비결이기 때문이다. 계획이 없다면 운이 좋아야 한다. 그러므로 두려움은 이렇게 경고한다. 이제 당신의 지능을 넘어서는 상황이 되었다. 지금부터는 사건에 휩쓸릴 위기에 처했다! 삶의 이야기로 표현하자면, 당신의 미래는 이제 분화를 멈추었고 존재마저 위태로워졌다.

과거　　　현재　　　미래

왜 두려움이라는 감정은 우리 뇌가 이런 신호를 보내도록 진화되었을까? 생물학적으로 진화될 수 있었던 온갖 신호 중에서 뇌는 왜 하필 무릎에 힘이 풀리고 머릿속이 하얘지는 감정을 발달시켰을까?

답은 이렇다. 뇌는 행동에 편향되어 진화했다. 우리는 행동을 통해 배우기 때문이다. 가만히 앉아 데이터만 흡수해도 더 똑똑해지는 컴퓨터와 달리, 우리의 뇌는 적극적으로 움직이면서 피드백을 수집하고 조정할 때 더 똑똑해진다. 이러한 행동 편향성은 우리 뇌로 하여금 항상 계획을 갖게끔 만들며, 계획이 없을 때 두려움은 우리가 외부 영향을 받아들이게 만들어 계획을 세우게 한다. 두려움이 커질수록 우리 뇌는 다른 사람을 따르고, 남이 시키는 대로 수동적으로 행동한다. 따라서 두려움은 우리 뇌가 마련하는 최후의 비상 계획이다. 뇌는 타인의 계획을 흡수함으로써 계획이 없다는 문제를 해결한다.

이렇게 두려움을 이용해 목적의식을 되찾는 방식 때문에 아이들은 매우 대담하면서도 쉽게 두려움을 느낀다. 대담함은 아이들을 성장시키고, 쉽게 두려움을 느끼는 성향은 어른의 개입에 즉각 반응하게 한다. 다만 외부 영향을 쉽게 받는 경향은 생존에는 유리해도 항상 우리에게 유익한 것은 아니다. 불안을 자극하는 사기꾼에게 속기 쉽고, 절벽을 향해 내달리는 무리에 휩쓸리게 된다. 우리 뇌의 감정 체계는 죽음이 늘 가까이 도사리고 있던 고대에 진화했기 때문에, 비상 상황이 아닐 때도 우리를 지배하는 두려움은 현대 생활에 어울리지 않을 수 있다.

나는 그레이를 비롯한 싱글턴이 전투에서 어떻게 행동하는지를 연구해 두려움에 현명하게 대응하는 법을 찾아냈다. 전투는 강렬한 두려움을 자극한다. 너무 강렬한 나머지 바로 코앞밖에 못 볼 정도로 시야를 좁힌다. 우리를 점점 조여오는 상자에 가두고, 우리의 마음을 항복하게 만든다.

이 상자에서 벗어나기 위해 요원들은 시선을 저 멀리, 지평선까지 돌리는 법을 배운다. 이렇게 하면 뇌는 시시각각 조여드는 두려움의 상자 너머, 넓게 열린 공간에서 새로운 기회를 발견하게 된다. 이런 기회는 방향을 제시해 미래 서사를 확장한다.

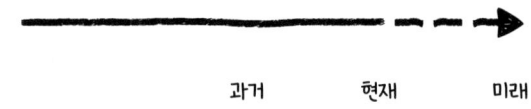

과거　　　현재　　　미래

이 방법은 당신이 공황 상태에서 벗어나 계속 앞으로 나아가도록 돕는다.

직장이나 가정 같은 비전투 환경에서도 뜻밖의 상황을 만나면 우리는 '스트레스 상자'에 갇힌 듯 당장 눈앞의 문제에만 매달려 허둥지둥하게 된다. 그러다 점점 더 혼란스러운 무질서 상태가 되어 끝내 포기해버리기도 한다. 이런 결과를 피하려면 정신적 시선을 멀리, 자신만의 서사의 지평선으로 옮겨야 한다. 즉 자신의 삶 전체를 꿰는 전략, 과거를 하나로 묶어주는 삶의 큰 목적을 떠올려야 한다 (2장 참고). 그 목적에 집중하면 뇌는 첫걸음을 내딛게 된다. 일단 한 걸음을 떼고 나면 다음 단계를 찾는 속도는 더 빨라진다. 한 요원은 내게 이렇게 말했다. "첫 단계가 지나면 정신이 맑아지기 시작하죠. 첫 단계가 최선이 아니더라도 계속 움직이다 보면 계획은 점점 개선됩니다."

요원들은 두려움에서 벗어나는 이 방법을 '첫걸음 계획first step plan' 이라고 말한다. 스트레스에 휩싸인 상태에서는 첫걸음을 내딛는 것도 버거울 수 있다. 하지만 임무에 착수하기 전에 마음의 준비를 하는 것만으로도 조금은 부담을 덜어낼 수 있다. 잠시 시간을 내어 전략적 목표를 머릿속에 생생하게 그려보자. 목표가 더 선명하고 구체적일수록 혼란스러운 상황에서도 더 신속히 첫걸음 계획을 세울 수 있다.

전투 중에 전략적 목표를 떠올리지 못하거나 두 가지 전략적 목표를 지닌 (역시나 위험한 상태의) 군인은 당황해 어쩔 줄을 모른다. 공포에 사로잡혀 머리가 돌아가지 않으므로 동료의 도움을 받아 첫걸음 계획을 세워야만 그 상태를 벗어날 수 있다. 하지만 전투 전에 이미 단일한 전략적 목표를 구체적으로 떠올린다면, 그는 몇 초 만에 첫걸음 계획을 실행할 수 있다. 뛰어난 주도성으로 명예 훈장을 받은 한 육군 특수 요원은 내게 이렇게 설명했다. "죽을지도 모른다는 직감이 들었어요. 하지만 목표를 떠올리고 서둘러 그 방향으로 움직였죠. 그때부터는 일이 술술 풀리기 시작했어요."

이런 사전 준비 기법은 기업 임원들에게도, 심지어 여덟 살배기에게도 효과가 있다. 핵심은 긴박하지 않을 때 시간을 내어 가장 중요한 장기 목표를 확실히 되새기는 것뿐이다. 그 목표를 찾을 때는 싱글턴의 요령을 생각한다. 즉 '행복'이나 '성공' 같은 추상적 목표 대신 '소설 쓰기'나 '회사 매각' 같은 구체적인 목표에 집중한다. 목표가 구체적일수록 뇌는 구체적인 첫걸음 계획을 만들 수 있다.

이 장 후반부와 6장에서 다룰 '긍정적 감정' 역시 첫걸음 계획 수립에 도움이 된다. 하지만 첫걸음 계획을 세우는 데 가장 중요한 첫 단계는 여기서 이미 다루었다. 바로 두려움과의 관계를 바꾸는 것이다. 현자처럼 두려움을 아예 무시하거나 군중처럼 두려움에 굴복하면 머릿속 이야기가 약해져 취약성이 커진다. 두려움을 중요한 목표로 나아가는 기회로 삼는다면, 자신감과 역량이 강화되어 용기와 능력 사이에 긍정적인 순환 고리를 만들 수 있다.

감성지능의 기본을 더 알기 위해 이제 두려움의 오랜 동반자인 분노에 대해 알아보자.

분노는 '계획이 하나뿐'이라는 위험신호다

분노는 두려움과 결합해 공포-투쟁(흔히 투쟁-도피라고 알려진) 반응을 일으킨다. 이는 변화와 불확실성에 대응하는 뇌 고유의 메커니즘이다.

이 메커니즘은 아주 영리하다. 이 말이 무슨 뜻인지 이해하고 싶다면, 문이 하나도 없는 방에 갑자기 떨어졌다고 상상해보자. 어떤 기분이 드는가? 갇힌 느낌이 뇌에 두려움을 일으킬 것이다. 다음으로 벽에 문이 생기고 열리는 상상을 해보자. 이제 어떤 기분이 드는가? 무력감이 줄어들 것이다. 하지만 스트레스는 여전하다. 그 문이 유일한 탈출구이기 때문이다. 당신은 반드시 그 문을 통과해야만 한다. 그래서 뇌는 강박적으로 변한다. 공격적으로 방향을 전환하는 것이다.

이 사고실험은 두려움과 분노 이면에 숨겨진 정신적 서사를 보여준다. 두려움은 뇌가 '문도, 통로도, 계획도 없다'고 생각하는 상태다. 분노는 뇌가 '계획이 있지만, 단 하나뿐이다'라고 생각하는 상태다. 삶의 이야기로 표현하면, 분노는 당신의 미래가 단 하나의 가지로 축소되었음을 알린다.

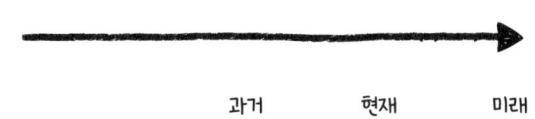

과거　　현재　　미래

이런 축소는 공포-투쟁 현상의 두 번째 특징인 '터널 시야tunnel vision'로 나타난다. 첫 번째 특징은 두려움과 맞닿아 있다. 두려움은 우리의 시야가 짧아지게 한다. 분노와 관련된 두 번째 특징은 시야가 좁아지게 한다. 분노를 느껴도 미래를 내다볼 수 있지만 터널 속에 있는 것처럼 시야가 좁아져 눈앞의 길 하나만 보일 뿐이다.

계획이 하나뿐이라는 신호는 왜 분노로 진화했을까? 생물학적으로 진화할 수 있었던 수많은 신호 중에서 왜 우리 뇌는 하필 우리를 사납게, 심지어 폭력적으로 만드는 감정을 발달시켰을까?

그 답은 단순하다. 계획이 하나뿐이라도 성공할 수 있기 때문이다. 그리고 단호히 실행하면 성공할 가능성이 더 커진다. 이런 결과는 특수 요원뿐만 아니라 소방관과 구급대원에게서도 나타난다. 그들은 내게 이렇게 말한다. "위기가 발생하면 신속하게 행동해야 해요. 팀이 재빨리 움직이지 않으면, 화를 내서라도 듣게 만들어야죠." "저는 위급한 상황에서 분노를 동력 삼아 움직입니다. 그것 덕분에 최선을 다해 몰입할 수 있죠." "분노는 강렬해요. 정신을 집중시키고 몸에 에너지를 불어넣어 움직이게 합니다."

이것이 바로 우리 뇌가 분노를 진화시킨 이유다. 분노는 열정과 힘을 다해 계획을 성공시킬 수 있게 우리를 이끌어준다. 문제는 분노에는 대가가 따른다는 것이다. 계획이 성공해도 대가는 가혹하다. 분노는 당신의 동료들에게 엄청난 피로를 준다. 다음번에도 화를 낼 가능성을 높이므로 당신은 점점 성마른 사람이 된다. 스트레스를 가중시켜 건강에도 악영향을 미친다. 계획에 차질이 생겼을 때의 대가는 훨씬 더 크다. 사람들에게 큰소리로 명령했는데 결과가 나오지 않는다면? 계획을 억지로 밀어붙였는데도 결국 실패한다면, 당신은 곤경에 빠진다.

따라서 공격적으로 행동하기보다 분노를 억제하고 전략의 유연성을 높이라는 신호로 받아들이는 것이 현명하다. 어쩌면 당신은 모든 상황에 적용할 수 있는 단 하나의 이상적인 해결책이 있다고 믿는 '최적화 함정'에 빠졌을지 모른다. 아니면 당신의 말을 사람들이 알아듣지 못할 때, 그저 목소리를 높여 같은 말을 반복하는 일방적 의사소통 방식에 갇혀 있을지도 모른다. 아니면 그냥 스트레스 상태일 수도 있다. 스트레스의 강도는 다양하지만 어떤 형태든 공포-투쟁 반응을 자극한다. 이 반응이 나타나면 뇌는 본능적으로 묻는다. 확실히 성공할 계획이 있는가? 답이 '아니요'라면 뇌는 두려움에 빠진다. 답이 '예'라면 뇌는 분노에 휩싸여 강력하게 계획을 밀어붙인다.

이 악순환을 벗어나는 방법은 단순하다. 두 번째 계획을 세우면 된다. 예외적 정보를 찾는 것이다(예외적 정보가 계획을 세우는 데 어떤 도움을 주는지에 대해서는 2장을 보라). 뇌가 주변 사람과 환경에서 예외를 더 많이 감지할수록 성공으로 가는 새 경로를 더 많이 발견하게 된다. 이러한 길을 통해 분노의 집중력은 얻되, 그 부작용은 피할 수 있다. 신속하고 당당하게 그 경로로 나아가자. 알고 보니 통하지 않는 경로였다면 단호하고 유연하게 뒤로 물러나 재빨리 다른 경로에 진입하자.

분노 상태에서는 두 번째 계획을 세우기 어려울 수 있다. 그럴 때는 싱글턴을 따라 해보자. 압박을 느끼며 새로운 계획을 세워야 했던 때를 떠올리는 것이다. 새 계획이 완벽할 필요는 없다. 싱글턴이 '성급한 계획'이라 부르는 즉흥적인 대응일 수도 있다. 그 계획이 유용했다는 것이 중요하다. 과거에 계획을 만든 경험이 떠오르면 뇌는 이렇게 생각할 것이다. '전에 해본 적이 있으니 이번에도 할 수 있다.' 이런 사고 과정은 공격성을 완화하고 직관을 발휘해 새로운 행동 경로를 탐색하게 한다.

싱글턴은 이렇게 직관을 발휘하는 것을 '감정 재설정'이라 부른다. 이는 분노 상태의 성인에게 매우 효과적이다. 분노는 기본적으로 자기보호의 기제로, 뇌가 건강, 목표, 명예를 지키기 위해 시도하는 최후의 수단이다. 이는 흔히 한계까지 몰렸다고 느끼는 사람에게서 나타나는데, 그 원인이 자신의 단점이든, 가혹한 상황이든, 주변 사람들의 완강함 때문이든 마찬가지다. 나는 투자 손실을 보는 이유를 설명하지 못하는 금융 트레이더, 구급차 장비 고장에 당황한 구급대원, 직원들이 지시에 따르지 않아 좌절한 상사에게서 분노를 목격했다. 이런 사람들도 감정 재설정을 통해 압박받는 상황에서 두 번째 계획을 세운 경험을 떠올림으로써 분노를 떨칠 수 있었다.

빠르고 안정적인 효과를 얻으려면 감정 재설정은 생생하고 구체적이어야 한다. 그러니 미리, 지금 당장 재설정을 준비하자. 분노에 갇히기 전에, 계획을 변경해 상황에 적응했던 과거 경험을 떠올리자.

감정으로 자신을 평가하는 방법을 완전히 익히기 위해, 이번에는 두려움과 분노보다 더 다루기 어려운 불편한 감정을 살펴본다. 바로 슬픔과 수치심이다.

슬픔과 수치심은 현명한 행동을 이끄는 신호등이다

슬픔과 수치심은 우리의 근원적인 이야기에서 벗어났다는 신호다. 근원적인 이야기는 우리가 태어날 때부터 의식 아래의 서사 영역에 존재하며, 의식적인 생각 없이도 우리의 행동을 움직인다. 그것은 바로 '나는 좋은 세상에 사는 좋은 사람이다'라는 이야기다.

근원적인 이야기가 우리를 좋은 사람이라고 말해주기 때문에, 우리는 마음 놓고 본능을 신뢰하고 용기를 낼 수 있다. 또 이 이야기가 세상을 좋은 곳이라고 말해주기 때문에, 우리는 자신 있게 주위 세계를 신뢰하고 마음을 열 수 있다. 이런 용기와 개방성이 결합해 성장을 촉진한다. 성장은 생물의 장기적 전략이자, 존재의 궁극적인 목표이며, 삶의 근본적인 이유다. 하지만 성장이 우리의 자연스러운 출발점이자 목적지임에도 불구하고, 성장은 느려지거나 심지어 멈출 수도 있다. 느려지는 이유는 용기와 개방성이 우리를 부정적인 경험으로 이끌기도 하기 때문이다.

- 첫째, 우리가 부정적인 경험을 한다. 우리는 상처받거나 나쁜 것을 보고 슬픔을 느낀다. 그리고 세상이 나쁜 곳이라고 생각하게 된다. 그 결과 우리의 근원적인 이야기는 '나는 좋은 세상에 살고 있다'와 '나는 나쁜 세상에 살고 있다'의 두 갈래로 나뉜다. 앞의 서사는 우리 마음을 계속 열어두고 성장을 촉진하기 때문에 우리는 가급적 그 속에 머물고 싶어 한다. 뒤의 서사는 우리

가 마음을 닫음으로써 더 이상 슬픔을 느끼지 않도록 보호하기 때문에 우리는 안전하지 않다고 느낄 때마다 그 이야기로 돌아가게 된다.

- 둘째, 우리 스스로 부정적인 경험을 일으킨다. 우리는 거짓말을 하거나 이기적으로 행동할 수 있다. 이런 경험은 수치심을 낳고 스스로를 나쁜 사람이라고 생각하게 된다. 그 결과 우리의 원초적 서사는 다시 '나는 좋은 사람이다'와 '나는 나쁜 사람이다'의 두 갈래로 나뉜다. 앞의 서사는 용기를 갖고 계속 성장하게 하므로 우리는 가급적 그 속에 머물고 싶어 한다. 뒤의 서사는 자기비판을 통해 더 큰 수치심을 느끼지 않도록 보호하기 때문에 우리는 확신이 없어질 때마다 그 이야기로 돌아가게 된다.

따라서 슬픔과 수치심은 뇌가 우리의 삶에 대해 스스로 들려주는 이야기에 균열이 생겼다는 것을 알려준다. 우리의 정신적 서사가 아래의 구조가 아니라

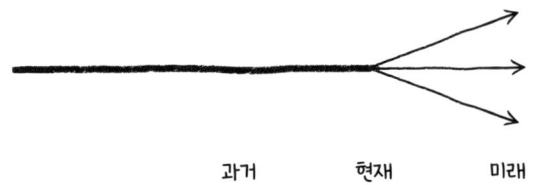

과거   현재   미래

다음의 구조가 되었다는 뜻이다.

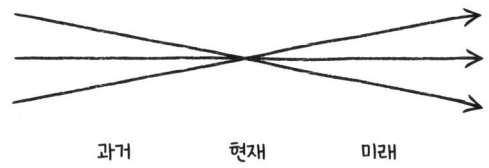

과거　　　현재　　　미래

슬픔과 수치심은 분노와 두려움의 반대 신호다. 분노와 두려움은 좁아지는 미래를 경고하는 반면, 슬픔과 수치심은 갈라지는 과거를 경고한다.

- 슬픔은 당신이 어떤 괴로운 사건, 충격적이거나 불행한 사건을 겪었고, 그 경험이 아침마다 당신을 깨워 계속 살아가게 하는 이야기와 조화를 이룰 수 없다는 신호다. 따라서 당신은 두 개의 서로 다른 세계에 살고 있는 것이다.
- 수치심은 당신이 일관성 없게, 심지어 위선적으로 행동했음을 알리는 신호다. 따라서 당신은 서로 다른 두 사람으로 살고 있는 것이다.

당신의 과거 서사는 전략적 목적을 낳는다. 그래서 슬픔과 수치심은 앞으로 나아갈 추진력을 약화하고 에너지를 분산시키며 목표 달성의 효과를 감소시킨다.

슬픔과 수치심을 느낄 때 우리는 그런 감정을 무시하거나 감정에 완전히 빠지고 싶어진다. 하지만 뇌가 이런 감정을 느끼는 목적은 당신을 현명한 행동으로 이끌기 위해서다.

- 슬픔을 느낀다면 당신이 '세상은 나쁜 곳이다'라고 생각하게 만든 과거의 사건을 되짚어보자. 그리고 당신의 궁극적 목적(첫걸음 계획을 세울 때 사용하는 목적)을 생각하면서, 당신이 그 사건에서 얻은 교훈을 바탕으로 세계관을 명확히 정의하거나 변경한다.
- 수치심을 느낀다면 당신이 '나는 나쁜 사람이다'라고 생각하게 만든 과거의 행동을 되짚어보자. 그리고 그런 생각을 하게 된 것은 그 행동이 당신의 인생 경로와 불일치했기 때문인지, 아니면 남들이 그렇게 보기 때문인지 돌아본다. 만약 후자라면 그 사건을 진정한 자아의 일부로 받아들인다. 전자라면 궁극적 목적을 기억하고, 그것을 기준 삼아 일관성 없는 행동을 바로잡는다.

이런 두 가지 대응 방식은 모두 당신의 궁극적 목적, 즉 '왜'(존재 이유)에 초점을 맞추는 것에서 시작된다. 하지만 궁극적 목적이 뚜렷이 보이지 않거나 전혀 보이지 않는다면 어떻게 해야 할까? 지금도, 그리고 앞으로도 당신의 생물학적 목적은 성장이라는 사실을 떠올리자. 행복이나 성공이 아닌 성장에 집중하면 뇌가 좌절과 실수에서 교훈을 얻는 데 도움이 된다.

하지만 성장에 집중하는 것만으로는 한계가 있다. 성장은 추상적이고 일반적인 목표다. 비극이나 자기혐오를 겪고 나서 에너지와 방향성을 완전히 되찾고 싶다면, 뇌는 좀 더 구체적인 개인적 목적이 필요하다. 그 목적을 찾고 싶다면 루시 그레이 같은 싱글턴처럼 해보자. '어리석은 자부심dumb pride'과 '예상치 못한 감사maverick gratitude'를 활용하는 것이다.

어리석다고 비웃음 받은 그 순간, 진짜 당신이 있다

자부심은 과거 행동에 대한 긍정적 감정이다. 어리석은 자부심은 남들은 마땅히 후회해야 한다고 생각하는 과거 행동에 대해 당신은 긍정적인 감정을 느끼는 것이다.

후회는 어리석은 행동에 대한 우리의 일반적인 감정 반응이다. 뇌가 '다시는 그러지 마!'라고 경고하는 것이다. 하지만 가끔은 어리석은 행동을 해놓고도 움츠러들지 않을 때가 있다. 오히려 은근히 뿌듯해한다. 후회하지 않는 당당한 상태는 우리의 원초적인 뇌가 '잘했어! 남들은 잘 모르지만 너는 똑똑하게 행동하고 있어'라고 말하는 것이다. 그 행동이 어리석게 여겨지는 이유는 세상과 우리를 대립시키기 때문이다.

우리의 뇌는 세상과 맞서 싸우는 사람의 이야기를 좋아한다. 이런 이야기는 현대의 책과 영화에서 가장 인기 있는 주제이며, 고전 문학에서도 종종 찾아볼 수 있다. 로미오와 줄리엣, 허클베리 핀, 그리고 가장 대표적으로 안티고네가 있다.

고대 그리스 비극의 주인공 안티고네는 외삼촌으로부터 자신의 죽은 오빠의 시신을 독수리에게 내어주라는 명령을 받는다. 이 명령은 그녀에게 감당할 수 없는 모욕이었다. 오빠를 매장하지 않으면 그의 영혼은 영원히 떠돌 수밖에 없다고 믿었기 때문이다. 그래서 안티고네는 외삼촌에게 오빠의 장례를 치르겠다고 밝힌다. 그러자 분노한 외삼촌은 그렇게 했다가는 그녀를 산 채로 땅에 묻겠다고 협박한다. 안티고네는 외삼촌의 위협에 굴하지 않는다. 오빠의 시신을 땅에 묻어 장례를 치른 뒤, 결국 자신의 목숨을 희생한다.

우리는 안티고네처럼 규범에 맞서 싸우는 혁명가를 우러러보지만, 우리의 뇌는 그런 싸움에 뛰어드는 것을 좋아하지 않는다. 뇌는 사회성을 발달시키는 쪽으로 진화했기 때문이다. 그래서 우리는 다른 사람들이 어떻게 생각하는지를 많이 의식한다. 명예와 인정을 갈망하고, 친구와 가족에게 존경받고 싶어 한다.

자기만의 싸움을 하려면 그런 본능적 욕망에 맞서야 한다. 조롱과 악평을 견뎌야 한다. 부모와 연인의 실망과 비판마저 감당해야 한다. 그들이 이해하지 못하는 대의를 위해 어찌 될지 모르는 싸움에 인생을 바치는 모습을 보여야 하기 때문이다. 하지만 당신은 할 수 있다. 이미 그렇게 한 적도 있다. 후회 없이 우직하게 행동한 순간을 기억 속에서 찾아보자. 루시 그레이는 웃으며 내게 말했다.

"내가 저지른 가장 어리석은 행동은 군에 입대한 것이었어요. 하지만 어떤 대가를 치르더라도 포기하고 싶지 않았죠."

그레이의 표현에 따르면 그는 자기만의 싸움을 찾았다. 그 싸움은 그에게 고통을 주었고 소외감에 빠뜨렸으며 심지어 수치심을 안겼다. 하지만 만약 그때로 돌아간다고 하더라도 그레이는 같은 선택을 하고 더 많은 상처를 받을 것이라고 했다.

반복하고 싶은 어리석은 행동이 있다면, 이런 질문으로 스트레스 테스트를 해보자. '일어날 수 있는 최악의 결과는 무엇인가? 그런 결과를 무릅쓰고 그 일을 할 것인가?' 루시 그레이 같은 싱글턴에게, 답은 항상 '그렇다'이다. 결국 패배해 역사에서 사라지고 존엄성을 잃더라도 또 다시 그렇게 할 것이다.

"바로 그 순간에 당신의 마음이 어디 있는지 알게 되죠. 죽어도 괜찮다고 느껴지는 순간, 당신은 꼭 해야 할 일을 하고 있는 거예요."

사실 대부분의 어리석은 행동은 이 테스트를 통과하지 못한다. 당신이 후회하지 않는 이유는 단지 운 좋게 성공했기 때문인지도 모른다. 하지만 어리석은 행동이 이 테스트를 통과한다면 당신에게 가장 중요하다는 뜻이다. 그것이 안티고네가 외삼촌에게 산 채로 묻히는 형벌을 받았을 때 느꼈을 반항적인 자기존중감이다.

만약 어리석은 자부심을 보인 과거가 떠오르지 않는다면, 십 대의 자의식과 성인의 신중함이 생기기 전, 어린 시절을 되돌아보자. 어릴 때 우리는 본능적으로 자신 안의 특별함을 지키기 위해 싸운다. 내 오래된 기억 중 하나는 유치원에서 현장학습을 가려고 버스를 탄 순간이었다. 버스에 올랐더니, 안전벨트가 보이지 않았다. 다른 아이들은 신경 쓰지 않고 지정된 자리에 앉았다. 하지만 나는 안전하지 않다는 생각에 자리에 앉지 않았다. 통로에 서서 안전벨트를 요구했다.

운전기사는 안전벨트를 매지 않아도 괜찮으니 걱정하지 말라고 했다. 그러나 나는 꿋꿋이 버텼다. 선생님이 다가와서 차분하지만 단호하게 자리에 앉으라고 지시했다. 버스는 아주 안전하니 걱정할 것 없다고 했지만 나는 앉지 않았다. 마침내 원장 선생님까지 나타났다. 원장 선생님은 위압적인 표정으로 나를 내려다보며, 나 때문에 차가 출발하지 못하면 다른 아이들에게 불편을 줄 수 있다고 설명했다. 그러면서 계속 자리에 앉지 않으면 부모님께 알리겠다고 했다. 내가 이렇게 고집을 부리면 부모님이 좋아하지 않으실 거라고도 했다.

나는 고집스레 서 있었다. 그러다 결국 버스에서 내려야 했다. 그리고 유치원 사무실 구석에 홀로 앉아 어머니가 데리러 올 때까지 기다렸다. 나는 이런 행동을 하는 데 주저하지 않았다. 무례하거나 반항적인 행동이 아니었다. 아주 자연스러운 행동이었다. 내게는 정말로 자연스러웠다. 나는 나만의 싸움을 하고 있었다. 학생들의 우려를 해소하는 것보다 일정을 지키는 것이 더 중요한 교육기관에 맞섰던 것이다.

당신도 어린 시절에 무언가에 맞서다가 또래에게 비웃음을 당하거나 어른에게 꾸지람을 들은 적이 한 번쯤, 아니 여러 번 있을 것이다. 하지만 지금 돌이켜보면 자신의 반항적인 행동이 대견할 것이다. 당신은 자신이 그런 아이였다는 사실에 자부심을 느낄 것이다. 갈피를 잡지 못할 때마다 그 아이를 기억하자. 당신의 '왜'를 되찾을 수 있을 것이다.

예상치 못한 감사에서 인생의 진짜 목적을 발견하라

싱글턴이 자기 안의 예외를 발견하는 데 도움이 되는 또 다른 감정은 예상치 못한 감사다. 이 감사는 다른 사람들에게 감사하는 데서 비롯되지 않는다. '내가 다른 사람에게서 감사를 받을 때 어떻게 반응하는가'를 깨닫는 데서 비롯된다.

당신은 살면서 많은 감사를 받을 것이다. 그 감사는 아주 거창할 수도, 감동적일 수도, 진실할 수도 있다. 두둑한 연말 보너스일 수도 있고, 당신 덕분에 인생이 바뀌었다는 사람의 눈물 어린 인사일 수도 있고, 사랑하는 사람의 진심 어린 칭찬일 수도 있다.

하지만 당신은 곧 그중에도 특별히 의미 있는 감사가 있다는 사실을 알게 될 것이다. 특별히 의미 있는 감사는 당신을 놀라게 하고 당신 또한 감사로 응답하게 만드는 감사다. 당신은 원래 감사받지 못할 일을 하고 있다고 여겼다. 잘해도 무시당하고 어쩌면 욕을 먹을 수도 있는 일이었다. 하지만 그 고독한 임무에 대해 감사를 받는다면, 당신의 핵심적인 목적의식을 확인시켜 준다. 세상이 높이 평가하는 일을 하고서 받는 일반적인 감사와 달리, 세상을 무시하고 자기만의 싸움을 벌인 것에 대해 감사를 받은 것이다.

이런 예상치 못한 감사는 작은 것이어도 매우 강력하다. 싱글턴은 훈장을 잔뜩 받아도 군의 그런 형식적인 감사 표시에는 별로 의미를 두지 않는다. 한 싱글턴이 코웃음을 치며 내게 말했다.

"훈장이 뭔지 알려줄까요? 그건 내가 한 일인데 군대가 공을 가로채는 거예요."

그래서 그들은 훈장을 집이나 사무실에 자랑스레 전시하지 않고 서랍에 쑤셔넣거나 상자에 처박아둔다. 그러나 싱글턴에게 그의 임무, 개인적 투쟁에 대해 감사를 표하면 그는 감동할 것이다. 당신을 가족처럼 대하고 어떤 위험 속에서도 함께할 것이다.

당신의 뇌도 같은 식으로 감사를 평가한다. 큰 감사를 받았는데도 별 감흥이 없다면 아마도 당신이 다른 사람의 목적에 기여했다는 이유로 받은 감사일 것이다. 하지만 작은 감사가 크게 느껴진다면, 그건 당신이 자기만의 임무를 수행하고 있는 것이다. 그 작지만 큰 감사를 기준으로 삼는다면, 당신은 당신이 왜 투쟁하는지 결코 잊지 않을 것이다.

감정은 당신이 어디로 가야 할지 알려준다

희망, 경이, 낙관 같은 긍정적인 감정은 이후 장에서 다룰 것이다. 하지만 지금까지 살펴본 것만으로도 감정이 똑똑한 이유를 어느 정도 이해했을 것이다. 다른 사람의 마음을 알아차리게 하기 때문이 아니다. 누군가에 대해 제대로 알고 싶다면, 그 사람의 예외성에 주목하고 그가 당신의 예상을 어떻게 뛰어넘는지를 파악해야 한다(1장 참고). 감정이 똑똑한 이유는 내면을 들여다보기 때문이다. 감정은 자신의 인생 계획이 흔들릴 때 그것을 진단하는 도구다.

짜증, 공격성, 분노를 느낀다면 '계획이 깨지고 있다'고 뇌가 경고하는 것이다. 두려움을 느낀다면 '계획이 이미 깨졌다'는 뇌의 경고다. 후회나 슬픔을 느낀다면 뇌가 이런 신호를 보내는 것이다. '네게는 계획이 없어. 자신이 누구인지, 어떤 세상에 살고 있는지 정확히 모르기 때문이야.'

이런 감정들은 뭔가가 잘못되었다고 경고하는 데 그치지 않고 해결책까지 알려준다. 해결책은 어리석은 자부심과 예상치 못한 감사에서 나온다. 이 둘은 전반적인 삶의 목적을 보여준다. 그 목적은 공포나 근심으로 꼼짝 못하게 되었을 때 당신을 움직이게 한다. 스트레스가 심하거나 분노에 시달릴 때 선택지를 넓혀준다. 슬픔과 수치심 속에서도 성장하도록 이끌어준다.

이런 부정적 신호가 나타나야만 감정의 힘을 이용할 수 있는 것은 아니다. 적극적으로 감정의 도움을 이끌어낼 수도 있다. 싱글턴은 임무를 시작하기 전에 앞으로 진행될 모든 단계를 그려보고, 압박이나 불안이 찾아오는 순간을 예상해 해결책을 준비해둔다.

그리고 무엇보다 임무에 착수하기 전, 어린 시절부터 현재까지 한 걸음씩 따라가며 자신의 역사를 되짚는다. 과거의 모든 사건을 상세히 떠올리며 슬픔이나 수치심을 느낀 순간들을 살핀다. 왜냐하면 그 기억들은 위기 상황에서 다시 떠오르기 때문이다. 위기에서 과거의 망령이 이렇게 속삭인다. '또 실패하고 있네! 전에도 그랬듯이 너는 이번에도 실패할 거야!' 전문적으로 표현하면, 실패나 좌절이 닥쳤을 때 과거의 수치심과 슬픔이 현재의 수치심과 슬픔을 증폭한다.

이러한 조합이 당신으로 하여금 스스로를 영원한 패배자로 느끼게 한다. 결국 당신은 지금 포기하는 것이 현명하다고 확신하게 될 것이다. 이미 오래전에 결판이 났는데 더 비참해질 이유가 있을까?

포기하지 않으려면 과거를 의식적으로 분리하지 말아야 한다. 그런 감옥은 당신의 과거를 오래 가둬두지 못한다. 대신에 악령을 미리 무찔러라. 언젠가는 마주해야 한다면, 다음 모험을 떠나기 전에 부딪히는 편이 낫지 않을까? 위기의 순간 한꺼번에 몰려들어 공격하지 못하도록, 당신의 방식대로 하나하나 처리하자(구체적인 방법은 6장을 보라).

감정은 직관과 상상력과 더불어 고유지능을 이끌어낸다(1장과 2장 참고). 감정은 지금까지 무엇이 효과가 있었고 무엇이 통하지 않았는지 보여준다. 직관과 상상력은 미래에 무엇이 잘될 수 있을지 보여준다. 당신의 인생 이야기로 따지면, 감정은 당신의 '왜'를 밝히고 언제 더 많은 '만약에'를 개발해야 하는지 알려준다. 직관과 상상력은 그런 '만약에'를 만들어내는 힘이다.

하지만 수많은 '만약에'를 만든 후에 어느 것을 추구해야 할지 어떻게 알 수 있을까? 현재 계획을 단호하게 밀고 나가야 할 때와 방향을 바꿔야 할 때를 어떻게 알 수 있을까? 내면의 서사에만 의존해서 결정할 수는 없다. 외부 환경도 고려해야 하는데, 이는 네 번째이자 마지막 고유한 능력인 '상식'으로 판단할 수 있다.

4장 [상식]
결단을 이끄는 지혜

벤저민 프랭클린과 주식 투자자처럼
순간을 지배하라

그는 대학생 때 주식 투자를 시작했다. 실력은 나날이 발전해 탁월한 수준에 이르렀다. 시장 수익률을 훌쩍 뛰어넘는 성과를 거둔 그는 마침내 수십억 달러의 자산과 카리브해가 내려다보이는 고급 저택을 손에 넣었다.

그는 아직 흰머리도 거의 없는 젊은 나이였지만 은퇴 준비를 마쳤다. 그에게 필요한 것은 끝없이 펼쳐진 백사장에서 일광욕을 즐기는 동안 자산을 관리해줄 사람이었다. 하지만 누구를 믿을 수 있을까? 대부분의 투자자는 너무 융통성이 없었다. 직관에 따르기보다 과거 데이터를 맹신하며 알고리즘처럼 행동했다. 그렇지 않다면 실패가 더 잦았고, 무분별한 투기로 불필요한 위험을 감수해야 했다.

이 주식 투자자는 안전한 은퇴 생활을 위해 자신만큼 감이 좋은 자산관리사를 구하고 싶었다. 하지만 어디서 찾아야 할지 알 수 없었다. 그를 부자로 만든 정신적 능력은 정확히 무엇이었을까? 그는 그것이 일종의 합리성이라고 확신했지만, 사실 논리는 아니었다. 논리는 너무 기계적이라 과거 추세에 얽매여 새로운 기회를 예측하지 못했다. 그가 찾는 것은 다른 능력이었다. 계획이 순조롭게 진행될 때는 속도를 높이고, 더 나은 전망이 나타나면 재빨리 방향을 바꾸는 지적 능력이었다. 하지만 그게 대체 무엇일까?

평온한 시기든 불안정한 시기든 상관없이 가능성과 데이터에 의존하지 않고 뛰어난 성과를 내는 특수 요원들을 연구한 결과, 답을 찾을 수 있었다. 그 답은 바로 상식이었다.

상식은 '내가 모른다'는 것을 아는 인간만의 능력이다

상식은 인간과 AI를 구별하는 능력으로 잘 알려져 있다. AI는 복잡한 계산에는 탁월하지만 어린아이도 하지 않는 어이없는 실수를 종종 저지른다.

아이들은 어떻게 컴퓨터보다 현명한 행동을 할 수 있을까? 상황의 맥락을 더 많이 학습해서일까? 추론 능력을 타고났기 때문일까? (네 살 아이의 뇌에는 디지털 기기는 다운로드할 수 없는 환경에 관한 데이터가 들어 있을까? 그들의 뉴런은 세계 최고의 소프트웨어 엔지니어들도 모르는 알고리즘을 실행하고 있는 걸까?)

아니다. 어린이가 AI보다 똑똑하게 행동하는 이유는 한 가지 단순한 정신 작용 때문이다. 즉 아이들은 자신이 모른다는 것을 안다. 낯선 집에 들어가거나 낯선 사람을 만났을 때, 아이는 이렇게 인식

하며 주저한다. '여기는 내가 모르는 곳이야. 저 사람은 내가 모르는 얼굴이야.'

아이에게는 아주 기본적인 이런 작용이 논리로는 불가능하다. 논리는 수학적 '현재'에만 존재한다. 그래서 AI는 현재의 방정식 안에서 지금 아는 것이 원래부터 알던 것이고, 앞으로도 전부일 거라고 생각한다. 컴퓨터의 이런 인지 방식 때문에 챗GPT 같은 거대 언어 모델Large Language Model은 거짓말을 한다. 일부러 속이려는 게 아니다. 오히려 그 반대다. 진실을 말하려 한다. 하지만 모르는 것에 대해 질문을 받으면 자신이 모른다는 사실을 모르기 때문에 순진하게 꾸며내고 과거의 경향에서 추론해 지식의 빈틈을 메운다.

AI와 달리 우리의 뇌는 그런 추세가 언제 끝날지 감지할 수 있다. 이때 작동하는 것이 직관, 상상력, 감정 등 어린이가 가진 고유한 능력의 근원이 되는 정신 메커니즘이다(1장, 2장, 3장 참조). 그 메커니즘이란 바로 이야기다. 논리와 달리 이야기는 시간을 초월한 수학으로 나타나지 않는다. '왜'와 '만약에'라는 시간성을 가진 과거-미래에 존재한다. 그리고 '왜'와 '만약에'는 환경의 새로움, 즉 변동성을 측정하는 도구 역할을 할 수 있다. 우리의 뇌가 눈에 보이는 것에 대해 뚜렷한 '왜'를 파악하지 못하거나 서로 충돌하는 두 가지 '만약에'를 상상할 때, 뇌는 이해의 한계에 도달했다는 것을 깨닫는다. 컴퓨터도 '알려진 미지의 것known unknowns'을 인식하도록 프로그래밍할 수 있다. 하지만 이야기 덕분에 우리의 뇌는 '알려지지 않은 미지의 것unknown unknowns'을 감지하는 능력을 지닌다.

그 힘은 바로 상식의 기반이다. 어린 시절의 주저했던 경험에서 알 수 있듯 상식은 참신함, 즉 변동성을 추적하는 식으로 작동한다. 변동성이 클수록 현재의 행동 규칙에 예외가 생길 가능성도 커진다. 이 가능성은 우리의 의식에 '당신이 모르는 정보가 있다'는 경고로 나타난다. 경고가 약할 때 우리는 새로운 계획을 상상하게 되고, 경고가 강할 때는 즉시 계획을 바꿀 준비를 하게 된다.

이렇듯 상식은 순전히 부정적인 기능을 한다. 현재의 계획을 의심하게 만드는 것이다. 하지만 뇌는 이 기능을 긍정적으로 활용할 수 있다. 상식이 경고음을 울리지 않을 때, 뇌는 변동성이 낮다고 판단해 현재의 경로로 계속 나아가도 된다는 확신을 얻는다. 뇌가 특정 전략에 대해 확신을 갖는 이유는 그 전략이 성공할 거라는 증거가 많아서가 아니라 실패할 거라는 강력한 지표가 없기 때문이다. 인간은 항상 부족한 정보를 바탕으로 의사결정을 한다.

실제로 이는 우리 뇌가 컴퓨터와 반대로 행동할 때 가장 잘 돌아간다는 뜻이다. 컴퓨터는 데이터를 통해 검증하고, 우리 뇌는 예외를 통해 반증한다. 이런 차이로 인해 인간과 AI는 좋은 파트너가 될 수 있다. 일상적이고 안정적인 상황에서는 AI가 주도권을 쥐고, 환경이 변화하는 시기에는 인간이 주도권을 잡는 것이다. 하지만 이는 많은 인간의 뇌가 비생산적인 불안, 우유부단, 분석 불능에 시달리는 이유이기도 하다. 우리는 학교와 직장에서 컴퓨터처럼 사실을 수집하고 자신이 옳다는 확신이 있을 때만 행동하도록 훈련받았다. 그 결과 본성에 반하는 행동을 하게 되었다. 인간의 뇌는 행동 편향을 갖고, 현재의 행동이 통하지 않는다는 것을 깨달을 때만 그 행동을 중단하도록 설계되어 있다.

어린 시절에는 이 행동 편향이 많은 실수로 이어진다. 인생 경험이 적을 때는 터무니없는 공상도 실현 가능한 것처럼 보이므로 성공할 수 없는 방향으로 달려가게 된다. 하지만 성장해 다양한 분야의 전문가가 되면서 상식은 우리가 정확하고 민첩하게 행동할 수 있게 해준다. 정확성은 안정적인 상황에서 현재의 규칙을 깊이 신뢰하고, 견고한 현실을 붙잡기 위해 상상에 따른 가능성을 무시하는 데서 비롯된다. 민첩성은 상식이 환경의 변화를 감지했을 때 신속하게 예외를 먼저 고려하는 데서 나온다.

이것이 바로 주식 투자자의 질문에 대한 답이다. 그가 시장이 안정적일 때는 신중하게 투자하고 변동성이 나타나면 재빨리 기회를 활용할 수 있었던 비결은 무엇일까? 그것은 그의 상식, 즉 알려지지 않은 미지의 것의 밀도를 감지하는 고유한 능력이었다. 그 능력은 그가 피상적인 문제와 근본적인 변화를 구분해 언제 하던 대로 할지, 언제 창의적으로 행동할지를 알려주었다.

상식은 우리에게 계획을 수정하라는 경고를 하는 데 그치지 않는다. 상황에 가장 적합한 새로운 계획까지 선택하게 해준다. 7장에서 그 방법을 알아볼 것이다. 하지만 일단 기본적인 질문부터 던져보자. 상식이 없다면 어떻게 상식을 지닐 수 있을까?

벤저민 프랭클린처럼 모순된 격언에서 상식을 배워라

"항상 상식을 갖고 있었나요?" 나는 주식 투자자에게 물었다.

그가 슬며시 웃었다. "아닙니다. 십 대 시절엔 현실과는 꽤 동떨어져 있었죠."

"어쩌다 바뀌게 됐나요?"

"어느 한순간에 바뀐 건 아니에요."

"대학 때부터 투자를 시작하셨는데, 수업을 통해 상식을 키운 겁니까? 어느 교수님의 영향인가요?"

그의 미소가 환해졌다. "대학에서 배운 건 아닙니다." 그는 잠시 생각에 잠겼다. "어찌 보면 스승이 있었던 것 같기도 하네요." 그는 오래 묵은 문고본을 꺼냈다. 책장에 손때가 묻어 있었다. 칼 밴 도렌Carl van Doren의 퓰리처상 수상작인 벤저민 프랭클린Benjamin Franklin의 전기였다.

벤저민 프랭클린은 1706년, 식민지 시대 미국의 중심지였던 보스턴 밀크스트리트의 허름한 목조 가옥에서 양초 제조공의 열다섯째 아들로 태어났다. 그는 긴 생애 동안 전통적 지혜(저서 《가난한 리처드의 달력》에 잘 표현되어 있다)와 혁신적 과학(1752년의 번개-연 실험과 같은) 사이를 영리하게 오간 인물로 잘 알려져 있다.

믿을 만한 과거 사례를 고수하면서도 새로운 정보에 재빨리 적응하는 이런 능력은 비정규 교육을 통해 길러졌다. 학업을 마칠 수 없을 만큼 가난했던 프랭클린은 신문에서 많은 것을 배웠다. 커다란

지면을 넘기며 그는 신문에 두 가지 뚜렷한 목표가 있다는 사실을 깨달았다. 하나는 독자를 즐겁게 하는 것이고, 다른 하나는 독자를 교육하는 것이었다. 독자에게 재미를 주기 위해 기자들은 전통 도덕과 주류 정서를 담은 편안한 기사를 썼다. 또한 독자의 교육을 위해 기자들은 기대와 통념을 뒤집는 소식을 전했다. 두 가지 보도 방식은 논리적으로 상반되었지만 좋은 신문은 편집적 상식에 따라 능숙하게 둘 사이를 오갔다.

프랭클린도 《뉴잉글랜드 커런트The New England Courant》에서 견습으로 일하며 편집적 상식을 익혔다. 이 상식은 훗날 그가 자신이 창간한 신문인 《펜실베이니아 가제트The Pennsylvania Gazette》로 큰 부를 쌓는 데 밑거름이 되었다. 실제로 그는 사십 대 초반에 일간지 발행을 그만두고 병원을 설립하고, 유럽을 여행하고, 미국 우편제도 개혁에 헌신할 만큼 부유해졌다. 그는 예일·하버드·옥스퍼드대학교에서 명예 학위를 받았고, 프랭클린 난로를 개발했으며, 미국 혁명을 이끄는 중요한 역할을 담당했다.

프랭클린은 자신의 성공 비결을 전하기 위해 다음과 같은 수많은 상식 격언을 남겼다.

- 친구를 고를 때는 신중해야 하고, 바꿀 때는 더 신중해야 한다.
- 책을 많이 읽되 너무 많이 읽지는 마라.
- 받은 상처는 모래 위에 쓰고, 받은 은혜는 대리석에 새겨라.
- 즉시 베푸는 사람은 두 배로 베푸는 것이다.

- 당신은 지체해도 시간은 지체하지 않는다.
- 안전해지는 방법은 결코 안심하지 않는 것이다.

처음 세 격언은 우리에게 천천히 행동하고, 오랜 성공 이력을 가진 대상에 신중하게 투자하라고 조언한다. 나머지 세 격언은 우리에게 빠르게 행동하고, 변화에 신속히 대응하라고 충고한다. 둘은 논리적으로 모순된다. 하지만 우리의 상식으로 연결되어 있다. 상식은 우리가 모른다는 것을 아는 능력으로, 때로는 검증된 방법을 고수하고 새로운 상황이 나타나면 재빨리 행동을 취하는 데 도움이 된다.

나는 프랭클린의 격언에 매료되었다. 그리고 주식 투자자가 내게 또 다른 벤저민인, 벤저민 그레이엄Benjamin Graham에 대해 알려주었을 때는 더 깊이 매료되었다. 1894년에 태어난 그레이엄은 런던에서 뉴욕으로 이주한 도자기 판매상의 아들이었다. 그는 빈곤한 어린 시절을 보냈지만 결국 놀라운 부를 일궜다. 브로드웨이 희곡을 쓰고 휴대용 계산기를 발명했다. '가치투자'라는 금융 이론을 개발해 그 이론을 추종하는 사람들에게 수십억 달러의 수익을 안겨주었다. 그는 문학, 기술, 경영에서 거둔 이 모든 성공이 프랭클린에게서 배운 상식 덕분이라고 밝혔다.

"나는 평생 프랭클린을 의식적으로 모방했다."

나도 비슷한 수익을 낼 수 있을지 궁금해서 프랭클린의 격언에 몰두했다. 매일 아침 한 시간씩 그의 격언을 고찰하며, 소박하게 표현된 그 문장들을 되뇌었다. 하지만 세상에 대한 내 지혜는 나아지지 않았다. 말투는 바뀌었지만 행동은 그렇지 않았다. 그레이엄이 프랭클린에게서 얻은 것을 나는 얻지 못했다.

내가 무엇을 놓치고 있는지 궁금해서 특수부대에 연락했다. 그들은 내게 상식의 힘을 알려주었으니 어쩌면 상식을 기르는 법도 설명해줄지 몰랐다.

상식 없는 박사가 0점을 받은 진짜 이유

내가 만난 주식 투자자처럼 요원들 역시 벤저민 프랭클린을 존경한다. 프랭클린이 독서와 인생 경험을 통해 스스로 배우고, 대학에 다니지 않고도 여러 개의 학위를 취득했다는 사실을 높이 평가한다. 그리고 상식은 배울 수 있는 것이라는 프랭클린의 신념에 공감한다.

상식 교육을 위해 요원들은 일상적인 것과 새로운 것 사이를 오가며 뇌가 '여기에는 내가 모르는 것이 있다'고 인식하는 능력을 기르는 훈련 과정을 고안했다. 이 과정은 때까치가 사는 퇴적암 벌판에서 진행된다. 그곳은 100년 전 거의 동시에 심은 듯한 비슷비슷한 키의 소나무숲으로 둘러싸여 있다. 나무 사이에는 오래된 비행장, 폐기된 전자제품 더미, 바비큐 화덕이 얽혀 있는 아스팔트 지대가 숨어 있다. 상식과는 전혀 관계가 없어 보인다는 내 말에 요원들은 묘한 미소를 지었다.

호기심이 생긴 나는 훈련 과정을 직접 체험하고 싶다고 말했다. 요원들은 흔쾌히 나만을 위한 개별 시연을 해주었다. 하지만 결과는 참담했다. 나는 완전히 실패했다. 0점을 받은 것이다. 내게는 상식이 전혀 없었다.

요원들은 오히려 놀란 듯 감탄했다. 뇌가 자기 한계를 감지하는 능력을 완전히 없애려면 많은 노력이 필요하다고 했다. 내가 강의실이나 컴퓨터 앞에서만 지낼 거라는 그들의 추측은 정확했다. 하지만 그들은 나도 상식을 회복할 수 있다는 확신을 주었다. 보충 훈련을 좀 더 하고 훈련 코스를 다시 돌기만 하면 된다는 것이다.

3×5 인덱스 카드 한 장에 요약된 훈련 내용은 다음과 같다.

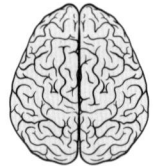

불안 조절하기

과거 불안: 없음　　**미래 불안:** 가까움

기존 근본 원리에 대해서는 가볍게 수용할 만큼 유연하되,
새롭게 부상하는 근본 원리에 대해서는 예리하게 포착할 만큼 강인하다.

진정한 불안은 당신의 환경에 내재된 진짜 불안정성을 간파한다.

이 훈련이 어떻게 진행되는지 살펴보자.

불안은 적이 아니라 똑똑한 조력자다

그을린 얼굴에 카우보이 콧수염을 기른 요원이 이 카드의 요점을 설명했다. "불안은 좋은 겁니다." 그가 단언했다.

내가 늘 듣던 말과는 정반대였다. 내 아들과 딸이 학교에서 피젯 토이fidget toy(정서불안, 스트레스 해소를 위해 손으로 만지작거리도록 개발된 장난감-옮긴이)를 갖고 왔을 때가 생각났다. 장난감에 딸린 안내문을 보니 불안을 진정시키는 용도라고 적혀 있었다.

내가 물었다. "너희는 뭐가 그렇게 불안해?"

아이들이 대답했다. "시험이요. 학교 시험."

이 말을 어떻게 받아들여야 할지 몰라서 아이들을 정신과 의사에게 데려갔다. 의사는 아이들을 주의 깊게 살펴보더니 이렇게 진단을 내렸다. "아드님과 따님은 학교 시험에 뭐가 나올지 몰라서 걱정하고 있어요. 그래서 뭔가 예상해보려고 하면 머릿속이 '만약에'로 가득 차버리는 거죠. 각각의 '만약에'는 뇌를 서로 다른 방향으로 끌고 가려는 말처럼 제각각 다른 미래를 향해 달려갑니다. 그 내면의 줄다리기가 정신적 긴장을 만들어내죠. 우리는 그것을 불안이라 부르고요."

정신과 의사가 이렇게 말할 때, 나는 분화된 내일을 상상했다.

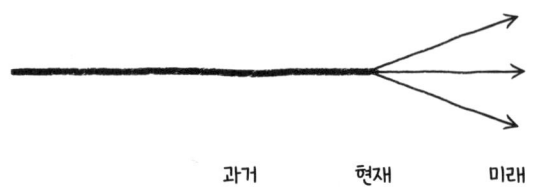

과거　　　현재　　　미래

요원들과 함께 숲속에 있을 때 나는 미래를 향한 화살들을 좋은 것으로 보았다. 하지만 정신과 의사와 이야기를 나누다 보니, 그 화살이 현재를 갈가리 찢는 맹수 같다는 걱정이 들었다.

"어떻게 하면 아이들의 불안을 없앨 수 있을까요?" 나는 정신과 의사에게 물었다.

"그대로 두는 편이 낫습니다. 없애면 아이들에게 좋지 않아요."

"좋지 않다고요?"

"네. 불안은 건강한 거예요. 자기 능력 범위를 너무 벗어나지 않게 하려는 경고이니까요. 능력을 개발하고 계획을 개선하게 해서 우리의 성장을 돕고, 인생이라는 진짜 시험을 통과하게 하죠."

내가 이 이야기를 전했더니 요원들은 미소를 지었다. 그들도 정신과 의사의 의견에 동의했다. 걱정은 지적인 도구다. 뇌가 상상할 수 있는 '만약에'가 많을수록 불안이 더욱 강해지고, 우리에게 앞으로 알려지지 않은 미지의 것들이 있다고 경고한다. 이 서사 메커니즘으로 우리 뇌는 잠재적 변동성을 측정한다.

다른 감정들(3장 참조)과 마찬가지로 불안은 정신적 서사의 형태를 진단해 드러내는 신호다. 불안이 클수록 미래 서사는 더 분화되

므로 상식의 경고도 강해진다. '불확실한 시기로 접어들고 있으니 익숙한 계획을 버릴 준비를 하라.'

요원들은 이렇게 조언한다. "현명하게 행동하려면 초조해져야 해요. 쉽게 앞으로 나아가는 사람은 현실 감각이 없는 거예요."

그 증거로, 그들은 상식 훈련 과정에서 실패하는 신병들의 유형을 알려줬다. 먼저, 믿음만 있으면 무엇이든 해낼 수 있다고 확신하는 유형이다. 극도의 평정심을 추구하는 선불교 수행자 유형도 있다. 데이터를 바탕으로 정확하게 예측하려는 분석 전문가 유형도 있다. 명상으로 스트레스를 해소하려는 마음챙김 수련자 유형도 있다. 초감각적 예감을 믿는 영매 유형도 있다. 자신의 운을 무모하게 시험하는 도박꾼 유형도 있다. 전쟁, 전염병, 지구 종말이 닥쳐도 샤워기에서 온수가 나올 거라고 생각하는 중산층 유형도 있다.

이런 유형들은 내가 특수부대의 훈련에 처음 참가했을 때, 디즈멀 늪지대에서 폭발물을 향해 달려가던 모습을 연상시킨다. 그때 내가 긴장하지 않은 것은 상식이 전혀 없다는 증거였다. 실제 전장이었다면 나는 몇 초 만에 죽었을지도 모른다.

상식을 깨닫기 위한 내 첫걸음은 미래에 대한 불안을 느끼는 것이었다. 우리 모두에게 그것은 생물학적 첫걸음이며, 생후 10개월 무렵 부모의 부재에 대해 불안을 느끼면서 겪는 단계다. 이는 필수적이고 건강한 단계다. 앞으로 무슨 일이 일어날지는 결코 알 수 없기 때문이다. 투자자의 직감, 통계, 예지력이 무엇을 말해주든 미래는 불확실하다. 우리는 미래를 알 수 없다. 그리고 상식은 우리가 모른다는 것을 아는 능력이므로, 앞으로 다가올 시간을 전혀 걱정하지 않는다는 것은 상식이 작동하지 않는다는 확실한 신호다.

나는 요원들에게 물었다. "미래에 대해 긴장할수록 상식이 더 많다는 뜻인가요?"

그들은 고개를 저었다. "그건 절대 아닙니다. 불안은 우리가 적절한 경계심을 품은 채, 앞으로 일어날 수 있는 문제를 찾고 해결책을 준비하게 하죠. 하지만 불안이 너무 강하면 오히려 상식이 파괴됩니다. 허깨비에 겁을 먹고 견고한 계획까지 포기하게 되죠."

이 대답에 나는 혼란스러웠다. 이론적으로 불안은 좋은 것이지만 지나친 불안은 좋지 않다고 했다. 하지만 적절한 경계심과 자기파괴적 근심의 경계는 어디일까? 변동성을 인식하기에 충분하되 머리가 터질 정도로 불안하게 만들지는 않는 '만약에'를 어떻게 상상할 수 있을까? 상식으로 가는 두 번째 단계는 무엇일까?

과거의 걱정과 미래의 불안을 구분하는 기술

두 번째 단계는 과거에서 미래를 제거해 불안을 조절하는 것이다.

요원들은 이렇게 설명했다. "미래가 불안하게 느껴질 때 이렇게 자문해보세요. 정말로 미래에 대한 걱정인가, 아니면 과거에 대한 걱정인가?"

미래에 대한 불안의 대부분은 사실 과거에 대한 불안이다. 이미 발생한 문제를 되새기며 그 문제가 다시 벌어질까봐 걱정하는 것이다. 그런 불안은 우리의 뇌가 다른 삶의 모습을 상상하고 있다는 뜻이다. '만약에 그때 내가 이렇게 했다면 어땠을까?' 즉 우리의 과거 이야기를 여러 개의 대체 역사로 나누는 것이다.

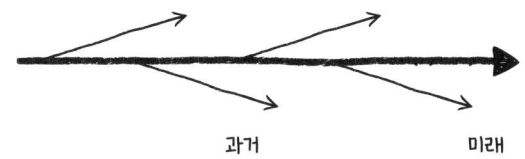

과거　　　　　　미래

그런 대체 역사는 절대 일어나지 않는다. 어제를 바꾸는 것은 불가능하다. 뇌도 그 사실을 안다. 하지만 뇌가 과거를 되살리는 이유는 어디서 잘못되었는지 기억하고 수정하기를 원하기 때문이다.

그러니 고쳐보자. 표준 행동 절차Standard Operating Procedures(SOP)를 업데이트하면 된다. SOP는 오랜 시간 동안 안정적으로 수행되어 신뢰성이 검증된 계획을 가리키는 용어다. 미 육군 근처에도 가본 적 없는 사람에게도 SOP가 있다. 바로 일상 루틴, 습관, 늘 하던 방식이 그것이다. 이를 업데이트하려면 대체 역사에서 '만약에'를 통합해 지난번에 했으면 좋았을 행동을 다음에 하도록 정하면 된다. 비행기 사고 이후 조종사가 체크리스트를 고치고, 안전기사가 절차를 보강하는 것이 그 예다.

SOP는 오랫동안 적용해온 수단이므로 신중하게 업데이트해야 한다. 모든 변화는 지혜를 빼기보다 더하는 쪽이어야 한다. 그런 변화를 상상할 수 없다면, 단 한 번의 걱정 때문에 경험의 무게를 희생하지 말자. 대신 과거의 문제를 불운으로 치부하자. 어떤 계획도 완벽하지 않다는 사실을 인정하면서 불안을 내려놓고 SOP를 지키자.

정말로 사고가 없었던 것처럼 행동해도 될까? 그렇다. 특수 작전 조종사는 그래도 된다는 확신을 준다. 기존 SOP보다 더 많은 생명을 구할 새 SOP를 찾을 수 없다면, 기존 SOP를 믿는다(그것이 무책임하게 느껴지면 SOP를 업데이트할 방법이 있다는 사실을 알아두자. 그 방법에 대해서는 5장을 참조하라).

과거의 두려움을 해소하면 뇌가 지속 가능한 규칙(환경의 기본 원리)을 고수하는 데 도움이 된다. 하지만 상식은 기존 절차를 고수하는 데 그치지 않는다. 새로운 위협과 기회를 포착하는 능력이기도 하다. 즉 규칙의 예외를 인식하는 것이다. 그런 포착에는 능동적인 경계가 필요한데, 이런 경계는 불안에서 비롯된다. 하지만 과거의 불안이 아닌 미래의 불안이다.

미래의 불안은 이전에 일어나지 않은 일에 대한 걱정이다. 이런 걱정이 상식의 다른 절반이다. 걱정이 많을수록 앞날의 변동성은 커진다.

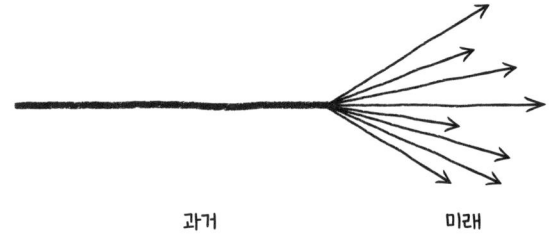

과거   미래

그렇다면 내일에 대한 걱정이 많을수록 새로운 위험과 전망에 현명하게 대응할 수 있다는 뜻일까? 아니다. 걱정이 너무 많으면 뇌는 과부하로 반응이 느려지고 심지어 완전히 멈춰버린다. 상식을 극대화하려면 미래의 불안을 줄이고 가장 가치 있는 것에 주의를 집중해야 한다.

이는 세 번째이자 마지막 단계를 취하면 가능하다. '더 이상 미래를 내다보지 말고' 눈앞에 닥친 목표에 집중해 불안을 완전히 조정하는 것이다.

다시 말해 너무 먼 미래를 바라보지 말자. 미래는 알려지지 않은 미지 그 자체이기 때문에, 더 많이 바라볼수록 '만약에'가 증가하고, 불안은 더욱 커질 것이다. 역효과인 셈이다. 먼 미래의 사건은 중간 미래의 사건에 의해 바뀌고, 중간 미래의 사건은 가까운 미래의 사건에 의해 바뀐다. 지금은 가능성이 있는 듯 보이는 먼 미래의 위협이 그냥 지나가고 다른 변수들이 나타날 것이다. 그러니 불안을 마땅히 필요한 곳, 즉 당신의 임무에서 바로 다음에 일어날 부분에 집중시키자. 그러면 뇌는 당신의 경로에 놓인 알려지지 않은 미지의 밀도를 가늠할 수 있다.

요원들은 이를 '지금+1'이라 부른다. 당신이 가장 잘 감지하고 가장 큰 영향을 미칠 수 있는 '만약에'에 집중하는 것이다.

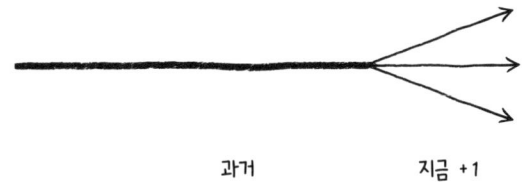

과거   지금 +1

'지금+1'에서 잠재적 문제를 발견하면, 가능한 대응 계획을 상상해보자. 하지만 그 계획을 당장 실행해서는 안 된다. 대신, 앞으로 나아가면서 무슨 일이 일어날지 기다린다. 실제로 문제가 발생하면 당신은 대응할 수 있을 것이다. 문제가 발생하지 않아도 당신은 현실 감각을 유지하고 있을 것이다.

이처럼 요원들이 불안을 다루는 방식은 3단계로 요약된다. 우선 실제로 발생한 과거의 문제를 해결한다. 이어 가까운 미래에 일어날 수도 있고, 일어나지 않을 수도 있는 문제에 집중한다. 마지막으로 이미 알려진 미지의 문제들을 해결하고, 아직 알려지지 않은 미지의 문제에 뇌가 집중하도록 해 상식을 극대화하는 것이다.

"그러니까 과거에서 교훈을 얻되 미래를 섣불리 예측하지 말라는 뜻이군요. 꽤 그럴듯한데요."

"당연히 그럴듯하죠." 요원들은 내 가벼운 반응에 눈살을 찌푸렸다. "그래서 상식이라는 거예요. 하지만 대부분은 반대로 행동해요. 이미 벌어진 일로 스트레스를 받아요. 아니면 결코 일어나지 않은 일을 막겠다고 나서고요."

요원들의 이런 지혜는 신병들에게 배포하는 방수 처리된 인덱스 카드에 요약되어 있다. 갈수록 신병들은 학교 교육에 의해 타고난 지능을 잃고 상식을 갖추지 못한 상태로 입대한다. 과거의 걱정을 처리하면 뇌가 기존 SOP를 고수할 수 있다는 것은 대중의 경험으로 입증되었다. 그리고 지금+1에 집중하면 신병들은 세상이 급변할 때 새로운 기회를 붙잡을 준비를 갖출 수 있다.

이 훈련은 전투 상황 외에 금융, 예산, 분석처럼 숫자를 다루는 분야에서도 효과가 있다. 이런 분야에서 성공하려면 감정에 좌우되지 않는 논리가 필요하다고 여겨진다. 하지만 실제로는 올바르게 불안해하는 법을 배우는 것이 우선이다. 다시 주식 투자자의 사례로 돌아가보자.

워런 버핏이 대중연설 공포를 투자 성공으로 바꾼 비결

이 주식 투자자는 수학에 능했지만 사실 더 뛰어난 투자자도 많다. 그는 자신의 경쟁력이 시장 민감도에 있다고 평가한다. 이는 많은 투자자가 종종 언급하는 감각으로 '가격 민감도'나 '능동적 견제'와 연결된 능력이다.

이런 감각은 어디서 나오며 어떻게 작용할까? 나는 늘 모호한 답변만 들어왔다. 하지만 뛰어난 주식 투자자들의 행동을 연구하면서 그들이 두 단계의 정신적 메커니즘을 사용한다는 것을 알게 되었다. 그들은 투자 결정 전에 과거의 불안을 처리하고, 투자 중에는 시장의 다음 순간에 집중한다. 간단히 말해 투자자는 요원과 똑같이 불안을 조절한다.

이 덕분에 그들은 과거의 잘못된 투자를 떠올리며 불안해하지 않고 허상에 반응하지도 않는다. 직관과 상상력을 활용해 필요할 경우에는 실행할 방향 전환을 계획하지만 성급하게 행동하지 않는다.

"그것이 상식의 중요한 요소이군요." 내가 주식 투자자들에게 말했다.

그들은 동의하듯 고개를 끄덕였다.

"벤저민 프랭클린의 격언에서 배웠습니까?" 내가 물었다.

주식 투자자들은 웃으며 고개를 저었다. 그들에게 프랭클린은 100달러짜리 지폐에서 만날 수 있는 얼굴일 뿐이었다. 하지만 주식 투자자들의 배경을 파헤쳐보니, 그들 역시 프랭클린의 유산에서 교훈을 얻었음을 알 수 있었다. 상식적인 투자자는 특수 요원처럼 '과거 불안: 없음, 미래 불안: 가까움'이라는 두 가지 기법을 사용해, 지속적인 흐름을 신뢰하면서도 새로운 시장의 변화를 포착할 만큼 불안을 조정했다.

'과거 불안: 없음'의 모범 사례는 20세기의 가장 뛰어난 장기투자자 워런 버핏Warren Buffett이다. 버핏은 1950년에 은행가보다는 농부처럼 행동한다는 이유로 하버드 경영대학원에 입학하지 못하고, 대신 벤저민 프랭클린의 사상을 이어받은 벤저민 그레이엄에게 수학했다.

그레이엄은 1940년대, 월가 투기꾼들의 방식을 거부하며 상당한 부를 축적했다. 당시 월가의 투기 방식은 알고리즘적이었다. 데이터를 돌려 주가를 예측하며, 과거와 미래를 '영원한 수학적 현재'의 일부로 취급했다. 어제의 스프레드시트에서 내일의 수익을 산출할 수 있다고 믿은 것이다.

그러나 그레이엄은 프랭클린에게서 배운 상식을 근거로 이 방법의 어리석음을 간파했다. 물론 안정된 시장에서는 과거 평균이나 통계 도구에 의존할 수 있다. 하지만 시장은 언제나 이해관계가 충돌하는 공간이기에, 본질적으로 출렁이며 기존 분석을 무너뜨린다. 이 상식적 통찰을 바탕으로 그레이엄은 계산적 예측을 버리고 독자적인 투자 원칙을 세웠다.

'내일 주식이 얼마가 될지 예측하려 하지 말고, 오늘 가장 싼 가격에 주식을 사라.'

이 원칙은 반드시 이익을 보장하지는 않았다. 그러나 현재 시점에서 가장 좋은 가치를 확보해, 잠재적 수익을 극대화하고 잠재적 손실을 최소화하게 해주었다.

버핏은 그레이엄의 원칙을 2년간 월가에서 집요하게 실천했다. 값싼 거래를 찾아 흥정하고, 기회를 끈질기게 캐냈다. 그러다 네브래스카 오마하의 도축장 지대 서쪽으로 돌아가 자신만의 펀드를 세웠다. 1964년, 그는 그 펀드를 활용해 몰락하던 섬유 회사 버크셔 해서웨이Berkshire Hathaway를 인수했다. 이후 반세기 동안 버핏은 버크셔의 기업 가치를 무려 만 배 이상 끌어올렸고, 수천억 달러에 달하는 배당금을 창출해냈다. 이는 스승 그레이엄의 평생 수익을 훨씬 능가하는 규모였다.

이 믿기 힘든 성공으로 버핏은 시트콤, 랩송, 드라마에까지 등장하며 '오마하의 현인Oracle of Omaha'이라 불렸다. 그러나 정작 그는 자신이 그 어떤 초능력도 없었다고 고개를 저었다. 그리고 자신의 수익은 어디까지나 그레이엄의 원칙을 바탕으로 자신만의 상식적 통찰을 덧붙인 결과라고 설명했다. 또한 그는 그 통찰 가운데 가장 가치 있었던 것은, '과거의 불안을 처리하는 힘'이라고 생각했다. 그는 이를 입증하기 위해 개인적인 이야기를 들려주곤 했다.

어느 날 워싱턴 DC의 한 교실에서, 교사가 어린 버핏에게 자리에서 일어나 다른 학생들 앞에서 발표하게 했다. 결과는 엉망이었다. 너무나 끔찍해서 버핏은 그때부터 사람들 앞에서 말할 생각만 해도 속이 울렁거리고, 위장에서 신물이 올라왔다. 고등학교와 대학 시절 내내 그는 청중을 상대로 발언할 때마다 병이 날 지경이었다.

버핏은 결국 아주 사소한 발표조차 피하게 되었다. 교수들을 찾아가 수업 중에 다른 학생들 앞에서 자기소개를 하는 시간이 있는지 물었고, 그렇다는 대답을 들으면 수강을 포기했다.

버핏은 상식과 정반대로 행동하고 있었다. 과거의 걱정 때문에 미래 계획을 포기한 것이다. 하지만 그레이엄의 제자가 된 후, 버핏은 벤저민 프랭클린의 또 다른 제자인 데일 카네기Dale Carnegie의 대중 연설 강좌를 수강하기로 결심했다. 이 강좌는 프랭클린의 표준 행동 절차와 함께 카네기의 지혜를 담고 있었다. '대중 앞에서 연설하기 전에 불안을 느끼는 것은 정상이다. 연설 전 루틴을 만들어 불안을 다스려라.'

버핏은 SOP의 효과를 보았다. 그의 소통 능력은 향상되었고 연설에 대한 불안이 사라졌다. 과거의 실패에서 비롯된 걱정에 대처할 현명한 방법이 있다는 것도 깨달았다. 기를 쓰고 과제를 피하기보다는 걱정을 다스릴 SOP를 개발하는 것이었다.

버핏은 그 교육 과정이 자신의 성공에 큰 도움이 되었다고 생각해, 버크셔 해서웨이 사무실 벽에 어떤 대학 학위도 아닌 카네기 수료증을 걸어두었다. 그 수료증을 볼 때마다 그는 상식적 방법을 떠올렸다. '과거의 불안을 SOP로 전환하라.' 이 깨달음은 그를 1조 달러 규모의 SOP로 이끌었다.

그 SOP는 다음과 같다. '시장이 불안할 때 탐욕을 부려라' '오늘 가장 싼 가격에 사는 데 집중하라'는 그레이엄의 투자 원칙을 한 단계 확장한 것이었다. 버핏은 여기에 불안이 가격에 미치는 영향을 덧붙였다. 가격은 투자자들이 주식에 부여하는 가치였다. 그들도 버핏처럼 감정적으로 힘든 실패를 경험했지만, 버핏과 달리 나쁜 기억을 SOP로 전환하는 상식은 배우지 못했다. 일시적인 매도세가 경제를 뒤흔들 때 그들은 대규모 금융위기라는 과거의 기억을 떠올리며 버핏이 젊은 시절 대중 연설 앞에서 느꼈던 공포를 느꼈다. 불안에 사로잡힌 대중이 주식을 앞다투어 내던질 때, '오마하의 현인'은 그것을 헐값에 사들이며 불안을 돈으로 바꾸었다.

제임스 사이먼스가 수학 대신 불안을 택한 이유

'미래의 불안: 가까움'의 모범 사례로 역사상 가장 수익성 높은 헤지펀드를 운영한 수학 박사 제임스 사이먼스James Simons가 있다.

버핏이 버크셔 해서웨이를 인수한 1964년, 사이먼스는 미 육군 국방분석연구소에서 근무하고 있었다. 이 연구소는 1956년 4월에 설립되어 1957년 10월 4일에 이 명칭을 얻게 되었다. 그 쌀쌀하고 맑은 날, 소련은 세계 최초의 인공위성인 스푸트니크를 발사했다. 삑삑 신호음을 내며 미국 상공을 가로지르는 금속 캡슐은 미국 시민들을 공포에 빠뜨렸다.

그 공포는 세계 패권을 확신하고 있던 미국 정부를 당황하게 했다. 미국은 최초로 원자폭탄을 개발하고 전 세계 제조업의 절반을 차지하는 나라가 아니던가! 바로 그 자신감 때문에 스푸트니크가 등장하기 훨씬 전부터 미국 정부는 상식의 첫 번째 원칙인 '미래에 대해 불안해하라'를 어겼다. 대량생산된 핵무기가 외부 침공을 억제하리라 확신하고는, 육군 미사일 개발에 대한 투자를 대폭 삭감했던 것이다. 그 결과 우주 경쟁에서 소련이 앞서게 되었다.

미국 정부가 미래를 걱정하지 않은 사실이 스푸트니크가 돌연 하늘에 출현하면서 드러났을 때, 미국 국민은 과도한 비난으로 반응했다. 먼 미래를 바라보며 소련이 언젠가 개발할지 모를 끝없는 살상무기를 상상했다. 당황한 대중의 아우성은 미국의 군·산업 복합체를 광란에 빠뜨렸다. 의회는 하나, 아니 둘, 아니 다섯, 아니 열 가지의 새로운 로켓 개발을 제안했다. 원자력 전투기를 만들어야 한다는 요구가 있었고, 아시아 열대우림에서 공산주의에 맞서 싸울 기계 코끼리 부대도 검토되었다. 우주개발 계획 마련과 로봇을 이용한 화성 식민지화를 요구하는 목소리도 나왔다. 제2의 스푸트니크를 막기 위해 무엇이든 해야 했다.

문제는 미국이 모든 것을 할 수 없다는 것이었다. 막대한 부에도 불구하고, 미국은 원자 비행선을 개발하는 동시에 태양계를 정복할 만한 공장이나 과학자가 부족했다. 결정을 내려야 했다. 미국 정부는 기계 코끼리를 먼저 개발해야 할까, 로켓을 먼저 개발해야 할까? 로켓이 먼저라면, 모스크바에 핵탄두를 떨어뜨릴 단일단 미사일을 선택해야 할까, 인간을 별에 실어나를 다단계 로켓을 선택해야 할까?

이 중대한 선택을 맡은 곳이 바로 국방분석연구소였다. 연구소는 스푸트니크 이전의 안일한 상태로 돌아갈 수 없었고, 너무 먼 미래를 바라보느라 수많은 가능성에 얽매일 수도 없었다. 가까운 미래인 '지금+1'에 집중해 상식을 극대화하고 냉전의 새로운 미지수에 신속히 대응해야 했다.

실제로 연구소는 신속히 대응했다. 소련이 대륙 간 미사일을 개발하자, 미국은 더 빨리 발사되는 대륙 간 미사일 미니트맨Minuteman을 내놓았다. 소련이 정찰 위성을 만들자, 미국은 지구 전체를 측량할 수 있는 위성 시스템 트랜짓TRANSIT을 내놓았다. 소련이 발사한 탐사선이 최초로 달 표면에 착륙하자, 미국이 발사한 탐사선은 최초로 착륙했다가 다시 이륙했다.

사이먼스는 연구소의 암호 해독 부서에서 3년 동안 일하면서 가까운 미래에 상식적인 관점을 흡수하고 이를 금융 투자에 적용했다. 프린스턴대학교 공대 캠퍼스 뒤편의 벽돌로 지어진 연구실에 틀어박힌 채 사이먼스는 고민했다. '지금+1을 어떻게 투자 전략으로 활용할 수 있을까?' 그리고 세 명의 동료와 함께 단기 주가수익률을 시장 변동성과 연결하는 〈주식시장의 움직임에 관한 확률 모델과 예측〉이라는 기밀 보고서를 작성했다.

사이먼스는 베트남 전쟁을 비판했다는 이유로 연구소에서 해고된 후 스토니브룩대학교의 수학과 학과장을 맡았지만, 자신의 투자 전략을 실제로 시험해보기 위해 1978년에 종신 재직권을 포기했다. 블라우스 매장과 피자 가게가 늘어선 롱아일랜드의 상가에서 그는 훗날 '르네상스 테크놀로지'로 알려지는 펀드를 설립했다.

르네상스 테크놀로지는 좋은 성과를 냈지만 1987년 월스트리트 증시 대폭락 이후에는 돌파구를 마련하며 더 나은 성과를 올렸다. 이 돌파구는 스토니브룩대학교의 교수 제임스 액스James Ax가 주도한 상관관계 알고리즘 덕분이었다. 이 알고리즘이 상품 가격을 정확히 예측해 빠른 속도로 현금을 긁어모으자 사이먼스는 모든 자금을 쏟아부었다.

그러나 1989년, 이 알고리즘이 흔들리기 시작했다. 돈이 점점 새다가 손실이 30퍼센트까지 커졌다. 사이먼스는 불안해졌다. 하지만 액스는 폭락에도 눈 하나 깜짝하지 않았다. 그는 자신의 수학이 완벽하다고 확신했다. 시장의 근본 논리를 계산해 시대를 초월한 기본 원리를 찾았다고 믿었다. 그는 사이먼스에게 돈을 계속 투입하면 수익이 보장될 거라고 말했다.

사이먼스는 완벽한 수학을 믿지 않았고, 컴퓨터를 맹신하지도 않았다. 컴퓨터는 인간의 통찰을 실행하도록 설계되어 안정된 조건에서는 원활히 거래할 수 있지만 상식을 발휘할 수는 없다. 세상이 변화하고 자본이 소진되는데 논리에만 집착할 수 없다. 그래서 사이먼스는 액스의 평정심을 받아들이는 대신, 자신의 불안에 주의를 기울이기로 했다. 그는 오류 없는 알고리즘을 폐기하고 캘리포니아대학교 버클리 교수 엘윈 벌리캠프Elwyn Berlekamp에게 운용을 맡겼다.

벌리캠프는 사이먼스가 개발한 단기 투자 방식을 기반으로 새로운 컴퓨터 모델을 구축했다. 이 지금+1 접근법은 가까운 미래의 시장 변동성을 예측해 벌리캠프가 발견한 변칙(예외적 정보)을 활용할 수 있다. 그 결과는 놀라웠다. 모델이 본격적으로 운영된 첫해인 1990년에 50퍼센트 이상의 수익을 냈다.

사이먼스는 액스를 벌리캠프로 바꾸는 올바른 결정을 내렸다. 그리고 불안 덕분에 그의 지적 능력은 시장 변동에 계속 적응했다. 1990년대 초에 벌리캠프가 발견한 변칙은 경쟁 투자자들에게도 감지되어 르네상스의 우위는 사라지기 시작했다. 사이먼스는 다시 불안해졌다. 그는 헨리 라우퍼Henry Laufer처럼 신선한 직관을 가진 수학자들을 영입해 르네상스 테크놀로지의 연간 수익률을 60퍼센트로 끌어올렸다. 반면 경쟁 펀드에 몸담게 된 벌리캠프는 시장 수익률을 넘어서지 못했다.

사이먼스를 현명한 투자자로 만든 것은 논리가 아니었다. 수학적 재능은 벌리캠프가 뛰어났고 시장의 이상 징후를 감지하는 능력도 벌리캠프가 앞섰다. 중요한 것은 사이먼스가 지금+1에 끊임없이 시선을 고정할 줄 알았다는 것이다. 그의 불안은 커진 변동성을 감지하고 신속히 반응했다. 사이먼스는 주저하는 벌리캠프에게 이렇게 말했다. "연기 냄새를 맡으면 '당장' 뛰쳐나가야지!"

워런 버핏은 특수 요원들의 인덱스 카드에 요약된 '과거 불안: 없음' 규칙을, 사이먼스는 '미래 불안: 가까움'을 완벽히 다스렸다. 그 결과 버핏은 기존의 기본 요소들을 이해해 장기투자의 승자가 될 수 있었고, 사이먼스는 새로운 기본을 발견해 고위험 고수익의 파도에 올라탈 수 있었다.

상식을 최대한 활용하고 싶다면 조상들이 이미 알고 있던 사실을 기억하자. 불안은 잘못된 증상이 아니다. 잘 이용하면 당신도 벤저민 프랭클린과 성공한 주식 투자자들처럼 잘 모르고 있던 것을 깨달을 수 있다. 그러면 뻔하고 평범한 상황에서 창의성을 발휘하지 않아도 된다. 꼭 필요한 변화의 시기를 위해 직관과 상상력을 아껴둘 수 있다.

직관→상상력→감정→상식, 고유지능의 순환

이 장과 이전 세 장에 걸쳐 우리는 스토리씽킹을 하는 네 가지 연결방식을 살펴보았다.

- **직관**: 논리를 이끄는 데이터처럼 이야기를 이끌어간다.
- **상상력**: 이야기를 유연한 전술과 장기 전략으로 바꾼다.

- **감정**: 이야기와 개인적 성장을 잇는 순환 고리를 만든다.
- **상식**: 어떤 상황에 어떤 이야기가 가장 적합한지 알려준다.

각각의 과정마다 고유한 정신 작용이 있다. 직관은 예외적 정보에서 새로운 '왜'와 '만약에'를 자극하는 숨은 규칙을 찾아낸다. 상상력은 이러한 '왜'와 '만약에'를 다듬고 확장해 뇌가 문제를 극복하고 기회를 포착하게 한다. 감정은 우리의 성과를 평가해 힘든 사건을 처리하기 어렵다는 것을 알려주고, 삶의 방향을 제시할 개인적 목표를 정하게 한다. 상식은 우리의 환경을 평가해 익숙한 상황에서 자신 있게 속도를 내고, 새로운 위협과 기회가 나타나면 빠르게 적응하게 해준다.

당신의 이야기에 적용해보면 다음과 같다.

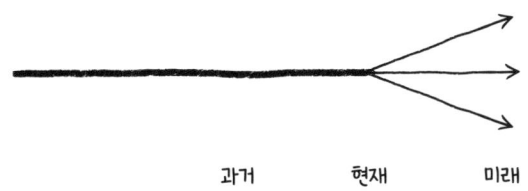

과거　　현재　　미래

- 직관은 당신과 세상의 예외성을 찾아 이야기를 시작한다(1장 참조).
- 상상력은 당신의 예외성을 통합된 과거로 발전시키고, 세상의 예외성을 분화된 미래로 발전시켜 이야기의 성장을 돕는다(2장 참조).

- 감정은 당신의 과거가 파편화되거나 미래가 좁아지는 시점을 드러냄으로써 이야기를 유지하게 한다(3장 참조).
- 상식은 진로를 바꿀 시점을 알려주고 수많은 방향 중 현재 상황에 가장 적합한 미래의 갈림길을 선택하게 한다(선택 방법에 대한 자세한 내용은 7장 참조).

당신의 이야기는 당신의 인생 계획을 만들어내고, 그 계획이 당신의 다른 모든 계획들을 만들어낸다. 이 계획들은 마치 마법처럼 불쑥 떠오르는 것 같지만, 사실은 직관, 상상력, 감정, 그리고 상식이라는 네 가지 요소에 의해 만들어지는 것이다. 나는 특수작전사령부에 제출한 보고서에 이렇게 썼다.

- 직관은 계획을 촉발한다.
- 상상력은 계획을 형성한다.
- 감정은 계획을 유지한다.
- 상식은 계획을 선택한다.

이 네 가지 능력이 바로 우리의 고유지능이다.

왜 고유할까? 이 지능은 오늘날의 교육에서는 외면받지만 인간의 오래된 본성의 일부이기 때문이다. 컴퓨터는 가질 수 없는 생물학적 하드웨어가 필요하므로 인공지능으로는 구현할 수 없다. 데이터가 부족하고 논리가 붕괴되는 불확실한 변화의 시대에 현명하게 행동해 모호하고 유동적인 인생을 잘 헤쳐나가는 데 도움을 준다.

대부분의 사람은 한두 가지 고유한 능력을 지니고 있지만, 네 가지 모두에 능숙한 사람은 드물다. 직관은 뛰어나도 상식이 부족할 수 있다. 감정은 잘 이해해도 미래를 변화시킬 전략을 상상하는 능력은 부족하거나 그 반대일 수 있다. 건전한 상식을 갖췄더라도 직관은 뛰어나지 않을 수 있다. 또는 창의적이지만 수치심, 불안, 분노에 시달리는 경우도 있다.

어떤 정신적 역량을 갖추었든, 우리는 이미 갖고 있는 고유한 역량에 머무르고 잘 모르는 영역은 건너뛰려는 유혹을 느낀다. 그래서 상상력이 풍부한 사람은 박물관에 가거나 음악가 친구를 사귀고, 상식적인 사람은 전통을 중시하고 주말이면 부동산 매물을 보러 다닌다.

하지만 인생은 달라질 기회를 준다. 네 가지 고유한 능력을 모두 갖출 때 우리는 훨씬 더 강력해진다. 상상력은 상식을 민첩하게 만들고, 상식은 감정을 유용하게 만들고, 감정은 직관을 중요하게 만들고, 직관은 상상력을 예민하게 만든다. 통합된 능력은 우리 모두의 내면에서 깨어날 때를 기다린다.

고유한 능력을 모두 갖추면 어떤 일을 하건 지적 능력을 완전히 활용할 수 있다. 이를 시작하기 위해 2부에서는 상상력, 직관, 감정, 상식을 리더십, 회복탄력성, 소통, 코칭, 의사결정, 그리고 무엇보다 혁신이라는 여섯 가지 실용적 분야에 적용할 것이다.

2부

불확실성을
기회로 바꾸는 기술

전장, 무대, 회의실을 넘어서는
6가지 전략

한 번도 실수해보지 않은 사람은
한 번도 새로운 것을 시도한 적이 없는 사람이다.
— **아인슈타인**

5장 [혁신]
낯선 것을 환영하는 용기

아인슈타인과 스티브 잡스처럼
판을 새로 짜라

그녀가 하는 일은 내일을 만드는 것이다. 10년 동안 그녀는 실리콘밸리에서 신기술 개발에 전념하는 회사를 설계했다. 이제는 자신만의 창의적인 사업을 준비하고 있다. 바로 빈곤, 질병, 폭력을 종식시킬 대담한 새 프로젝트에 자금을 지원하는 연구 스타트업이다. 하지만 그런 프로젝트를 찾기가 쉽지 않았다. 그녀는 뉴욕, 케임브리지, 도쿄, 심지어 화성까지 샅샅이 뒤졌다. 어디서나 사람들은 자신이 대단하고 참신한 아이디어를 갖고 있다고 주장한다. 하지만 알고 보면 대부분 그라인더grinder나 해커hacker일 뿐이었다.

그라인더는 '더 열심히 일하라'를 모토로 살아간다. 해커는 '더 똑똑하게 일하라'를 선호하는 사람들이다. 그라인더는 끈기와 노력이라는 전통적인 미덕을 추구한다. 해커는 파레토의 법칙(경제학자 빌프레도 파레토Vilfredo Pareto가 발견한 법칙으로, 전체 결과의 80퍼센트가 20퍼센트의 원인에서 나온다는 내용이다 - 옮긴이) 같은 생산성 이론을 맹신한다. 그라인더는 지름길이 없다고 믿는다. 해커는 더 빨리 앞서 나갈 수 있는 방법과 수완, 틈새가 있다고 확신한다. 그라인더는 시스템을 유지한다. 해커는 시스템을 요령껏 이용한다.

그라인더에도 해커에도 신물이 난 그녀는 변화의 진정한 원천인 혁신을 되살리고 싶어서 내게 연락했다. '혁신innovation'이란 용어가 지금은 진부하게 들릴지 모르지만 500년 전 영어에 처음 등장했을 때에는 '죄악'과 동의어였다. 신은 세상을 완벽하게 창조했다. 그런데 새로운 무언가를 도입한다는 것은 이브가 낙원에 저지른 행위, 낙원을 파괴하는 것과 같았다.

16세기에 이르러 미켈란젤로, 해부학자 안드레아스 베살리우스 Andreas Vesalius, 철학자 프랜시스 베이컨Francis Bacon과 같은 독창적인 인물들이 경이로운 업적을 남기면서 혁신의 평판이 높아졌다. 처음에 사람들은 이렇게 참신한 업적을 고전시대 황금기의 부활이라고 합리화했지만, 17~18세기에 이르자 새로운 것을 정말 새로운 것으로 인정하게 되었다. 과학혁명이라는 실험은 중세 철학을 전복했고, 상업 기업가들은 봉건 경제를 무너뜨렸으며, 민주주의는 왕의 과두정치를 철폐했다.

이 놀라운 창의성은 19세기는 산업혁명으로, 그리고 20세기에는 컴퓨터혁명으로 이어졌다. 그러나 세월이 흐르면서 혁신은 이 두 가지 혁명과 마찬가지로 '상상력의 부족'이라는 특성을 갖게 되었다. 자동화된 공장과 인공지능처럼 점점 틀에 박히고 얄팍해진 것이다. 대량생산된 기기와 '세상을 뒤흔드는' 앱이 혁신으로 찬양받았지만 사실은 그저 살짝 변형을 주었거나 남의 사업을 훔친 경우가 많았다.

이 상상력의 상실은 요즘 경영대학원에서 혁신을 가르치는 방식을 보아도 알 수 있다. 이러한 교육은 무작위 아이디에이션에 무작위 연결을 통해 새로운 아이디어를 생성하는 과정에 기반을 둔다. 애덤 그랜트Adam Grant는《오리지널스》에서 "왕자를 만날 때까지 개구리에게 입맞춤하라"고 조언한다. 픽사와 스티브 잡스 이후의 애플에서 바로 그런 일이 일어났다. 또 그것은 생성형 AI의 메커니즘이기도 하다.

생성형 AI는 컴퓨터가 발산적 사고, 즉 엄청나게 폭넓은 브레인스토밍을 하도록 프로그래밍되어 아이디에이션의 속도를 높인다. 그 결과 상당한 가짜 창의성이 생긴다. AI는 단 몇 초 만에 16세기 모든 화가를 전부 합친 것보다 더 많은 '예술 작품'을 쏟아낼 수 있다. 그러나 아이디에이션은 기존에 있던 것들을 임의로 조합하는 방식이기 때문에 그 결과는 혁신과 정반대다. 혁신은 임의가 아니라 목적이 있어야 한다. 그래야 삶을 근본적으로 바꿀 수 있다.

로봇이 개구리에게 입맞춤하는 시대에는 목적을 가진 변화가 무의미하게 느껴질 수 있다. 하지만 우리는 직관을 통해 의미를 되찾을 수 있다(1장 참조). 직관을 컴퓨터에 프로그래밍할 수는 없지만, 우리의 뇌가 의식적으로 직관을 활용한다면 빈센트 반 고흐, 마리 퀴리, 스티브 워즈니악처럼 독창적인 미술, 과학, 기술을 낳는 예외를 발견할 수 있다.

내일을 만드는 그녀에게 직관에 대해 설명하자, 그녀는 흥미를 보였다. 하지만 한 단계 더 나아가고 싶다며 이렇게 물었다. "예외적 정보의 잠재력을 확대할 수 있을까요? 더 똑똑하고 더 빠르고 더 크게 해결책, 발명품, 혁명으로 바꿀 수 있습니까?"

할 수 있다. 특수 요원들은 그렇게 뇌를 훈련시켰다. 전투에서는 계획이 끊임없이 무너지므로 요원들은 갑자기 닥친 국면을 대담한 새 전략으로 바꿔야 한다. 그것도 죽기 살기로, 재빨리. 이런 필요 때문에 요원들은 직관을 혁신으로 신속하게 전환하는 요령을 터득했다. 상상력을 다음 세 가지 방식으로 이용하면 가능하다.

- 예외를 새로운 규칙으로 바꾼다.
- 갈등을 지렛대로 활용한다.
- 적을 먹어치운다.

이 세 가지 방식은 상상력을 활용해 직관을 가속화한다. 그리고 이는 특수 요원들에게만 통하는 것이 아니다. 인류 역사 전반에 걸쳐 과학, 비즈니스, 예술, 기술, 교육에서도 혁신을 빠르게 앞당길 수 있다. 그 방법들을 하나씩 살펴보자.

아인슈타인처럼 예외를 새로운 규칙으로 바꿔라

직관으로 혁신을 일으키는 첫 번째 방법은 '예외를 새로운 규칙으로 바꾸는 것'이다. 이를 실현하기 위해 요원들은 '만약에 변칙이 표준이 되면 어떨까?'를 상상한다.

변칙이 표준이 될 가능성은 낮다. 하지만 불가능하지는 않다. 충분히 일어날 수 있는 일이며 실제로도 셀 수 없이 일어났다. 경제에서는 지폐를 예로 들 수 있다. 농업에서는 메소아메리카의 옥수수가 좋은 예다. 음악에는 무그 전자 신시사이저, 과학에는 상대성 이론이 있다.

상대성 이론은 20세기의 첫 20년 동안 알베르트 아인슈타인이 정립했다. 아인슈타인은 과학에 계산적 접근방식을 도입했다고 널리 알려졌지만, 그 자신은 이를 부인했다. 그는 1925년 아르헨티나에서 열린 상대성이론 강연에서 이렇게 주장했다. "물리학은 논리적 연역으로 개별 법칙을 도출할 수 있는 시스템이 아니다." 대신에 그는 "경험적 사실에서 물리학의 근본 법칙을 도출하려면 자유로운 창조 행위가 필요하다"라고 말했다.

아인슈타인은 자유로운 창조 행위의 의미를 설명하기 위해 1933년 런던 로열 앨버트 홀 연설에서 다음의 여섯 가지 예를 들었다.

- 새로운 살균 법칙으로 의학을 혁신한 조지프 리스터Joseph Lister
- 새로운 면역학 법칙으로 생물학을 혁신한 루이 파스퇴르Louis Pasteur
- 새로운 전자기 법칙으로 화학을 혁신한 마이클 패러데이Michael Faraday
- 새로운 운동 법칙으로 물리학을 혁신한 아이작 뉴턴Isaac Newton
- 18세기 독일의 과학자이자 극작가인 요한 볼프강 폰 괴테Johann Wolfgang von Goethe
- 셰익스피어

마지막 이름인 셰익스피어는 스티브 잡스가 아인슈타인과 함께 자신에게 가장 큰 영감을 준 두 인물 중 한 명으로 꼽은 창조자이기도 하다(1장 참조). 그런데 아인슈타인과 스티브 잡스 같은 과학기술 혁신가가 셰익스피어와 무슨 관계가 있을까?

답은 셰익스피어의 《햄릿》에서 찾을 수 있다. 이 희곡에서 한 학자가 유령을 보고 "이것은 놀랍도록 낯설구나!"라고 말하자, 햄릿이 "그러니 그것을 낯선 손님처럼 환영하게"라고 대꾸하는 장면이 나온다. 무언가가 이상하더라도 받아들이라는 뜻이다. 다시 말해 예외를 발견하면 더욱 적극적으로 그 이상 현상을 새로운 규칙으로 바꾸라는 의미다.

아인슈타인은 그렇게 했다. 학교에서 그는 물체의 속도가 출발점과 관계가 있다고 배웠다. 북쪽으로 시속 500킬로미터로 날아가는 비행기에서 남쪽으로 시속 500킬로미터로 총을 쏘면 지구에 대한 총알의 속도는 0이 된다. 하지만 아인슈타인은 이 규칙에 예외가 있음을 발견했다. 바로 빛이었다. 빛은 출발점과 관계없이 항상 일정한 속도로 움직였다. 정지한 램프에서 나오든, 북쪽으로 날아가는 비행기에서 나오든, 시속 8억 킬로미터로 움직이는 별에서 나오든, 빛은 지구에서 항상 같은 속도로 이동했다.

아인슈타인이 이 예외를 최초로 발견한 것은 아니지만, 처음으로 깊이 연구한 사람임은 분명하다. 그 예외성이란 빛의 이동 속도가 로컬 타임 local time (현지 시각)에 따라 달라진다는 것이다. 로컬 타임이란 말 그대로 모든 시계가 국제 표준시에 따라 모두 같은 속도로 가는 것이 아니라 지역의 조건에 따라 각기 다른 속도로 움직인다는 뜻이다. 이것이 바로 빛의 파동을 타고 움직이는 시계가 우리 옆에 놓은 시계보다 우리 눈에는 더 느리게 움직이는 것처럼 보이는 이유이다. 빛의 파동을 탄 시계는 그 자체의 시간대 안에 있기 때문이다.

이전에는 물리학자들이 '진짜 시간'을 계산하기 위해 로컬 타임을 사용했지만, 모든 시간이 로컬 타임이라고 주장한 사람은 아무도 없었다. 아인슈타인이 처음이었다. 1905년에 그는 빛이라는 예외를 가져와 "모든 것은 어디서나 로컬 타임으로 움직인다"라는 새로운 규칙으로 만들었다. 이 새로운 규칙은 '상대성 이론'이 되어 세상을 완전히 바꿔놓았다. 이전에는 중력이 먼 거리에서 즉각적으로 작용했지만 이제 중력은 시공간을 휘게 만든다. 이전에는 우주가 정지해 있었지만 이제 우주는 팽창하고 있다. 이전에는 시간이 항상 존재했다. 이제 시간은 창조자, 즉 '빅뱅big bang'을 가진다.

아인슈타인이 사용한 동일한 방법을 어떤 분야에서든 혁신을 일으키는 데 사용될 수 있다. 비즈니스 분야에서 스티브 잡스의 사례를 좀 더 자세히 살펴보자.

스티브 잡스가 《리어 왕》에서 배운 현실 왜곡장의 비밀

스티브 잡스는 1976년부터 세상을 떠난 2011년까지 35년 동안 개인용 전자제품 분야에서 끊임없는 혁신을 주도했다. 컴퓨터 마우스, 디지털 애니메이션, 스마트폰의 잠재력을 꿰뚫어본 그는 애플의 매킨토시, 픽사의 〈토이 스토리〉 그리고 아이폰 출시에 기여했고, 수백만 명에게 '다르게 생각하라Think Different'라는 미래에 대한 비전을 따르도록 영감을 주었다.

 잡스는 어떻게 한 번이 아니라 지속적으로 혁신을 이어갈 수 있었을까? 나는 그 답을 알고 싶어서 캘리포니아 쿠퍼티노에 있는 애플 본사 기술팀을 찾아갔다. 잡스가 세상을 떠난 지 정확히 10년 후였다. 잡스의 혁신 비결을 알려줄 수 있느냐고 직원들에게 물었더니 그들은 웃기만 했다. 그들은 애플이 그 비결을 잃어버렸다며, 그것을 알고 싶다면 잡스의 전기를 읽어야 한다고 했다. 월터 아이작슨Walter Isaacson이 쓴 전기가 가장 좋다는 말도 덧붙였다.

 쿠퍼티노를 떠난 나는 아이작슨이 쓴 전기에 빠져들었다. 그 책은 놀라운 일화로 가득했다. 하지만 그 책의 핵심 논지는 내가 예상한 것과 정반대였다. 아이작슨에 따르면 잡스 자신은 특별한 인물이 아니었다. 그는 다른 사람들의 훌륭한 아이디어를 조금 수정하는 '트위커tweaker'였을 뿐이며, 그에게는 엄청난 창의성이라고 할 만한 것이 없었다. 나는 당혹스러운 마음으로 애플로 돌아갔다. 잡스는 정말로 혁신가가 아니었을까?

 엔지니어들은 고개를 저었다. 아니, 잡스는 정말 혁신가였다. 그의 독특함은 아이작슨이 수집한 이야기 전반에 분명히 드러난다. 하지만 아이작슨은 잡스에 대한 책을 쓰면서도 그의 예외를 발견하는 데 실패했다. 무엇이 잘못된 것일까? 잡스는 보았지만 아이작슨이 놓친 것은 무엇일까?

이 의문을 푸는 열쇠는 아인슈타인도 인정하는 혁신가인 셰익스피어에 있다. 셰익스피어는 아이작슨이 쓴 전기 초반부의 인상적인 일화에 등장한다. 이 이야기는 아이작슨이 잡스에게 평범한 중산층 가정에서 태어난 사람이 어떻게 변화의 주역으로 탈바꿈할 수 있었는지 그 과정을 설명해달라고 요청하면서 시작된다. 잡스는 십대 시절에 셰익스피어의 《리어 왕》을 읽은 경험을 털어놓았다. 아이작슨은 당연히 호기심이 생겼다. 책에서 그는 이렇게 말했다. "잡스에게 《리어 왕》에 왜 그렇게 공감했는지 물었지만, 그는 내가 기대한 연결고리에 대해 대답하지 않아서 더 파고들지 않은 채 넘어가버렸다."

우리는 그냥 넘어가지 말자. 잡스가 《리어 왕》에 유난히 매료되었던 이유를 다시 살펴보자. 잡스에게 리어 왕에 '공감'하는 이유를 물었다는 사실에서 아이작슨이 셰익스피어를 어떻게 접근하는지 알 수 있다. 그는 셰익스피어의 작품에서 공감할 수 있는 인물, 우리와 공통점이 있는 인물을 찾으려 한다. 셰익스피어를 이런 식으로 읽는 경우는 드물지 않다. 학교에서 배우는 문학의 해석 방식이기도 하다. 학교는 논리로 문학에 접근하고, 논리는 문학을 '해석'의 대상으로 여긴다.

해석이란 문학을 일련의 상징, 즉 표현물로 다룬다. 왜 그렇게 보는가? 논리는 등식으로 사고하기 때문인데, 이는 다른 말로 동일성을 뜻한다. 또한 논리는 추상으로 사고하는데 이는 다른 말로 보편성을 뜻한다. 동일성과 보편성을 결합하면 영웅, 악당, 익살꾼, 조력자, 혁신가 같은 보편적인 캐릭터가 나온다. 아이작슨이 리어 왕을 '외고집 투쟁가'의 원형으로 보았기 때문에 잡스에게 그 원형에 어떻게 공감하는지 물었던 것이다.

교실 밖에서 《리어 왕》을 만나면 다르게 읽힌다. 전형적인 인물 유형을 분석하기보다, 작품이 지닌 놀라운 독창성에 감탄하게 된다. 잡스의 또 다른 영웅인 빈센트 반 고흐도 이렇게 말했다. "맙소사! 셰익스피어가 이렇게 아름답다니! 하지만 셰익스피어를 읽는다는 건, 때론 사회의 눈에 이상한 존재가 되는 것을 감수해야 하는 일이다."

바로 리어 왕이라는 캐릭터는 틀에 얽매이지 않는다는 특징이 있다. 그는 우리가 익히 보아온 어떤 왕, 어떤 인물과도 다르다. 다른 등장인물들도 마찬가지다. 그들은 독창적이고, 놀랍고, 전례가 없다. 극이 전개될수록, 이 인물들은 자신의 독특한 개성을 점점 더 강렬하게 드러낸다. 그러다 결국 주변 세계에 균열을 내고, 현실을 바꾸고, 예외성의 혁신적인 힘을 드러낸다.

이는 논리와 정반대다. 보편성에 기대는 대신 특이성에 기대는 것이다. 보편적인 것으로 회귀하기보다 고유한 것에 두 배로 집중하는 것이다.

반 고흐처럼 잡스는 교실 밖에서 셰익스피어를 만났다. 시험 때문에 셰익스피어를 읽은 것이 아니라 순수한 호기심에서 읽었다. 그래서 리어 왕에게 동질감을 느끼기보다 아이의 눈을 갖게 되었다.

잡스가 그런 눈으로 바라본 결과는 애플 동료들이 말한 '현실 왜곡장reality-distortion field'(영화 〈스타트렉〉의 역장force field에서 유래된 표현으로, 아무리 비현실적인 아이디어라도 잡스가 주장하면 실현될 것처럼 느껴지는 현상-옮긴이)이었다. 그 왜곡장 안에서 잡스는 삶의 오래된 규칙들을 잠시 접어두고 예외를 밀어붙였다. 그것이 새로운 규칙이 될 때까지 말이다.

잡스가 새로운 규칙을 만든 사례는 수없이 많다. 쿠퍼티노의 엔지니어들이 들려준 이야기도 하나 있다. 2005년에 잡스는 모토로라와 협업해 로커ROKR를 출시했다. 로커는 아이튠즈에서 노래 100곡을 다운로드할 수 있는 막대형 휴대전화였다. 하지만 로커는 처참히 실패했다. 거의 팔리지 않았고, 기대에 못 미치는 성능을 보였다. 조악한 이어폰으로 한정된 음악 목록을 재생하는 구식 휴대전화일 뿐이었다. 판매 실적만 보면 이 프로젝트는 마땅히 포기해야 했다. 하지만 잡스는 반대로 했다. 로커의 독창성에 주력했다. 경쟁사들은 주크박스형 휴대전화라는 개념을 비웃는 동안, 잡스는 애플을 밀어붙여 결국 아이폰을 만들어냈다.

아이작슨이 잡스를 트위커로 본 것은 사실 잡스가 특정 기기의 예외적인 잠재력을 알아보았기 때문이다. 그는 그 기기들에서 《리어왕》에서 본 것과 같은 특이성을 발견했다. 셰익스피어가 리어 왕의 개성을 끝까지 밀어붙였듯, 잡스 역시 일반적인 타협을 거부하고 예외성을 극대화하기 위해 각 기기를 더욱 독창적으로 만들어냈다.

갈등을 피하지 말고 혁신의 연료로 사용하라

특수 요원들이 혁신을 일으키기 위해 사용하는 두 번째 방법은 '갈등 활용'이다.

직관이 예외를 포착하는 순간, 뇌는 즉시 갈등한다. 예외는 본질적으로 규칙과 충돌하기 때문이다. 이런 갈등에는 논리가 개입할 여지가 없다. 논리는 조화, 동시성, 통일성을 추구하기 때문에 갈등을 오류나 기능 장애의 신호로 본다. 알고리즘에 버그가 발생했거나 잘못된 데이터가 연산에 문제를 일으킨 것이다. 논쟁의 한쪽은 무지하거나 악의적으로 행동하고 있다.

현대 학교와 기업에서 논리가 우세해지면서 우리는 갈등에 대해 감정적으로 불편함을 느낄 뿐 갈등을 통해 이익을 얻을 수 있는 방법을 갖추지 못했다. 그래서 대부분의 사람은 갈등을 가급적 빨리 해결하려고만 한다. 예외가 발생하면 예외와 규칙 중 하나를 선택하거나 양쪽을 조금씩 양보한 합리적인 타협점을 찾으려 한다.

이렇게 성급한 해결책은 우리 뇌가 성장할 기회를 빼앗는다. 그러므로 정신적 긴장에서 당장 벗어날 방법을 찾기보다 특수 요원과 같은 기법을 사용해보자. 긴장을 받아들이고 기존 규칙의 근본적인 논리를 유지하면서도 예외가 열어준 가능성을 포함하는 새로운 규칙을 만들기 위해 상상력을 발휘하라. 다시 말해 기존 규칙의 '왜'와 예외의 '만약에'를 결합한 새로운 규칙을 발명하려고 노력하라.

이 방법은 상상력의 핵심 메커니즘인 '이야기'를 활용한다. 이야기는 등장인물과 그들의 세계 사이의 갈등, 즉 예외와 규칙 사이의 갈등, 개별적인 '만약에'(가정)와 보편적인 '왜'(이유) 사이의 갈등에 의해 움직인다. 규칙과 예외 사이의 긴장을 정면으로 마주할 때, 뇌는 스토리씽킹 능력을 활성화해 새로운 행동 규칙의 개발을 가속화한다.

예를 들어보겠다. 1900년대 초, 미국 중서부의 작은 농촌 마을에 한 젊은 여성(데릴라라고 부르자)이 살고 있었다. 이 마을에서는 18세가 되면 결혼이 장려되었다. 하지만 데릴라는 결혼을 원치 않았다. 들판에서 동물들과 함께 있는 것이 더 좋았다. 데릴라는 자신이 마을 규칙의 예외임을 절실히 느꼈다. 그리고 자신에게 두 가지 논리적 선택지가 있다는 사실을 깨달았다. 첫째는 도망쳐서 마을 사람들을 실망시키는 것이고, 둘째는 규칙에 순응해서 자신을 불행에 빠뜨리는 것이었다.

데릴라는 둘 중 하나를 선택하고 싶지 않았다. 타협하고 싶지도 않았다. 그래서 갈등을 정면으로 마주했다. 그녀는 마을 공동체가 그런 규칙을 만든 이유는 십 대에게 타인을 돌보는 역할을 맡기기 위해서라는 것을 깨달았다. 사람들은 십 대에게 개인의 필요와 욕구에 집중하고 자립심을 기를 시간이 필요하다는 점을 이해하면서도, 그 시간으로 인해 얄팍하고 이기적인 사람이 되지 않을까 우려했다. 그래서 십 대에게 자아를 탐구할 시간을 어느 정도 준 다음, 18세가 되면 결혼을 시켰다. 결혼해서 아이를 낳아 키우면 타인의 필요와 욕구를 보살피는 다음 단계의 성장이 가능하다고 생각한 것이다.

결혼 규칙에 담긴 '왜'를 이해한 데릴라는 타인에게 헌신하기를 바라는 마을 공동체의 기대를 충족할 창의적인 방법을 부모에게 제안했다. 그녀는 아이오와 중부의 도시 에임스로 가서 수의학을 공부하겠다고 했다. 그런 다음 이 농촌 마을로 돌아와 수의사가 되겠다고 했다. 그러면 규칙의 '왜'(공동체를 우선하는 삶)와 자신의 예외적 '만약에'(결혼하지 않고 들판에서 동물과 함께 지내는 삶)를 동시에 만족시킬 터였다.

데릴라는 기존 규칙과 예외에 모두 부합하는 새로운 규칙을 마련했다. 젊은이들은 18세가 되었을 때, 마을 공동체에 보답할 계획을 가져야 했다. 그 계획은 결혼일 수도 있지만 대학 진학일 수도 있고 공동체에 기여할 다른 방법일 수도 있었다.

데릴라는 내가 특수부대에서 만난 한 군인의 증조할머니였다. 특수부대에서 나는 관습적 규칙의 '왜'와 예외의 '만약에'가 충돌할 때 그 사이에서 혁신을 만들어낸 사례를 수없이 들을 수 있었다.

또 다른 예를 소개한다. 육군 특수부대가 설립 초기에 도입한 훈련 과정의 마지막 관문은 통나무와 밧줄로 이루어진 장애물 코스였다. 코스 끝에는 종이 매달려 있었다. 훈련병들이 받은 지침은 간단했다. 정해진 시간 내에 종을 울리면 합격이라는 것이었다.

어느 날, 훈련장에 도착한 한 훈련병은 자신이 제한 시간 내에 코스를 완주할 수 없다는 사실을 깨달았다. 그가 다른 훈련병들만큼 빠르지 못한 탓이었다. 논리적으로 그에게는 두 가지 선택지가 있었다. 중도에 포기하거나 코스를 완주하고 탈락하거나. 하지만 양쪽다 마음에 들지 않았다. 그래서 출발선에 서기 전에 마음속 긴장을 직시했다. 코스의 '왜'와 자신의 '만약에'를 대비시켰다. 그러자 갑자기 새로운 길이 보였다. 시간 측정이 시작되자 그는 장애물 코스를 건너뛰고 지나갔다. 그리고 곧바로 종을 울림으로써 최단 시간이라는 신기록을 세웠다.

처음에 특수부대는 매우 당황했다. 하지만 훈련병은 이 과정의 목표가 정해진 시간 내에 종을 치는 것이고 자신은 그 방법을 찾았으니 합격해야 마땅하다고 주장했다. 다른 훈련소였다면 이 훈련병은 불복종으로 징계를 받았을 테지만 육군 특수부대는 그를 합격시켰다. 그리고 훈련소 졸업 후 그의 경력을 모니터링한 결과, 현장 임무에서 다른 동기들을 능가하는 성과를 내고 있다는 걸 발견했다. 장애물을 피하는 능력으로 오히려 뛰어난 요원이 된 것이었다. 그의 성공은 '장애물 코스가 훈련병을 실제 작전에 대비시키는 가장 좋은 방법'이라는 기존 규칙의 예외였다. 이제 육군 특수부대는 선택의 기로에 섰다. 예외를 인정하고 장애물 코스를 없애야 할까, 아니면 예외를 무시하고 기존 코스를 고수해야 할까?

군이 어떻게 했을지는 짐작할 것이다. 선택도 타협도 하지 않았다. 대신에 기존 규칙과 예외 사이의 긴장을 받아들여 새로운 규칙을 만들었다. 군이 어떤 혁신을 했는지 상상할 수 있는가? 당신은 기존 규칙의 '왜'와 예외의 '만약에'를 모두 충족하는 새로운 규칙을 만들 수 있는가?

군은 장애물 코스의 목적은 훈련병이 도전을 받아들여 목표를 이룰 수 있는지 확인하는 것임을 인식했다. 그리고 그 예외적인 신병은 현실 세계에서는 목표에 도달하는 길이 하나만 있는 것이 아니라는 사실을 보여주었다. 그래서 군은 새로운 테스트를 마련했다. 훈련병에게 목적지가 빨간색으로 표시된 지도를 배부했다. 제한 시간 안에 빨간색으로 표시된 곳에 도착하기만 하면 경로는 자유롭게 선택할 수 있었다. 어떤 훈련병은 모든 장애물을 넘으며 밤낮없이 질주했다. 어떤 훈련병은 뗏목을 만들어 강을 떠내려왔다. 어떤 훈련병은 반대 방향에 있는 작은 마을에 가서 식량을 주고 차를 빌렸다.

군의 새로운 테스트는 기존 규칙인 '왜'와 예외적인 '만약에'를 모두 충족했다. 그리하여 군사 훈련에 혁신이 일어났고, 훈련병이 스스로 장애물을 극복하는 방법을 찾아내며 실제 작전을 준비하는 커리큘럼을 만드는 데 영감을 주었다.

이러한 기법을 활용하면 데릴라와 요원들처럼 지역 사회나 조직을 혁신할 수 있다. 심지어 찰스 다윈Charles Darwin처럼 전 세계를 혁신할 수도 있다.

다윈이 핀치새에서 진화론을 발견한 과정

찰스 다윈의 혁신은 1859년, 그가 자연선택에 의한 진화론을 발표하면서 시작되었다. 이 이론은 작은 섬으로 떠난 조류 관찰 여행에서 소박하게 출발했다. 하지만 과학, 경제, 철학을 송두리째 바꿀 정도로 영향력을 발휘했다. 이 이론은 진보가 논리적 설계에 의해 이루어진다는 관점에 도전해 생물학적 갈등에서 비롯되는 진화의 세계를 보여주었다. 이는 도덕, 권력, 의미를 둘러싼 기존 규칙에 의문을 제기하며, 새로운 예술, 새로운 정치, 새로운 삶의 목적을 창조했다.

다윈의 혁신은 오늘날 현대 과학의 핵심이자 부정할 수 없는 현실이 되었다. 고등학교 교과서에서 배웠듯, 이 이론은 엄격한 과학적 데이터에 기반한 것이었다. 1850년대 말레이시아에서 10만 종의 곤충 표본을 조사한 박물학자 앨프리드 러셀 월리스Alfred Russel Wallace 역시 다윈과 비슷한 시기에 자연선택 이론을 발견했다.

하지만 다윈의 혁신은 불가피한 것이 아니었다. 뒷받침하는 증거가 기상천외했기에 다윈은 대중의 반발을 두려워하며 수십 년이나 공개를 주저했다. 괜한 우려가 아니었다. 마침내 논문을 발표한 후에도 그의 이론은 1870년대에 저명한 수학자 켈빈 남작Lord Kelvin(윌리엄 톰슨William Thomson)에 의해 반박되었고, 19세기 말까지 대부분의 과학자로부터 입증할 수 없는 이론으로 취급당했다. 다윈은 죽는 순간까지 자연선택을 믿었지만, 앨프리드 러셀 월리스에게조차 외면당했다. 1889년에 월리스는 저서 《다윈주의Darwinism》에서 이렇게 선언했다. "인간의 육체는 자연선택의 법칙에 따라 하등 동물에서 진화했을 수 있다. 하지만 … 우리가 지닌 지적 능력과 도덕적인 능력은 그런 방식으로는 결코 발달할 수 없으며, 반드시 다른 기원을 가져야만 한다."

다윈이 다른 상상을 하게 된 계기는 무엇일까? 그 시작은 역시나 아인슈타인과 잡스에게 영감을 준 이야기의 원천인 셰익스피어였다. 다윈은 학창 시절을 회상하며 이렇게 썼다. "학교 교실의 두꺼운 벽에 난 낡은 창가에 걸터앉아 셰익스피어의 역사극을 몇 시간씩 읽곤 했다." 그래서 다윈은 햄릿처럼 예외적 정보를 포착하는 자신의 능력에 자부심을 갖게 되었다. 그는 이렇게 말했다. "나는 남들이 쉽게 놓칠 수 있는 사소한 것들을 알아차리고 그것을 주의 깊게 관찰하는 능력이 보통 사람들보다 뛰어나다고 생각한다."

이 능력 덕분에 다윈은 많은 예외를 관찰하게 되었는데, 그중 하나가 토머스 맬서스Thomas Malthus였다. 맬서스는 18세기의 사제이자 아마추어 경제학자였다. 1798년에 그는 생물 개체군이 과잉 번식하면 식량 부족을 피할 수 없다고 주장했다. 간단히 말해, 부모가 자식을 너무 많이 낳을 경우 일부는 굶어 죽을 수밖에 없다는 뜻이다.

맬서스의 주장은 18세기 과학계가 인정한 법칙과 극명하게 충돌했다. 그 법칙이란 자연은 논리적으로 조화롭다는 것이다. 따라서 자연이 무고한 아이들에게 고통을 안겨준다는 것은 상상도 할 수 없다고 여겨졌다. 이런 법칙을 믿는 당대 지식인(캔터베리 대주교 같은 성공회 신자부터 카를 마르크스Karl Marx 같은 공산주의자까지) 대부분은 맬서스를 부정하고 그가 제기한 예외를 거부했다.

다윈은 달랐다. 그는 규칙과 예외 중 하나만 선택하지 않았다. 규칙과 예외 사이의 긴장을 유지하면서 새 법칙을 만들어냈다.

그 과정은 이렇다. 1831년 12월부터 1836년 10월까지 다윈은 비글호를 타고 전 세계를 탐험했다. 그 여정에 다윈은 셰익스피어 전집을 가져갔다. 남아메리카를 지나던 중 그는 갈라파고스에 사는 핀치새 무리를 보고 놀라움을 금치 못했다. 그곳의 핀치는 여러 종이었고, 각각 서식 환경에 딱 맞는 부리를 가지고 있었다. 견과류가 풍부한 환경에 사는 핀치의 부리는 열매를 깨는 데 적합하도록 넓고 뭉툭했다. 애벌레가 많은 환경에 사는 핀치는 이 먹잇감을 찌를 수 있는 길고 날카로운 부리를 지니고 있었다. 이런 현상은 자연이 조화롭게 질서를 이루고 있다는 기존 법칙을 확실하게 보여주었다.

하지만 2년 후인 1838년에 다윈은 맬서스를 만났다. 그리고 맬서스가 기존 규칙에 대한 예외를 정확히 포착했음을 깨달았다. 그 예외는 자손의 생산은 자연의 조화나 질서와 무관하다는 것이었다. 갈라파고스에 사는 핀치는 (지구의 다른 모든 종처럼) 새끼를 너무 많이 낳았다. 견과류든 애벌레든 새끼를 전부 부양하기에는 먹이가 부족했다.

어떻게 이런 일이 가능할까? 핀치의 부리는 환경에 놀라울 만큼 잘 맞춰져 있는데, 왜 그들의 번식 방식은 오히려 새끼들을 잔혹하고 필사적인 생존 경쟁 속으로 내몰았던 것일까?

예외와 규칙 사이의 충돌을 깨달은 다윈은 '왜'와 '만약에' 사이의 긴장에 집중했다. 다윈은 자연의 조화라는 오랜 규칙이 존재하는 이유를 다시 생각했다. 이 규칙 덕분에 갈라파고스 핀치는 각자의 환경에 적합한 부리를 갖고 있었다. 하지만 그는 또 이렇게 자문했다. '갈라파고스 핀치에게 자손을 마구 퍼뜨리게 하는 것도 자연이라면?

마침내 다윈은 새로운 법칙을 발견했다. 그 법칙은 "모든 자손은 서로 다르다"였다. 다시 말해 우리 모두는 각자 고유한 특성을 갖고 태어난다는 뜻이다. 갈라파고스 핀치의 경우, 부화한 새끼 중 일부는 부리가 길고 일부는 뭉툭하다. 전자는 애벌레가 많은 나무에서 살아가는 데 유리하고, 후자는 견과류가 많은 나무에서 살아가는 데 유리하다. 시간이 지남에 따라 이런 특성을 가진 어린 핀치들은 먹이 경쟁에서 형제자매를 누르고 살아남아 부모가 된다. 자연의 비정함으로 보이는 이 현상이 바로 생명이 지구의 다양한 서식지에 조화롭게 적응하게 된 이유이며, 자연의 질서라는 오래된 '왜'와 과잉 번식이라는 새로운 '만약에'를 결합시키는 것이다.

다윈은 자신의 새로운 법칙을 '특성 분화divergence of character'라고 불렀다. 문학에서 인물의 성격이나 운명이 서로 다르게 갈라져 나가는 과정도 특성 분화라고 한다는 것을 생각해보면 이보다 셰익스피어적인 법칙은 없을 것이다. 다윈이 비글호에서 읽은 역사극이 기존 연극의 해묵은 원형을 해체하고 보편적인 왕을 리처드 2세나 헨리 5세 같은 개인들로 대체했듯이, 다윈의 자연사 역시 영원불변한 생물학적 특성에 대한 기초 이론을 해체했다. 우리 각자는 세상이라는 진화하는 무대에서 고유한 역할을 맡았다. 우리 각자는 자신만의 이야기를 가지고 있다(2장 참조).

다윈의 법칙은 수십 년간 의심받다가, 20세기에 유전학의 발견으로 현대 진화 통합 이론이 생겨나면서 다시 주목받았다. 이 이론에 따르면 진화는 돌연변이 개체가 자신들의 예외적인 유전자를 더욱 발전시켜 획기적인 종으로 거듭난다. 즉 혁신적인 생명체가 탄생하는 것이다.

학창 시절 괴롭힘에서 배운 '적을 먹어치우는' 지혜

특수 요원들이 혁신을 일으키는 데 사용하는 세 번째 방법은 '적을 먹어치우는 것'이다.

"적을 먹어치우는 것은 고대의 전쟁 의식 중 하나입니다." 한 요원이 야외 훈련장을 안내하며 설명했다. 그곳에는 머리를 묶은 여성들이 500킬로그램에 달하는 철제 썰매를 끌고 있었다. "제 켈트족 조상들은 스톤헨지 시대에 그렇게 했죠. 적의 시신을 먹으면 그의 영혼을 흡수하고 그의 힘을 얻게 된다고 믿었어요."

훈련장 뒤편의 구식 주방에는 흰색 가루가 담긴 항아리 여러 개가 놓여 있었다. 나는 그 안에 요원들의 적들 중 누군가가 담겨 있나 싶어 불안하게 바라보았다.

"물론 지금은 비유적으로 하죠." 요원이 가루 한 숟가락을 스테인리스 셰이커에 넣고 차가운 비트 주스를 부었다. "적의 사고방식 중에서 가장 뛰어난 측면, 즉 그의 계획, 방법, 세계관을 흡수해 그것을 우리 행동의 일부로 만들죠."

그녀는 중학교 시절의 적을 예로 들었다. 착한 얼굴로 '못된 여학생들' 무리를 이끌던 문제아였다.

"그 애는 내 점심 도시락을 빼앗곤 했어요. 먹기 위해서가 아니라, 그냥 바닥에 던져버리려고요. 할머니에게 물려받은 목걸이를 낚아채 하수구에 던져버리기도 했어요. 그 애를 피하려고 별짓을 다 했지만 항상 나를 찾아냈어요. 그러다 깨달았죠. 그 애는 무리가 없으면 나보다 강하지 않다는 것을요. 그 애의 진짜 힘은 다른 아이들을 자기 편으로 끌어들이는 능력이었던 거예요. 그래서 나는 그 애의 힘을 내것으로 만들었어요. 저처럼 주로 혼자 다니는 외톨이들을 모은 뒤, 무리 지어 복도를 활보했더니 그 못된 아이가 다시는 나를 건드리지 않았죠."

그녀는 음료를 삼키며 말했다. "'적을 먹어치운다'라고 표현하는 이유는 마치 음식을 소화하듯이 적의 힘을 흡수하기 위해서예요. 혐오하는 대상처럼 변하는 것이 아니라 스스로의 힘을 키우자는 취지예요. 저는 그 못된 아이처럼 되지 않았어요. 그저 괴짜로 남았죠. 어쩌면 더 저다운 사람이 되었는지도 모르겠네요. 무리와 함께 있으면 겁먹지 않고도 원하는 만큼 이상해질 수 있었거든요."

이 요원처럼 적을 먹어치우기 위해서는 컴퓨터식 사고에서 벗어나야 한다. 컴퓨터식 사고는 적을 반대편이라고 가르치지만, 그렇게 생각하면 적의 본질을 알 수 없다. 적은 당신의 '반대'가 아니라, 당신과 마찬가지로 고유한 개인이다. 반대는 논리의 추상적인 영역에서만 존재한다. 현실 세계에서는 모든 것이 비대칭적으로 구별된다. 밤은 낮의 반대가 아니다. 그것은 톡특한 세계이며, 음파 탐지 능력을 지닌 박쥐나 동공이 큰 덤불쥐처럼 고유한 특징을 지닌 종들이 사는 곳이다.

그러니 흑백논리를 버리고 예외를 포착하는 눈으로 적의 특별한 점을 파악하자. 판단하지 말고 호기심을 갖자. 적이 다른 경쟁자들과 얼마나 비슷한지가 아니라, 적이 당신을 놀라게 하는 지점에 집중하자. '왜'는 미뤄두고 '무엇을'에 관해 질문하자(1장 참조).

적의 예외적 특성을 파악했다면, 당신의 조직이 지닌 예외성과 대조해보자. 두 가지 예외성을 머릿속에서 나란히 두자. 조직이 현재의 방식으로 운영되는 이유가 무엇인지를 유념하면서 경쟁사처럼 운영하면 어떨지 상상해보자. 이 긴장감을 활용해 경쟁사를 제압할 수 있는 새로운 전략, 제품, 서비스를 개발하자.

'당신의 적을 먹어치워라'의 고전적 사례는 제2차 세계대전에서 미국에 패배한 후 일본 산업이다.

- 일본 산업계는 미국의 예외적 특성을 '혁신을 촉진하는 민주적 개인주의'로, 일본의 예외적 특성을 '청렴·예의·명예를 중시하는 신新 무사도 문화'로 파악했다.
- 일본 산업계는 근로자의 개별적인 주도성을 이끌어내면 혁신을 이룰 수 있지 않을까 생각했다. 한편으로 무사도 문화의 존재 이유를 떠올렸다. 바로 불량률이 낮은 고품질 제품을 생산하는 것이었다.
- 이런 '왜'와 '만약에'를 결합한 일본 산업계는 유연한 분산화(개

인의 주도성을 장려)와 엄격한 청렴성(고품질 추구)을 융합한 조립 라인을 구축해 1970년대 미국 시장을 강타한 혁신적이면서도 신뢰할 수 있는 차량을 생산했다.

'당신의 적을 먹어치워라'의 더 고전적인 사례는 1594년 런던에서 설립된 극단 '체임벌린 경의 사람들Lord Chamberlain's Men'이다. 이 극단의 단원 중에는 윌리엄 셰익스피어라는 젊은 극작가가 있었다. 그는 1590년대 초에 《실수 연발》,《타이터스 앤드로니커스》,《헨리 6세》를 써서 제법 인기를 얻었다. 한편 이 극단의 라이벌은 같은 도시에서 활동하던 '제독의 사람들Admiral's Men'로, 역시 젊은 극작가인 크리스토퍼 말로Christopher Marlowe 덕분에 큰 성공을 거두고 있었다.

- '체임벌린 경의 사람들'은 말로의 경쟁 작품에 드러나는 예외적 특성을 탬벌레인 대왕, 포스터스 박사, 몰타의 유대인처럼 '강한 존재감을 지닌 반영웅'으로 보았다. 모든 장면을 압도하며 극을 장악했다. 그리고 자기 극단 소속인 셰익스피어 희곡의 예외적 특성은 '다채롭고 별난 등장인물'로 파악했다.
- '체임벌린 경의 사람들'은 말로의 반영웅처럼 무대를 주름잡을, 매력적이지만 심각한 결함이 있는 인물을 내세우면 어떨까 하고 생각했다. 그러면서도 청중이 셰익스피어의 앙상블 방식을 좋아하는 이유를 떠올렸다. 그들의 요란하고 다양한 에너지가 즉흥적인 생동감을 만들어내기 때문이었다.

- 이런 '만약에'와 '왜'를 결합해 '체임벌린 경의 사람들'은 셰익스피어의 《리처드 3세》를 무대에 올렸다. 관객의 열광적인 반응에 힘입은 극단은 계속해서 강력한 중심인물과 다채로운 조연들을 대립시키는 방식을 추구했고, 그 결과 셰익스피어의 《헨리 5세》와 《햄릿》 같은 불후의 걸작이 탄생했다.

경쟁자의 능력을 더 많이 흡수할수록 혁신의 속도도 빨라진다. 경쟁자가 없더라도(모든 경쟁자를 먹어치웠거나 경쟁보다 협업을 선호하더라도) 이 방법을 사용할 수 있다. 한 가지만 변형을 주면 된다. 카를 폰 클라우제비츠Carl von Clausewitz처럼 조직 내부에서 실행하는 것이다.

AI를 매번 이기는 인간 팀의 비밀 무기

클라우제비츠를 처음 내게 알려준 사람은 펜타곤 인근 포토맥강가에 위치한 기밀 시설에서 근무하는 특수부대 장교였다. 그는 디지털 잠금장치를 열고 비밀 임무를 위한 실험 장비가 가득한 기술의 방으로 나를 안내했다. 나는 다양한 장비들에 매료되었지만 가장 흥미로운 것은 컴퓨터였다.

그 컴퓨터는 군사용 인공지능이었다. 현존 인물과 고인을 가리지 않고 세계 최고 장군들의 전략을 모두 기억하고 있으며, 초당 10억 개의 결정을 내릴 수 있었다. 또한 제3차 세계대전에 대한 최적의 해법도 가지고 있었다.

"정말 똑똑한 기계죠." 장교가 고개를 끄덕였다. "하지만 우리 팀이 이 컴퓨터를 이겼습니다."

놀라웠다. "당신네 팀이 컴퓨터를 이겼다고요?"

"우리 팀이 이겼어요. 매번 이겼죠."

나는 더더욱 놀랐다. 초지능 AI가 인간 팀에게 매번 진다고?

"우리 팀은 AI를 상대로 전쟁 게임을 치르면 치를수록 더 크게 승리합니다. 우리는 AI가 인간과 경쟁하면 더 발전할 거라고 생각했는데, 정반대의 결과가 나왔죠. 인간은 계속 진화하는 반면에 컴퓨터는 점점 더 예측 가능해지고 있습니다."

"컴퓨터의 잘못이 뭐라고 보세요?"

장교가 슬며시 웃었다. "컴퓨터는 잘못이 없어요. 컴퓨터가 할 수 없는 일을 우리 팀이 하고 있을 뿐이에요."

"그게 뭡니까?"

"주도권을 잡는 겁니다. 컴퓨터는 과거의 전략을 재활용할 수밖에 없습니다. 과거의 전술들을 무작위로 섞어서 근본적인 것처럼 보이게 만들죠. 하지만 새로운 것은 하나도 없어요. 심오한 혁신도 진정한 놀라움도 없습니다. 겪어볼수록 예측이 더 쉬워져요."

"그러면 전쟁 게임에서 인간은 예측할 수 없는 완전히 새로운 전략을 생각해낸다는 뜻인가요?"

"네, 하지만 진짜 흥미로운 점은 따로 있어요. 컴퓨터가 개인을 이길 수는 있어도 인간 팀은 절대 이길 수 없다는 겁니다."

그 점이 그토록 흥미로운 이유가 뭔지 이해할 수 없었다. "팀이 개인보다 똑똑한 건 당연하잖아요?"

"그렇지 않습니다. 전쟁 게임에서는 개인이 팀을 능가하는 경우가 많습니다. 팀은 비효율적이고 단결도 쉽지 않죠. 적군이 신속하고 목표지향적으로 움직이는 동안 그들은 서로 다투고 의견 충돌을 일으킵니다. 군사 조직이 한 사람의 지휘를 받는 상명하달식 위계 구조를 갖는 이유이기도 하죠. 두 사람의 지휘관이 동시에 명령을 내리면 적과 싸우는 것이 아니라 자신과 싸우게 되죠."

"하지만 장교님의 팀은 다르다고요?"

"그렇습니다. 우리 팀은 따로, 또 함께 생각할 수 있어요. 각자의 고유한 시각을 하나의 조화된 지능으로 융합해 독창적인 전략 규칙을 만들어낼 수 있습니다. 전략의 독창적인 규칙을 만들어내는 거죠. 이런 규칙은 전장에서 할 수 있는 일을 근본적으로 바꾸기 때문에 기존 전쟁사마저 고루하게 만듭니다."

특수부대가 전쟁 게임에서 항상 컴퓨터를 이기는 이유가 바로 이것이다. 컴퓨터는 규칙을 완벽히 익히지만, 팀은 지성을 모아 규칙을 다시 만들 수 있다. 컴퓨터가 전투를 최적화한다면, 팀은 전투를 혁신한다.

"어떻게요?" 나는 알고 싶었다. "당신의 팀은 어떻게 게임을 바꾸는 새로운 규칙을 만듭니까? 혁신의 비결이 뭔가요?"

"클라우제비츠의 책을 읽는 게 그 비결입니다."

나폴레옹을 이긴 클라우제비츠의 집단 지성 실험

클라우제비츠는 1780년 돌탑이 즐비한 프로이센 중부의 들판에서 태어난 프로이센군 장교였다. 그를 존경하는 특수 요원들은 내게 '그의 굉장한 저서'를 연구해보라고 권했지만 나는 내키지 않았다. 클라우제비츠는 해골 표식을 단 군국주의를 위해 싸운 인물이었기 때문이다. 그 해골 문양, 즉 토텐코프Totenkopf는 훗날 아돌프 히틀러의 준군사조직인 슈츠슈타펠SS로, 나치 친위대의 악명 높은 상징이 되었다.

하지만 결국 나는 클라우제비츠의 책을 읽기 시작했다. 놀랍게도 그 책은 개인이 가진 창의성의 힘을 설파하고 있었다. 더 놀라운 사실은 클라우제비츠도 아인슈타인, 스티브 잡스, 다윈처럼 셰익스피어 애독자였다는 것이다.

클라우제비츠는 독일의 낭만주의자 요한 볼프강 폰 괴테Johann Wolfgang Von Goethe와 알렉산더 폰 훔볼트Alexander Von Humboldt를 통해 셰익스피어에게 관심을 갖게 되었다. 이 낭만주의 작가들에게 깊은 영향을 미쳤다는《햄릿》을 그도 읽고 싶어졌다. 독일어 번역본도 있었지만, 원문으로 읽고 싶었던 클라우제비츠는 1824년 런던에서 발간된《셰익스피어 희곡집》의 영어판을 구입해 개인 서재에 보관했다. 셰익스피어와 그의 낭만주의 추종자들에게 영감을 받은 클라우제비츠는 새로운 전쟁 이론을 도출했다.

기존 이론에 따르면 전투의 승리는 수학과 데이터를 바탕으로 한

의사결정, 논리적 작전의 결과물이었다. 이런 이론은 18세기 계몽주의 철학과 나폴레옹에 의해 확립되었다. 1769년에 출생한 나폴레옹은 프랑스 포병 장교로, 코르시카 억양에 촌스러운 머리 모양을 하고 있었지만, 군사 전략을 세우는 능력이 탁월했다. 그는 수많은 전투에서 상대를 철저한 계산력으로 압도해 승리를 거뒀고, 결국 전쟁을 오류 없는 과학의 경지로 이끌었다는 명성을 얻었다.

나폴레옹의 전쟁 과학은 1806년 10월 14일에 벌어진 예나-아우어슈테트 전투를 계기로 클라우제비츠에게 깊이 각인되었다. 이날 나폴레옹이 프로이센을 제압하고 붙잡은 2만 5천 명의 포로 중에는 26세의 클라우제비츠도 있었다. 클라우제비츠는 10개월 동안 프랑스에서 포로로 지낸 후, 프로이센으로 돌아와 군대를 재건하고 나폴레옹에 대한 반격에 나섰다. 처음에는 무의미한 시도로 보였다. 그러나 마침내 전세가 뒤집혔고, 1815년에 워털루에서 프로이센 동맹군은 나폴레옹 군대를 격파했다.

계몽주의 군사 이론가들은 프로이센이 나폴레옹의 보편적 과학을 능가하여 전투에서 승리했다고 추론했다. 클라우제비츠는 여기에 동의하지 않았다. 셰익스피어와 낭만주의자들에게 영감을 받은 그는 개인의 심리와 성향을 중시하게 되었다. 병사들에게 명령을 따르도록 엄격히 훈련시킨 나폴레옹의 군대에서는 이런 심리가 고려되지 않았다.

하지만 클라우제비츠는 군대가 아무리 철저히 명령대로 움직여도, 지휘관 한 사람만은 독립적 사고를 유지했다. 지휘관은 군대의 전체 계획을 책임졌고, 두 지휘관의 계획이 일치하는 경우는 거의 없었다. 그들은 같은 전장에서 다른 기회를 인식했다. 각자 승리로 가는 다른 길을 찾았다.

논리적으로는 지휘관 한쪽 또는 양쪽 모두가 틀렸다는 뜻이다. 하지만 클라우제비츠의 관점은 달랐다. 가장 뛰어난 계획은 논리적이지 않다고 보았다. 논리적인 계획은 예측 가능하기 때문이다. 오히려 독창적인 계획, 주도권을 쥐고 상대를 깜짝 놀라게 하는 계획이 최고였다.

1820년대에 클라우제비츠는 《햄릿》을 읽으며 독창적인 계획에 대한 자신의 견해를 노트에 기록했다. 그러다 문득 영감이 떠올랐다. 독창적 계획의 실용적 가치를 종이 위에서 주장하는 데 그치지 말고 실행에 옮길 수 있다면? 더 많은 독창적 계획을 만들어내는 조직을 세워 이 가설을 실제로 검증할 수 있다면?

검증을 위해 클라우제비츠는 프로이센 군사학교에서 실험을 구상했다. 이 학교는 논리에 기반한 기관으로, 군 참모 장교들을 지휘관이 내린 합리적 결정을 집행하는 관료로 훈련시키는 기관이었다. 클라우제비츠는 이러한 관행을 개혁해 참모 장교들이 서로의 예외적 특성을 활용해 혁신을 추진하게 하는 교육 과정을 도입했다. 훈련 내용은 이런 식이었다.

- 두 팀으로 나눈다. 각 팀은 독립적으로 미래 계획을 수립한다.
- 두 팀이 모여 계획을 공유한다. 계획의 우열을 따지거나 둘 중

하나를 선택하는 대신 계획을 서로 교환한다. 각 팀은 상대 팀의 계획에서 예외성을 찾고 그것을 발전시켜 혁신안을 만들어 낸다.
- 두 팀이 다시 모인다. 이번에도 둘 중 하나를 선택하지 않고, 두 가지 혁신안을 다 받아들여 대립시킨다. 긴장 상태를 이용해 둘의 장점을 모두 결합한 최종 계획을 도출한다.

간단히 말해, 각 팀이 서로를 삼키게 하는 것이다. 그런 다음 조직이 그 둘을 삼킨다.

나폴레옹을 숭배하는 전통주의자들은 이 선구적인 접근방식을 우려했지만, 클라우제비츠의 제자 헬무트 폰 몰트케Helmuth von Moltke는 그 효과를 실제 전장에서 검증했다. 몰트케는 1823년부터 1826년까지 3년 동안 클라우제비츠 밑에서 수학했다. 1830년 클라우제비츠가 콜레라로 갑작스레 사망하자, 몰트케는 프로이센 육군의 참모총장이 되었다. 그는 클라우제비츠의 방법을 적용해 참모들이 서로의 계획을 삼킴으로써 상상력을 키우는 집단 지성을 이루게 했다.

이 집단 지성은 1866년에 경쟁 국가인 오스트리아 제국에 이어 1870년 나폴레옹 3세의 침략에 맞서 싸울 때 발휘되었다. 몰트케의 부하들은 놀라운 속도로 두 차례 전쟁에서 승리를 거두었다. 완벽한 승리를 거둔 몰트케가 전설적인 명성을 얻자, 그 후 20년 동안 어떤 유럽 국가도 감히 그의 집단 지성에 도전하지 못했다. 88세의 나이로

은퇴할 때까지 그는 17년간 평화를 유지했다. 클라우제비츠의 독자적 실험이 가져온 성과였다.

클라우제비츠가 세상을 떠난 후, 아내 마리 폰 브륄Marie von Brühl은 그가 남긴 글을 모아 《전쟁론》으로 알려진 방대한 책을 발간했다. 19세기와 20세기 초반까지 이 책은 난해하지만 흥미로운 호기심의 대상으로 취급되었지만 최근 75년 사이 미국 특수부대의 교본이 되었다.

미국 특수부대의 교본이라고? 내가 볼 때 이 사실은 매우 변칙적이었다. 클라우제비츠의 제자들은 나폴레옹 3세의 군대와 싸웠을 뿐 아니라 독일 제국군을 지휘하기도 했다. 그리고 20세기 들어 독일군은 미국에 맞서 두 차례 세계대전을 치렀다. 클라우제비츠의 책은 수천 명의 미국을 죽음으로 몰아넣은 전투 세력을 길러낸 책이었다.

"클라우제비츠는 우리의 적입니다." 요원들은 입을 모았다. "그래서 우리는 그를 먹어치웠습니다."

"클라우제비츠를 먹어치웠다고요?"

"네, 이건 단순한 해킹이 아니에요. 그라인딩도 아니고요. 우리 시스템의 밖으로 나가 전혀 다른 사고방식을 과감하게 흡수한 거예요."

그래서 이 방법은 미래를 더 똑똑하고, 더 빠르고, 더 크게 만든다.

6장 [회복탄력성]
위기를 반전시키는 힘

클리닉 환자와 3학년 학생처럼
반취약성을 키워라

그 환자는 기적이나 다름없었다. 몇 달 전, 그는 미국 남부 어느 호숫가에 위치한 클리닉에 입원했다. 그와 함께 들어온 다른 환자 10여 명도 모두 같은 증상을 겪고 있었다. 바로 목적의식을 잃은 것이었다. 이들에게는 삶의 방향도, 내면의 나침반도, 아침에 눈을 뜰 이유도 없었다. 한 사람은 이런 말까지 했다.

"내 삶은 지루하기 짝이 없는 꿈 같아요. 진짜처럼 느껴지지도 않고, 별로 흥미로운 것도 없어요. 한때는 바꾸게 해달라고 기도도 했지만 이제는 정말 신경 쓰지 않아요."

클리닉에 오기 전에 환자들은 마음챙김, 명상, 긍정적인 생각 등 뭐든 시도해봤지만 다 소용없었다. 이제 환자들은 이곳에서 다른 시도를 할 참이었다. 바로 '일기 쓰기'였다. 볼펜과 스프링노트를 들고 이른 아침부터 늦은 오후까지 소나무 테이블에 앉아 생각을 기록했다. 머릿속에 떠오르는 모든 것을 적었다.

환자들은 일기 쓰기가 효과가 있을 거라 믿지 않았다. 실제로도 효과가 없었다. 환자들은 멍하니 무심한 태도를 유지했다. 딱 한 사람만 빼고. 그는 일기에 이야기를 썼다. 그리고 그 이야기는 목적의식을 되살리는 큰 변화를 가져왔다. 그는 새로운 사업을 계획했고, 연인에 대한 사랑을 되찾았으며, 아이들을 보고 기쁨을 느꼈다.

클리닉 직원들은 기뻐했다. 엄청난 성과라고 여겨 이 환자의 이야기를 다른 환자들과 공유했다. 하지만 효과가 없었다. 그래서 직원들은 그 이야기를 면밀히 관찰했지만 특별한 점은 보이지 않았고, 그 수수께끼를 풀고자 내게 연락했다.

PTSD 없는 특수 요원에게 숨어 있는 반취약성의 비밀

나는 환자의 이야기에 즉시 흥미를 느꼈다. 그 이야기가 또 다른 수수께끼인 반취약성antifragility과 관계가 있음을 알게 되자 더 큰 호기심이 생겼다.

나는 한 특수 요원이 "저는 외상후스트레스장애post traumatic stress disorder(PTSD)를 겪은 적이 없어요"라고 말하는 것을 보고, 처음으로 반취약성에 대해 관심을 가졌다. 그는 대수롭지 않다는 투로 말했지만 사실은 매우 이례적인 현상이었다. 대부분의 요원은 PTSD를 경험한다. 그것도 아주 심하게. 임무 실패로 불에 타 죽은 동료들의 녹음된 음성을 강박적으로 듣는 요원도 있다. 산부인과 병동에 대한 트라우마가 있는 요원은 이렇게 말하기도 했다. "군대는 군인들에게 미리 알려줘야 해요. 갓 태어난 아기에게서 사람 내장과 똑같은 냄새가 난다는 사실을요." 사무실에 돌아와 네 딸의 사진에 입을 맞춘 다음, 권총을 뽑아 든 채 국기 앞에 경례를 하고 스스로 목숨을 끊은 요원도 있다.

PTSD를 겪은 적이 없다는 요원은 비정상적으로 높은 수준의 전투 스트레스를 겪었다. 그는 10년 이상을 전쟁터에서 보냈다. 자살폭탄 테러범으로부터 기습을 당하고 수류탄 공격을 받았다. 근거리에서 기관총을 맞았고, 동료들의 죽음을 목격했다. 하지만 전쟁 경험이 되살아나는 어떤 플래시백도 경험하지 않았다. 번잡한 도심지에서 교통 체증으로 꼼짝 못하고 있을 때도 저격수가 어디에 숨어 있을지 상상하며 불안에 떨지 않았다. 악몽으로 땀에 흠뻑 젖은 채 깨어나는 일도 없었다. 그는 술에 의존하지 않았고 케타민, 환각제, 항우울제도 복용하지 않았다.

"사람들은 내가 기적인 것처럼, 아니면 뇌 일부가 없는 것처럼 말하죠. 하지만 의사 말로는 중요한 기억은 모두 있다고 해요."

그는 전쟁 경험을 이야기할 때 편안하다 못해 유쾌해 보인다. 적에 대한 분노는 없고 존중만 있다. 다시 전투에 투입될지 모른다는 생각에도 긴장하지 않는다. 첫 파병 때만큼이나 정신적으로 건강하다. 사실은 더 건강하다. 그는 관점이 넓어졌고, 자신감이 커졌으며, 삶의 목적의식도 깊어졌다.

이것이 반취약성이다. 그것은 상처받은 후에 더 강인해지고, 경험이 쌓일수록 사랑이 깊어지는 정신의 힘이다. 실수를 통해 지혜를 얻고, 실패를 교훈 삼아 더 강해지는 지성의 힘이다. 그리고 무엇보다 하루 종일 달리고 넘어지기를 반복하면서도 다음 날 아침이면 아무렇지 않게 다시 일어나 또다시 달려나가는 아이의 힘이다.

반취약성은 불가능한 능력처럼 보일 수 있다. 하지만 우리 모두 내면에 그런 능력을 갖고 있다. 반취약성이 비현실적으로 보이는 유일한 이유는 우리 대부분이 나이를 먹으면서 이 능력을 점점 잊어버리기 때문이다. 나이가 들면서 우리의 회복탄력성은 약해진다. 우리는 힘든 것에 도전하려는 갈망을 잃는다. 회복하지 못하고 고통을 받는다.

이런 현실은 달라질 수 있을까? 우리 모두가 이 특수 요원처럼 될 수 있을까? 태어날 때부터 지녔던 정신적 탄력성을 유지할 수 있을까? 끊임없이 싸우면서도 실망하거나 좌절하지 않을 수 있을까? 언제나 젊은 마음으로 노력할 수 있을까?

그렇다고 믿고 싶다. 하지만 그 특수 요원은 나를 혼란에 빠뜨렸다. 나는 그의 비밀을 알아낼 수 없었다. 그러다가 그 클리닉 환자의 이야기를 통해 깨달았다. 요원의 비밀은 사실 두 가지이며, 각각 그의 정신에 대한 이야기의 서로 다른 부분과 관계가 있다는 것을.

이 요원의 정신적 이야기는 통합된 과거와 분화된 미래를 보여준다.

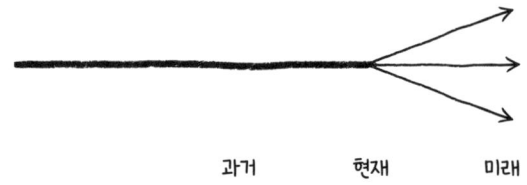

2장에서 확인했듯이 이 형태는 장기적 방향과 단기적 유연성을 결합한다. 하지만 전쟁이라는 극심한 압박을 받고 있어, 미래를 '도피냐 투쟁이냐'로 좁히고, 과거를 슬픔과 수치심으로 조각낸다.

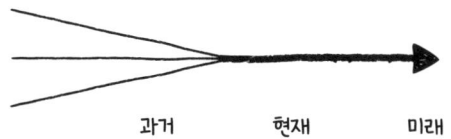

이것이 전투 PTSD의 형태다. 군인들이 장기 계획을 세우는 것을 방해하고, 융통성을 잃은 채 현재에 분노하기 쉽게 만든다.

이 특수 요원은 반취약성을 얻기 위해 두 번째 이야기를 첫 번째 이야기로 뒤집는 법을 배웠다. 즉 전장의 트라우마를 인생의 목적과 적응력으로 전환한 것이다. 그는 두 가지 고유한 방법을 통해 이를 달성했는데, 그중 첫 번째 방법은 클리닉 환자의 수수께끼 같은 이야기에 담겨 있다.

해리 상태에서 벗어나게 한 마지막 이야기의 힘

그 이야기는 환자의 일기 마지막 장에 적혀 있었다. 하지만 일기의 앞 페이지에도 다른 이야기가 가득했다. 환자의 남동생이 스스로 목숨을 끊은 사건, 고교 시절 연인의 배신, 환자 자신의 알코올 중독 경험 등 대부분 비극적인 내용이었다. 하지만 고통스러운 이야기인데도 별 감정을 드러내지 않은 채 사실 그대로 서술하고 있었다. 흡사 로봇이 쓴 과학 보고서나 사례 기록처럼 읽혔다.

클리닉 직원에게 들은 바에 따르면, 환자가 해리dissociation를 앓고 있기 때문이었다. 해리는 말 그대로 단절이나 분리를 의미한다. 우리의 마음이 세상이나 자기 자신으로부터 분리되는 것이다. 해리는 우리가 부정적인 충격을 경험할 때 자연스레 발생한다. 그 충격은 이 환자가 일기에 쓴 것처럼 비극적인 사건일 수 있지만 일상적인 일일 수도 있다. 예기치 못한 지출, 틀어진 친구 관계, 공개적인 실수 등이 그 예다.

부정적 충격은 실망, 역겨움, 공포, 죄책감, 괴로움 같은 심적 고통을 일으킨다. 하지만 고통이 닥치기 전에 우리의 정신이 충격을 느낀다. 갑자기 삶이 비현실적으로 느껴진다. 자연스레 행동에 몰입하지 못하고, 사건들이 저만치 떨어진 텔레비전 화면에서 흘러가는 것처럼 느껴진다. 이렇게 경직된 단절 상태가 바로 해리다. 부정적 충격이 우리 뇌에 '세상의 규칙은 내가 알던 것과 다르다'라고 신호를 던지기 때문에 나타나는 현상이다.

해리는 위기와 실패에 대한 정상적인 반응이다. 뇌를 기존의 세계관에서 분리하고 새로운 삶의 규칙을 개발할 공간을 제공함으로써 우리의 성장을 돕는다. 하지만 해리는 건강에 해로울 수도 있다. 우리 뇌가 새로운 규칙을 스스로 개발하지 못할 때 특히 그렇다. 뇌가 상상하는 새 법칙이 너무 음침하고 우울하고 허무해서일지도 모른

다. '세상은 악한 곳이다. 삶은 무의미하다. 나는 구제불능이다.'

아니면 뇌가 새로운 규칙을 아예 상상하지 못하기 때문일 수도 있다. 어느 쪽이든 우리의 뇌는 부정적인 충격을 학습이나 적응의 기회로 바꾸는 법을 모른다. 그래서 슬픔이나 수치심에 시간을 허비하기보다는 삶에서 뚝 떨어져 있기로 결정하고, 사건들을 관찰하되 감정적으로 경험하지 않는다.

이런 정신의 무감각 상태는 결코 즐겁지 않다. 사실 이런 상태는 기쁨의 부재가 특징이다. 기쁨을 느끼려면 삶에 대한 애착이 필요하다. 정신의 무감각 상태는 좀비처럼 존재하는 것이지만, 우리 뇌는 고통 속에서 사는 것보다는 그런 상태를 선호한다. 그렇기 때문에 해소되지 않은 슬픔과 수치심은 약물 사용을 부추긴다. 상처받는 데 지친 우리의 뇌가 술이나 약물에 의존하기 시작하면 해리는 더 심해진다.

해리가 오래 지속될수록 이 상태가 정상처럼 느껴진다. 하지만 장기적 해리는 정상이 아니다. 우리 뇌는 삶이라는 모험이 주는 황홀한 전율을 만끽하기 위해 존재한다. 그 환자는 이를 인지하고 알코올 중독 치료를 받기로 했다. 하지만 술을 끊었는데도 별로 달라지지 않았다. 여전히 일에도 인간관계에도 의욕이 생기지 않았다. 그는 매일 아침 일찍 일어나서 아이들에게 아침을 차려주고 사무실로 차를 몰았다. 그렇게 해야 한다는 것을 이성적으로 알고 있었기 때문이다. 하지만 그저 그 행동을 반복할 뿐, 기쁨이라고는 느낄 수 없었다. 마치 유령이 된 기분이었다고 그는 말했다.

그 무렵 그는 긍정적 사고와 마음챙김을 시도했다. 석 달 동안 날마다 명상에 몰두했다. 효과는 전혀 없었다. 상태가 나아지지 않자 그는 점차 삶의 의미를 되찾겠다는 희망을 버렸다. 몇 시간을 홀로 앉아 창밖을 응시하기도 했다. 파티에 가서 겉으로는 웃으면서도 속으로는 이렇게 생각했다. '이게 다 무슨 짓인지. 다들 여기서 뭐 하는 거야? 전부 가식이잖아. 서로 아무 관심도 없으면서.' 그는 자신이 점점 망가지고 더 있다고 느꼈다.

이 환자는 해리 상태에 빠졌을 뿐 망가진 것이 아니었다. 술을 끊어 삶과 다시 연결되는 것을 방해하는 장애물을 제거했다. 하지만 다시 연결될 수는 없었다. 마음챙김, 명상, 긍정적인 사고를 통해 좀 더 현재에 충실해질 수 있다는 말을 들었지만, 그런 방법도 도움이 되지 않았다. 그것들이 도움이 되지 않는 데는 타당한 이유가 있었다. 마음챙김과 명상은 부정적인 생각을 멈추게 하는 메타인지 metacognition(자신의 인식과 사고 과정을 객관적으로 인식하고 조절하는 능력-옮긴이) 기술이다. 다시 말해 해리를 오히려 촉진한다. 환자의 근본 상태를 완화하는 것이 아니라 오히려 악화시킨다. 긍정적 사고도 마찬가지다. 살면서 경험한 부정적인 사건들로부터 주의를 돌리도록 격려함으로써 환자를 자기 인생에서 분리시킨다.

환자가 처음 클리닉에 왔을 때는 만성적인 단절 상태였다. 그래서 일기의 첫 부분에 감정이 전혀 담기지 않은 이야기를 기록했다. 그렇다면 마지막 이야기는 무엇이 달랐을까? 어떻게 갑자기 목적의식을 갖게 되었을까?

행운의 반전이 뇌에 일으키는 경이로움의 기적

환자가 일기에 쓴 마지막 이야기에는 앞선 이야기에도, 다른 환자의 일기에도 없는 서사적 요소가 담겨 있었다. 그 요소는 바로 '행운의 반전fourtunate plot twist'이었다. 삶이 엉망일 때 환자에게 뜻밖의 좋은 일이 일어났던 것이다.

반전이 중요한 이유는 뇌에 '경이wonder'라는 특정 효과를 일으키기 때문이다. 경이는 긍정적 충격으로, 해리를 유발하는 부정적 충격과 정반대다. 종교 귀의 같은 영적 경험이 주는 감정, 새로 태어나는 듯한 느낌이다.

소설이나 영화 속 반전에서 경이로움을 느끼면 잠시 행복해지지만, 우리 자신의 삶 속 서사에서 경이를 이끌어내면 인생 자체에 변화를 가져올 수 있다. 부정적인 사건에서도 긍정적인 결과를 얻을 수 있다는 사실을 경험으로 알게 되면, 뇌는 나쁜 일을 좋은 것으로 바꾸는 법을 터득한다. 해리를 일으킨 슬픔과 수치심은 경외심으로 승화되어 과거를 통합한다. 2장에서 살펴본 것처럼, 통합된 과거는 뇌에 장기적인 추진력을 제공한다. 그것은 곧 우리의 '왜'가 되어 하루하루의 삶에 목적을 부여한다.

이 환자에게 반전은 바로 이런 역할을 했다. 반전은 긍정적일 뿐 아니라 충격이기도 하므로, 긍정적 사고와는 다르게 작동한다. 긍정적 사고는 뇌가 아직 믿지 않는 것을 억지로 믿게 하려는 시도다. 그래서 뇌의 실제 경험과 무관하거나 심지어 충돌하기도 한다. 뇌가 어떤 경험을 잊고 싶어할 수는 있지만, 경험을 부정하는 것은 자기 진실을 부정하는 일이며 진정한 기쁨이 없는 인위적인 행복에 머무르는 것이다.

긍정적인 충격은 다르게 작동한다. 충격은 뇌에게 현재의 믿음이 부적절하다는 사실을 깨닫게 하는 무의식적 반응이다. 결국 믿음이 적절하다면 뇌는 충격을 경험하지 않을 것이다. 반전을 설명하려면 뇌는 새로운 믿음에 열려 있어야 하며, 충격이 긍정적이면 그 믿음도 긍정적일 것이다. 이 환자의 경우, 새로운 믿음은 인생이 비참하거나 무의미하거나 기계적이기만 한 것이 아니라 아름다울 수도 있다는 것이었다.

그런 반전을 일으킨 건 무엇이었을까? 환자의 해리를 뒤집고 삶의 목적을 되살린 일기 속 이야기는 무엇이었을까? 알아봤자 당신에게는 별 도움이 되지 않을 것이다. 이 환자의 이야기가 병원의 다른 환자들에게는 도움이 되지 않았다는 사실을 기억하는가? 타인의 긍정적 충격에 대해 듣는다고 자신에 대한 이야기가 바뀌는 건 아니다. 동기 부여 강연, 자서전 형식의 자기계발서, 감동적인 영화가 인생의 목적의식에 지속적인 영향을 주지 못하는 이유다. 사실 이런 매체들은 해리를 더 부추겨 뇌가 어려움을 극복하려면 다른 사람처럼 행동해야 한다고 느끼게 만든다.

그 환자처럼 자신의 과거를 되짚으며 인생이 당신을 놀라게 한 순간이나 당신이 스스로를 놀라게 한 때를 살펴야 지속적인 변화가 가능하다. 그런 순간은 크고 극적인 사건일 수도 있지만, 대부분은 어린 시절에 날마다 겪던 경험, 이를테면 새 친구를 사귀거나 새로운 것을 배우는 등의 경험이다.

그 순간들을 떠올릴 때 중요한 것은 '그 충격에 집중하는 것'이다. 충격은 기억이 뇌에 경이를 불러일으킨다는 신호다. 경이가 길고 강렬할수록 과거의 균열은 통합되어 과거의 어려움에서 만들어진 장기 목적이 강화된다.

나는 이 방법을 클리닉 직원에게 설명한 후, 심각한 PTSD를 겪고 있는 특수 요원들에게도 알려주었다. 요원들은 이런 질문을 조심스레 던졌다. "우리 뇌는 왜 그런 식으로 작동하나요? 긍정적인 충격이 이미 뇌에 있는데도 의식적으로 떠올려야 하는 이유는 무엇인가요? 긍정적인 반전이 이미 내 인생의 일부라면 왜 그것을 내 삶의 이야기로 만들려는 노력을 해야 하나요?"

답은 우리의 감정에 있다.

진짜 부정에서 진짜 긍정이 나온다

감정은 부정적일 때 더 강렬하다. 부정적 감정은 자기보호를 위해 진화했으며, 우리의 뇌는 목적보다 안전을 중요하게 여긴다. 많은 요원이 임무를 수행하고 무사히 귀국하고 나서 자살 충동에 시달리는 것도 그 때문이다. 전투에서는 부정적 감정이 목숨을 구했지만, 그들은 긍정적 감정을 잃었기 때문에 '가짜 긍정'과 '진짜 부정'이라는 두 가지 상태를 오락가락하게 된다.

가짜 긍정 상태일 때 요원들은 좋은 부모이자 배우자처럼 연기하며 행복한 척하지만 공허함을 느낀다. 진짜 부정 상태일 때는 수치심과 슬픔에 짓눌린다. 자신이 무가치한 존재이고, 세상이 곧 망할 거라고 확신한다.

요원들이 진짜 부정에 대한 도움을 구할 때, 일반적으로 인지행동치료인 CBTCognitive Behavioral Therapy가 처방된다. CBT는 1950년대에 펜실베이니아대학교의 심리학자 에런 벡Aaron Beck이 개발한 치료법이다. 그는 환자가 부정적인 생각을 의식적으로 억누르면 우울증이 완화된다는 사실을 깨달았다. 이후로 CBT는 보험 적용을 받는 주요 심리 치료법이 되었다. 현역 군인과 퇴역 군인에게 권장되는 비약물 치료법이기도 하다.

CBT의 효과는 정확히 에런 벡이 발견한 대로다. 하지만 요원들이 지적했듯이, CBT에는 두 가지 한계가 있다. 우선, 요원들이 부정적인 생각을 신뢰한다는 사실을 간과한다. 부정적인 생각은 경계심과 상식을 높여 요원과 동료들을 전투에서 구해냈다(4장 참조). 따라서 요원들에게 부정적인 생각을 하지 말라고 조언하는 것은 어리석으며, 위험하기까지 하다. 그들은 부정적일 때 더 안전하다고 느낀다.

CBT의 두 번째 한계는 부정적인 생각을 차단해도 사랑, 기쁨 같은 긍정적인 감정이 생기지는 않는다는 점이다. 요원들은 긍정적인 감정을 갈망해 부정적 사건을 부지런히 재구성하며 긍정적인 면을 찾는다. '아픈 경험이지만, 나 자신에 대해 깨닫는 계기가 되었어. 아니, 적어도 재밌는 얘깃거리는 생겼지.' 또는 온 집안을 긍정적인 명언으로 채운다. '무지개를 보고 싶다면 비를 견뎌야 한다. 힘든 시기에 긍정적으로 생각한다면 이미 이긴 것이다.' 그리고 야구 리그, 보드 게임, 저녁 식사 등 가족과 함께 보내는 시간을 계획한다. 하지만 대부분의 요원은 결국 가짜 긍정에 갇힌다. 그들은 자신이 누구인지, 어떤 일을 겪었는지 떠올리는 순간 터져버리는 행복의 거품을 만든다. 아니면 슬프거나 불안하거나 공허하다고 느끼면서도 행복한 척한다. 한 요원은 내게 이렇게 말했다. "긍정은 자신을 속이는 거예요. 영원히 잠들기 전까지 덜 아프기 위해서죠."

진짜 부정과 가짜 긍정 사이에 갇힌 요원은 비관과 순간적인 대처 사이를 끊임없이 오가야 한다. 그래서 클리닉 환자가 효과를 본 방법이 자신들에게도 효과가 있다는 사실을 알고 당황한다. 긍정적 반전을 찾기 위해 그들은 삶을 돌아보고 충격의 느낌에 집중해 한층 깊은 경이, 사랑, 기쁨, 감사를 경험하고 삶의 더 큰 목적을 되찾는다.

그 목적은 부정성을 외면하거나 무시하거나 차단한다고 되찾을 수 있는 것이 아니다. 사실 뇌는 부정을 통해 삶의 목적을 더 잘 느낄 수 있다. 부정이 클수록 긍정적 반전은 더 큰 충격을 준다. 그리고 반전의 충격이 크다면 경이도 더 커지므로 결국 진짜 부정에서 진짜 긍정이 나오는 것이다. 이렇게 요원들은 자기 경험의 모든 진실을 받아들여 온전한 삶에서 나오는 힘을 찾을 수 있다. 이것이 바로 상처를 동력으로 삼아 성장하는 반취약성의 비밀이다.

극심한 해리나 자살 충동을 겪어야 요원들처럼 될 수 있는 것은 아니다. 날마다 슬픔이나 수치심, 탈진을 경험할 수 있다. 탈진은 삶의 목적을 잠식하는 흔한 원인이다. 감정적 피로가 이유라면 해결책은 휴식을 취하는 것이다. 단 하루가 아니라, 최소 2주는 쉬어야 한다. 쉬어도 소용없다면 탈진의 원인은 아마도 이인증depersonalization일 것이다.

이인증은 뇌가 다른 사람을 실제 인간으로 바라보지 않고, 로봇이나 유령, 화면 속 픽셀처럼 취급하는 상태다. 이인증은 현대의 직장, 병원, 학교 등의 시스템이 우리의 인간적 필요와 욕구를 지속적으로 방해하기 때문에 발생한다. 끊임없는 상처와 분노를 막기 위해 뇌는 주변 사람들과의 심리적 연결을 끊고, 그 결과 무감각한 무관심인 번아웃이 일어나게 한다.

번아웃, 슬픔, 수치심 속에서도 삶의 목적을 회복할 수 있다. 클리닉의 환자처럼 과거를 되짚으며 삶이 선사한 긍정적 충격을 찾아보자. 슬픔을 느낀다면 자연의 경이로움이나 우연히 찾아온 즐거운 날처럼 인생에서 긍정적 충격을 받은 순간을 떠올리자. 수치심을 느낀다면 위험을 감수하거나 어려운 일에 성공해 스스로에게 긍정적 충격을 안겨준 순간을 떠올리자. 번아웃을 느낀다면 뜻밖의 선물이나 전혀 기대하지 않았던 사과를 받는 등 다른 사람에게 긍정적 충격을 받은 순간을 떠올리자.

충격을 찾았다면 그 순간에 대한 정보를 최대한 상세히 떠올려 머릿속에서 이야기를 생생하게 그려보자(클리닉 환자가 그랬듯이 이야기를 글로 기록하면 상세한 정보를 떠올리는 데 도움이 된다). 이야기의 나쁜 부분은 외면하고 좋은 부분에만 집중해서는 안 된다. 그런 긍정적 사고는 해리로 되돌아가는 길이다. 요원들도 깨달았듯, 부정이 클수록 긍정에서 오는 충격은 커지고, 그 충격이 클수록 목적을 만들어내는 능력도 커진다.

낙관이 마음속에 스며드는 순간, 당신은 그 목적을 분명히 알아차리게 될 것이다.

'성공할 것이다'보다 '성공할 수 있다'가 더 강한 이유

낙관이라고 하면 '이것은 성공할 것이다'라는 믿음을 떠올린다. 하지만 그것은 낙관이라기보다 단순한 희망적 사고일 뿐이다.

희망적 사고는 아주 오래된 자기기만으로 현대에 와서 '성공을 시각화하라'는 방법으로 미화되었다. 이 방법은 토니 로빈스Tony Robbins가 쓴 베스트셀러 《네 안에 잠든 거인을 깨워라》나 론다 번Rhonda Byrne이 쓴 히트작 《시크릿》에 의해 대중화되었다. 그 기원은 신사상New Thought이라는 19세기 오컬트 운동으로 거슬러 올라간다. 이 운동은 나폴레온 힐Napoleon Hill의 《생각하라 그리고 부자가 되어라》 같은 책을 낳았다.

- 모으고자 하는 돈을 시각화할 때, 그 돈을 얻는 대가로 당신이 제공해야 할 서비스나 상품도 상상하자. 이 부분이 매우 중요하다!
- 만족스러운 결과를 얻으려면 모든 지침을 믿음을 갖고 따라야 한다.

다시 말해 소원을 들어주는 샘에 미래를 맡기라는 뜻이다. 소원이 실현되지 않더라도 문제는 소원의 샘이 아니다. 당신이 문제다. 소원을 충분히 시각화하지 않았고, 소원의 샘을 완전히 신뢰하지 않았기 때문이다.

어릴 때 이미 깨달았겠지만, 말도 안 되는 소리다. 어린 시절에 우리는 마법을 완전히 믿었다. 마음이 순수했기에 소원이 이루어질 거라 믿어 의심치 않았다. 그러다 어느 순간 깨달았다. 아무리 온전히 믿어도, 아무리 믿음이 순수해도, 아무리 꿈을 구체적으로 그려도 소원이 항상 이루어지는 건 아니라는 것을.

하지만 다행히도 당신은 여전히 낙관적으로 살 수 있다. 낙관은 '이것은 성공할 것이다'가 아니기 때문이다. 낙관은 그보다 훨씬 더 강하다. 낙관은 '이것은 성공할 수 있다'이다. '할 것이다'보다 '할 수 있다'가 강한 이유는 무엇일까? 이길 것이라 장담했는데 이기지 못하면 자신감이 무너진다. 하지만 이길 수 있다고 스스로에게 말할 경우, 아무리 여러 번 져도 믿음을 유지할 수 있다. 딱 한 번만 이긴다면 말이다. 그 한 번이 가능성을 살리는 데 필요한 전부다. 따라서 '할 것이다'가 박살난 후에도 '할 수 있다'는 언제까지나 지속된다.

이것이 바로 클리닉 환자의 수수께끼에 대한 답이다. 과거의 긍정적 충격 한 가지를 발견하면서 이 환자는 깨달았다. '인생은 역전될 수 있다. 모든 상황이 나빠 보일 때조차 말도 안 되게 좋은 일이 일어날 수 있다.' 그는 이런 깨달음에서 지속적이고 목적이 있는 낙관을 얻었다.

낙관은 반취약성을 기르는 첫 번째 비결이다. PTSD를 겪은 적이 없는 요원이 슬픔과 수치심을 활용해 삶의 목적을 강화하고, 인내와 집념을 키웠다. 이제 두 번째 비결을 살펴보자. 특수 요원은 도피 또는 투쟁 반응을 이용해 어떻게 미래를 분화하고 적응력을 키웠을까? 첫 번째 비결처럼 나는 수수께끼를 통해 그 비결을 발견했다.

성공한 동문들이 '학교가 문제'라고 단언한 이유

캘리포니아의 한 대학 기숙사의 지도 교수로 임명되었을 때 한 가지 수수께끼가 나를 사로잡았다. 나는 장미 정원 맞은편 집에 살면서 학생들을 이끌고 미술관 견학을 가곤 했다. 한 가지를 제외하면 낙원 같은 곳이었다. 나는 학생들의 부모와 끊임없이 통화해야 했다. 부모들은 자녀를 엄청나게 자랑스러워하는 동시에 엄청나게 걱정했다. 아이들이 쉬는 법을 배워야 한다고 했다가, 몇 초 뒤에는 아이들이 실제 직장에서 제 역할을 해내는 법을 배워야 한다고 했다.

처음에 나는 그들을 극성 부모로 치부했다. 하지만 학생들을 옆에서 지켜보니 부모들이 걱정할 만했다. 그들은 성적에 대한 부담이 지나쳐 배움의 즐거움을 잊고 있었다. 강의실 밖에서의 성과도 좋지 않았다. 인턴십에 참가하면 흔히 이런 피드백을 받았다. '성실하고 싹싹하지만 주도성이 부족하다. 스스로 방향을 정할 필요가 있다.'

학생들이 한편으로는 긴장을 내려놔야 한다면서도 동시에 더 노력해야 하는 이유는 무엇일까? 이미 지나치게 성실한데도 부족한 이유는 무엇일까? 기숙사에 기부금을 낸 동문들을 초대한 행사에서 그 수수께끼가 풀렸다.

동문들은 의사, 연예인, 패션계 거물, 음악가, IT 기업가였다. 그날 저녁 플라스틱 식판에 담은 저녁을 먹으며, 나는 그들의 금전적 지원에 대한 감사 인사를 꺼냈다. 그런데 한 동문이 재빨리 내 말을 자르더니 감사해야 할 사람은 자신이라고 했다. 내가 그에게 학생들을 지원할 기회를 주었고, 그에게는 다른 사람들이 자신처럼 성공하는 걸 돕는 일이 가장 즐겁다는 것이었다.

다른 동문들도 동의하는 듯 고개를 끄덕였다. 그들은 오히려 내게 고마워했다. 내가 그들에게 인생에서 가장 소중한 선물, 즉 긍정적인 영향을 미칠 기회를 주었다는 것이다.

내가 아무 말도 하지 않자 어색한 침묵이 흘렀다. 내가 준비한 연설이 방해를 받았기 때문만은 아니었다. 스스로 사기꾼처럼 느껴졌던 것이다. 나는 학생들의 성공을 돕는 것이 아니라 힘들어하는 그들을 지켜보고만 있었다. 마침내 나는 그 사실을 고백했다. 학생들의 이해할 수 없는 행동을 설명하며 동문들에게 도움을 요청했다.

그들은 대학 졸업 후 사회에 적응하는 방법을 나보다 잘 아는 사람들이었다. 그런데 학생들에게는 왜 그것이 그토록 어려울까?

또다시 어색한 정적이 흘렀다. 마침내 캐주얼 재킷을 입은 외과의사가 입을 열었다. "문제는 학교입니다."

"학교라고요?"

"성공하려면 학교에서 배운 것을 다 잊어야 했고, 학교에서 가르쳐주지 않은 것을 스스로 깨우쳐야 했죠. 학교는 스스로 생각하는 법을 가르쳐야 해요. 그런데 '학교처럼 생각하는 법'만 가르쳤어요."

다른 동문들도 동의하는 듯 힘차게 고개를 끄덕였다. 그 후 두 시간 동안 통조림 과일 디저트와 구내식당 커피를 마시며, 그들은 학교에서만 잘하도록 교육하는 탓에 그 밖의 다른 분야에 대해서는 준비가 되어 있지 않다는 이야기를 했다.

학생들의 문제가 잘못된 교육 때문이라는 지적에 나는 거부감이 생겼다. 내가 문제라고는 인정하고 싶지 않았다. 대부분의 교수들처럼 나 역시 학생들에게 스스로 생각하는 법을 가르치고 있다고 믿었다. 하지만 실제로는 그렇지 못했다.

대학 과정의 대부분은 학생들이 정답을 아는지, 정해진 평가 기준을 따르는지, 입증된 이론적 방법을 얼마나 충실히 적용하는지를 측정하도록 설계되었다. 나머지 교육도 마찬가지다. 고등학교는 표준화된 시험으로 가득하다. 중학교와 초등학교도 마찬가지다. 시험이 많아지면서 학생들은 정답이라는 것이 있고, 그 정답은 시스템에 의해 정해진다는 것을 알게 되었다. 그래서 모르는 문제가 나오면, 학생들은 전지전능한 기계에 의해 자신의 부적격성이 드러났다고 느끼고, 도피 또는 투쟁이라는 위협 반응을 보인다. 수치심에 위축되거나, 공격성을 드러내거나, 수동적으로 어른의 지시에 복종한다. 직감을 믿는 법은 배우지 못한 채 스스로 어리석고 혼란스럽고 무능하다고 느끼도록 길들여진다.

학교의 이런 현실은 내 학생들의 모순된 행동을 설명해주었다. 학생들은 감시 체계에 갇혀 있어서 긴장을 풀 수 없었다. 그리고 그 장치는 시험 성적만으로 학생들을 평가했기에 관계가 틀어졌을 때, 상사가 아무것도 모를 때, 애써 세운 계획이 무너졌을 때 대처할 역량을 길러주지 못했다. 이런 상황에서 학생들이 학교에서는 공부에 짓눌리고 밖에서는 주저하는 것이 놀라운 일일까? 그들은 교실에서는 끊임없이 평가받는다고 느꼈고, 교실 밖으로 나갔을 때는 세상을 무섭고 낯설게만 느꼈다.

그제야 나는 수수께끼의 답을 얻었다. 하지만 해결책은 없었다. 기숙사 학생들의 고충은 해마다 늘었다. 고충이 커지자 나는 비단 우리 학교만이 아닌 학교 자체가 문제라고 확신하게 되었다. 학교는 학생들에게 인위적이고 추상적이며 비현실적인 사고방식을 갖도록 훈련시킬 수밖에 없다. 교실에서의 교육은 인생을 망치는 잘못된 교육이다.

몇 년 후 USAJFKSWCS(미 육군 특수작전 학교)를 찾았을 때 내가 틀렸다는 것을 알게 되었다.

8세 아이도 따라 할 수 있는 3가지 훈련법

USAJFKSWCS는 미 육군 특수부대 산하의 비공식 엘리트 교육기관이다. 철조망과 폭발물 방호벽으로 보호받는 이 학교는 대서양 연안 평원의 딱따구리 울음 소리가 가득한 모래언덕 숲 한가운데에 자리 잡고 있다. 군대 약어의 기준에서도 USAJFKSWCS는 발음하기가 쉽지 않다. 학교 이름이 사람들의 입에 오르내리는 것을 원치 않는 육군의 뜻인 듯하다. 하지만 이곳 교관들은 해결책을 찾았다. 이곳을 그냥 '스윅Swick'이라 부른다.

스윅은 독립적인 문제 해결을 통해 자기 효능감과 적응력을 심어 주는 데 특화되어 있다. 이런 문제 해결 능력을 기르기 위해 스윅은 현대 교육기관의 표준화된 평가가 주입한 '정답이 반드시 존재한다' 믿음을 적극적으로 깨부수는 프로그램을 만든다. 스윅의 한 교관은 내게 이렇게 말했다.

"정답이 있다고 믿을수록 독창적인 답을 찾을 수 있다는 자신감은 줄어들죠."

스윅 훈련에는 세 가지 핵심 요소가 있다. 이 요소들은 매우 간단해서 학교가 자기 효능감과 적응력에 부정적인 영향을 미치기 시작하는 8세 전후의 학생에게도 적용할 수 있다.

스윅 훈련의 첫 번째 요소는 '관점 전환'이다. 다른 사람이라면 문제를 어떻게 해결할지 상상하고, 효과적인 해결책을 찾는 방법이 다양하다는 사실을 인식하는 것이다.

학생들에게는 '창의적인 친구' 연습을 적용하면 된다.

창의적인 친구

인덱스 카드를 준비하세요. 나와 다르게 행동하는 친구를 떠올려보세요. 카드 앞면에는 그 친구의 독특한 점을 그림으로 표현하세요. 뒷면에는 한 문장으로 된 이야기 세 가지를 적어보세요.

- 만약 내 창의적인 친구가 100달러를 쓸 수 있다면, 그 친구는 _____
- 만약 내 창의적인 친구가 슬프다면, 그 친구는 _____
- 만약 내 창의적인 친구가 세상의 한 가지를 바꿀 수 있다면, 그 친구는 _____

내가 해결할 수 없는 문제에 부딪혔을 때, 내 창의적인 친구는 어떻게 할지 상상해보세요.

스웍 훈련의 두 번째 요소는 '오래된 문제, 새 해답'이다. 다른 사람들이 이미 해결한 문제이지만 또 다른 새로운 방법을 상상하게 한다. 학생의 경우 '나만의 객관식 문제 만들기' 연습으로 가능하다.

나만의 객관식 문제 만들기

실생활에서 겪는 문제를 한 가지 정하세요. 그 문제의 해결법을 선생님께 여쭤보고 보기 A에 적으세요. 부모님께 해결법을 여쭤보고 보기 B에 적으세요. 친구에게 해결법을 물어보고 보기 C에 적으세요. 마지막으로 내가 생각하는 해결법을 보기 D에 적어보세요.

스윗 훈련의 세 번째 요소는 '차선책'이다. 주요 계획의 주된 목표를 만족시키는 대체 계획을 찾는 데 도움이 된다.

학생의 경우 '뒤에서 앞으로 생각하기' 연습으로 가능하다.

> **뒤에서 앞으로 생각하기**
>
> 어떤 일을 하고 싶지만 장애물에 가로막힌 인물을 상상해보세요. 이 인물이 왜 그 일을 하려고 하는지를 '거꾸로 이야기 생각하기'로 추측해보세요. 그 다음 그 인물이 그 일을 하려는 목적을 충족시킬 새로운 가상의 시나리오들을 떠올리며 '앞으로 이야기 생각하기'를 해보세요.

스윗에 다녀온 후, 여덟 살짜리 아이가 내 연구실에 찾아왔다. 그 아이는 부모가 우주비행사 학교에 보내주지 않는 것이 불만이었다.

"우주비행사 학교도 있나요?" 나는 궁금해서 아이 부모에게 물었다.

"우리가 알기로는 없어요. 있다고 해도 보낼 형편이 안 되고요."

세 가지 스윗 훈련을 마친 다음, 이 아이는 자신의 문제를 다시 생각했다. 내게 우주비행사가 되어 우주를 떠다니고 싶다고 설명했지만, 우주 말고도 떠다닐 수 있는 곳이 있다는 사실도 깨달았다.

"물이요. 물고기는 물속을 떠다녀요."

"너는 물고기가 아니잖니." 내가 조심스레 지적했다. 이것 역시 훈련의 일부다. 학생이 상상력을 펼치면 교사는 현실 세계의 문제를 슬쩍 던져 학생의 비현실적 생각을 실용적인 혁신으로 이끌어야 한다.

"사람도 물에 떠다닐 수 있어요. 스쿠버 다이버처럼요. 스쿠버 다이버는 우주비행사와 비슷해요. 헬멧이랑 산소통도 있고요." 아이가 대답했다.

"인근에 스쿠버 다이빙 학원이 있는지 모르겠네."

"우리 집 근처에 수영장이 있어요. 거기서 스쿠버 다이빙을 연습하면 돼요."

"수영은 할 줄 아니?"

"우리 아빠는 할 줄 알아요."

아이는 자신을 데리러 온 아빠에게 수영을 가르쳐줄 수 있는지 물었다. 아빠는 기쁜 표정으로 고개를 끄덕였다.

"그래도 역시 우주비행사가 되고 싶어요." 학생이 떠나면서 아빠에게 말했다.

"차근차근하면 돼. 한 걸음씩 다가가는 거야." 아빠가 대답했다.

플랜 A, B… Z가 모두 망가져도 살아남는 법

이 스윅 훈련은 PTSD 없이 회복탄력성을 갖춘 요원의 두 번째 비밀이다. 그는 역경과 좌절 앞에서 낙담하거나 분노하는 대신 이 훈련을 통해 성장하는 법을 배웠다.

군에서 이 두 번째 비밀은 '계획이 아닌, 계획을 세우는 사람'이라고 알려져 있다. 이는 미군 5성 장군 드와이트 아이젠하워Dwight Eisenhower의 명언에서 유례한 것이다.

— 계획이 쓸모없더라도 계획하는 습관은 매우 중요하다. … '비상사태'란 예상치 못한 일이 생겨 계획대로 진행되지 않는다는 뜻이다. 따라서 가장 먼저 할 일은 모든 계획을 폐기하고 다시 시작하는 것이다. 하지만 애초에 계획을 세우지 않았다면 현명하게 일을 시작할 수도 없다.

간단히 말해 계획을 위한 계획을 세우지 말라는 뜻이다. 예상치 못한 일이 벌어졌을 때 상황에 맞는 계획을 세울 수 있도록, 계획하는 능력 자체를 기르기 위해 계획을 세워야 한다.

'계획이 아닌, 계획을 세우는 사람'을 실행하려면 논리를 버려야 한다. 논리는 계획을 만든다. 완벽한 계획, 모든 상황을 예측한 계획을 만든다. 논리는 만약을 대비해 예비 계획이라는 플랜 B도 개발한다. 예상치 못한 일이 발생한다 해도 이미 예측한 것처럼 대처한다.

인생은 이 논리적 방법을 뒤집는다. 인생에는 플랜 B 역시 플랜 A다. 플랜 A가 틀어지면 플랜 B도 틀어진다. 둘 다 동일한 가정과 방식에 기반을 둔다. 따라서 계획을 세우기보다 계획을 하는 사람을 키워야 한다. 계획을 세우기 위해 계획하는 것이 아니라 뇌가 계획하는 데 익숙해지도록 계획해야 한다. 그러면 플랜 A, B… Z가 모두 어그러져도 멈추지 않고 주도권을 유지하며 혼란을 헤쳐나갈 수 있다.

이제 우리는 PTSD 없이 회복탄력성을 갖춘 요원의 두 가지 비밀을 알게 되었다. 첫 번째 비밀인 '낙관'은 과거의 긍정적 반전을 찾아 장기적 방향을 정하는 데서 나온다. 두 번째 비밀인 '계획이 아닌, 계획을 하는 사람'은 단기적 유연성으로 미래의 긍정적 반전을 만든다. 첫 번째 비밀은 뇌의 과거사를 통합해 끈기와 인내를 키운다. 두 번째 비결은 뇌의 미래를 분화해 자기 효능감과 적응력을 높인다.

특수 요원의 두 가지 비밀을 결합할 때, 당신은 좌절로부터 더욱 강인해지고 실패로부터 더욱 현명해져 반취약성을 기를 수 있다. 반취약성은 논리와 모순된다. 어떻게 패배에서 승리가 나올 수 있을까? 하지만 역사에서는 상실을 성장으로, 실망을 영감으로 바꾼 사람들의 이야기를 얼마든지 찾아볼 수 있다. 오랫동안 무기력 속에 갇혀 있다가 목적의식을 회복한 환자처럼, 첫 번째 계획이 좌절되었을 때 새로운 계획을 세우는 초등학생처럼, 그리고 당신의 이야기처럼.

7장 [의사결정]
먼저 움직이는 통찰

조지 워싱턴과 우주비행사처럼
승부수를 던져라

우주비행사들은 난관에 부딪혔다. 그들은 파란 점프슈트 차림으로 미션 시뮬레이터 앞에 옹기종기 모여 있었다. 시뮬레이터는 우주 비행 연습을 하는 가상현실 조종석으로, 전기 화재, 엔진 폭발, 승무원 사망 등 온갖 비상사태에 대비하기 위해 설계되었다. 하지만 우주비행사들은 알아차렸다. 시뮬레이션된 과제를 잘 수행할수록 실제 상황에서 치명적인 실수를 할 가능성이 컸다. 완벽해지기 위해 연습해봐야 목숨을 잃을 수 있었다.

우주비행사들은 혼란스러웠다. 그들의 훈련은 어떻게 기량을 높이는 동시에 엄청난 약점을 만드는 것일까? 그들은 고민했다. 시뮬레이터의 프로그램을 바꿔야 할까? 훈련을 줄여야 할까? 아니면 아예 훈련이 필요 없는 걸까?

내가 보기에 그것은 답이 아니었다. 나는 이런 역설을 이미 본 적이 있었다. 사람이 아닌 컴퓨터에서.

컴퓨터의 역설은 이런 식이다. 데이터를 더 많이 제공할수록 AI

의 성능은 향상된다. 하지만 예측 불가능하게 오작동할 가능성도 그만큼 높아진다. AI는 빠르고 정확하게 결정을 내리다가도 갑자기 헐값에 상품을 팔아치우고, 건강한 신생아에게 뇌종양 진단을 내리고, 화물기를 산비탈로 몰고간다.

이 역설이 바로 '최적화 함정'이다. 이것은 생물학적 환경 속의 논리 시스템에서 발생하는 현상이다. 논리 시스템은 점점 더 많은 데이터를 축적해 알고리즘을 개선하고 속도를 높인다. 그러다 갑자기 환경이 바뀌면 시스템의 데이터는 무용지물이 된다. 심지어 무용지물로 만드는 데 그치지 않고 데이터를 골칫거리로 만들어버린다. 데이터를 따르는 것은 곧 파멸을 향한 행진이 된다.

이런 문제는 격변의 시대를 살아가는 인간 조직에게 커다란 위협이지만, AI에게는 위협 그 이상이다. 재앙이다. AI는 전기의 속도로 데이터를 따르기 때문에 파멸을 향해 나아가는 행진 정도가 아니다. 치명적인 속도로 잘못된 결정을 내리는, 파멸을 향한 질주다.

따라서 최적화는 최상의 상태이자 최악의 상태다. 압도적인 성과를 보여주다가 갑자기 박살낸다. 생물학은 오래전에 이 사실을 깨우쳤다. 지나치게 특화된 유기체는 잠시 번성하다가 멸종하는 반면, 일반화된 종은 묵묵히 계속 이어진다. 그러므로 최대 적정성은 오래 살아남는 자의 주된 특징이다. 인간의 손이 좋은 예다. 손은 어떤 일에도 이상적인 도구가 아니다. 손을 완벽하게 만들 방법은 수백만 가지다. 하지만 손은 셀 수 없이 많은 일을 적당히 해낼 수 있다. 따라서 특정 과제에서는 최적화된 경쟁자에게 지더라도 훨씬 더 많은 다른 분야에서는 이긴다.

인간의 뇌도 마찬가지다. 뇌는 어떤 한 가지 정신적 과업에 특별히 뛰어난 것이 아니라, 여러 과업을 무난히 수행한다. 이는 AI가 어떻게 뇌보다 훨씬 똑똑하면서도 훨씬 어리석을 수 있는지를 설명한다. AI는 지능의 한 가지 특징인 '논리'를 이용해 그 속도를 끌어올린다. 인생에 수학이 필요한 순간, AI는 인간을 앞선다. 방대한 데이터 속에서 의사결정을 하는 데는 그야말로 왕이다. 하지만 인생에서 상식이나 상상력이 필요한 순간, AI는 왕좌에서 굴러떨어진다.

이렇게 보면 AI는 세상은커녕 어떤 것도 지배하지 못할 것 같다. 하지만 우리 인간이 왕좌에 안주할 수는 없다. 우주비행사들과 같은 문제와 마주해야 한다. 최적화 함정에 빠지지 않고 엄격한 훈련의 이점을 얻을 수 있을까? 어떻게 하면 우리의 뇌가 현재 과제에서 최고의 능력을 발휘하면서도 예상치 못한 상황에서 살아남도록 훈련할 수 있을까?

수년 전 특수부대 요원들은 그 답을 찾았다. 바로 '상식'이다. 상식은 알려지지 않은 미지, 즉 우리가 모르는 것이 있다는 것을 모른다는 사실을 감지함으로써(4장 참조), 우리가 언제 모르는지를 알려주고, 두 가지 현명한 의사결정을 가능하게 해준다. 첫째는 계획을 바꿔야 할 때를 판단하는 것이고, 둘째는 어떤 새로운 계획을 선택할지 결정하는 것이다.

우리는 4장에서 첫 번째 유형의 의사결정에 대해 배웠다. 이 의사결정은 변동성이 커져 기존 계획이 쓸모없게 되었는지를 판단하는 방법(불안 조절)을 제시했다. 이번 장에서는 두 번째 유형의 의사결정을 살펴본다. 이 의사결정은 디지털 시뮬레이터를 사용하든 실제 임무 수행 중에 예외 상황을 만났든, 상식을 '현명한 계획을 선택하는 규칙'으로 삼는 방법이다. 이 규칙을 활용하면 안정적인 환경에서는 표준 행동 절차를 최적화하고, 상황이 바뀌더라도 효과적인 새 계획을 즉석에서 만들 수 있다.

규칙은 다음과 같다. '새로운 환경에 맞게 새로운 계획을 만들어라.' 그 규칙을 발견하게 된 사연과 그 활용 방법을 소개한다.

시뮬레이션이 완벽해도 실패하는 이유

이 규칙은 특수부대 요원들이 훈련병에게 매복에 대처하는 훈련을 실시하면서 나왔다.

매복은 군인이 겪을 수 있는 가장 충격적인 사건이다. 사냥꾼에서 순식간에 표적으로 바뀌는 공포스러운 경험이다. 훈련병은 매복을 당하면 본능적으로 도망친다. 이것은 최악의 선택이다. 적의 무차별적인 총격에 등을 노출시키는 꼴이다. 훈련병에게 매복에 가장 잘 대처하는 방법이 무엇일지 생각해보라고 하면, 보통 '엎드려서 엄폐하기'라고 대답한다. 이 역시 잘못된 선택이다. 학살 구역으로 정해진 곳에 그대로 갇히기 때문이다.

그렇다면 정답은 무엇일까? 육군의 가장 노련한 특수 요원들이 자신 있게 말하는 방법은 '매복한 적을 공격하는 것'이다.

매복한 적을 공격한다? 내겐 자살행위 같았다. 하지만 요원들은 매복한 적을 공격하면 한 번에 두 가지를 얻을 수 있다고 설명했다. 첫째, 주도권을 되찾아, 밀려나는 대신 상황을 주도할 수 있다. 둘째, 적을 방어 태세로 몰아넣어 계획을 방해할 수 있다. 단 한 번의 기동으로 상황을 완전히 바꿈으로써, 적이 잘못된 결정을 내리도록 유도하는 동시에 아군이 현명하게 행동할 가능성을 높이는 것이다.

이 방법은 너무나 간단하고 효과적이어서 누구라도 특수 요원의 두뇌로 만들어줄 확실한 방법처럼 보인다. 하지만 육군은 한 가지 복잡한 문제를 발견했다. 훈련병에게 매복한 적을 공격하는 훈련을 시키면 훈련에서는 성공하지만 전투에서는 처참하게 실패한다. 시뮬레이터 속 우주비행사처럼 모의실험에서는 뛰어나도 실제 상황에서는 폭발하는 것이다.

이는 훈련병이 배운 내용을 반드시 따라야 할 지침, 즉 프로그램으로 암기하기 때문이다. 이렇게 암기한 프로그램은 익숙한 상황에서만 작동한다. 환경이 바뀌면(매복이 예상 밖이거나 새로운 방식으로 벌어질 때) 훈련병의 정신적 컴퓨터는 패턴을 인식하지 못한다. 훈련병들은 앞으로 돌진하는 대신 그 자리에 얼어붙거나 도망치거나 숨을 곳으로 뛰어든다. 그러다 살육 현장에서 목숨을 잃는다.

그래서 군은 깨달았다. 매복한 적을 공격하는 것을 제대로 배우려면 훈련병 스스로 교훈을 발견하고, 프로그램이 아닌 상식으로 익혀야 한다는 것을. 훈련병이 이를 습득할 조건을 만들기 위해 특수부대는 교훈을 세 단계로 나누었다. 각 단계는 상식적 의사결정에 관해 모범을 보여준 전설적인 인물들에게서 비롯되었다.

조지 마셜이 훈장 단 장군들을 해고한 진짜 이유

상식의 첫 번째 전설로 꼽히는 인물은 조지 마셜George Marshall이다. 그가 남긴 원칙은 단순하지만 강력하다. '기본 조건이 바뀌면 아무리 좋은 계획이라도 폐기하라.'

1939년 9월 1일, 마셜은 미 육군 참모총장으로 임명되었다. 히틀러의 폴란드 침공으로 제2차 세계대전이 시작된 지 불과 몇 시간 후였다. 마셜은 예순을 앞둔 나이였고 그때까지만 해도 고위 장교라고 할 수도 없었다. 사실 그보다 높은 장성이 서른 명이나 있었다.

그러나 마셜에게는 한 가지 남다른 자질이 있었다. 그는 가슴에 훈장을 주렁주렁 단 최고 지휘관이라도 단호히 해고했다. 히틀러와의 전쟁을 준비하기 위해, 시대에 뒤처진 장교 수백 명을 강제 퇴역시켰다. 장교들은 격노했다. 과연 그들은 과거의 전쟁에서 스스로를 증명하지 못했을까? 군의 평가 기준에 따르면 그들은 최고 중의 최고가 아니었을까?

그랬다. 마셜도 인정했다. 이 장교들은 기존 규칙에 통달했다. 그런데 낡은 규칙이라는 것이 문제였다. 오늘의 전쟁은 어제의 전쟁과 다를 터였다. 월요일에 최적이던 전략이 화요일에는 재앙이 될 수 있었다. 따라서 월요일의 전략은 폐기해야 했다.

마셜은 이 원칙을 확실히 고수했다. 전쟁 중에 그는 열 명 이상의 현역 장성을 해임했다. 그들이 무능한 군인이어서가 아니라, 과거 데이터를 바탕으로 의사결정을 하는 사람들이기 때문이었다. 그들의 전문성이 과거의 전투에서 승리를 보장했더라도 다음 전투에서 파멸을 초래할 수 있었다.

유능한 의사결정권자는 마셜이 장군들에게 단행했던 조치를 자신의 계획에 적용한다. 환경의 기본 조건이 바뀌면 즉시 계획을 폐기하는 것이다. 이를 신속하고 정확하게 실행하려면 전문성과의 관계를 뒤집어야 한다. 계획대로 될 거라는 전문성의 판단을 믿어서는 안 된다. 그랬다가는 전문가의 편향에 갇혀 과거 경험을 현재 상황에도 적용할 수 있다는 착각에 빠지기 쉽다. 대신 "이런 상황은 처음 본다"라는 전문가의 말을 믿어라. 전문가가 그런 말을 할 때는 전문성이 한계에 도달했고, 혁신이 필요하다는 뜻이다.

육군 특수부대가 젊은 소위와 노련한 부사관을 짝지어 배치하는 이유는 이렇게 전문성을 반대로 이용하기 위해서다. 부사관이 항상 가장 참신한 전략을 내놓을 수는 없을지라도, 이례적인 상황을 즉시 알아차리고 소위에게 계획을 변경하라고 경고할 수는 있다. 모든 조직에서 노련한 구성원은 같은 기여를 한다. 그들은 온갖 경험을 했다. 적어도 지금까지 일어난 모든 일을 목격했다. 그들이 놀란다면 세상이 변하고 있다는 강력한 신호다.

이처럼 전문성을 역이용하는 방식은 우리가 왜 역사를 공부해야 하며, 왜 민주주의를 장려해야 하는지 깨닫게 한다. 역사가 모든 답을 담고 있거나 민주주의가 항상 현명한 선택을 하기 때문이 아니다. 어떤 사건이 역사학자를 놀라게 한다면, 과거의 규범이 무너졌다는 뜻이다. 그리고 어떤 사건이 민주주의를 뒤흔든다면(4장의 스푸트니크 사건처럼) 현재의 정책이 아무리 훌륭해 보여도 바꿀 때가 되었다는 뜻이다.

그렇다면 바꿀 때가 되었을 때는 어떻게 해야 할까? 상황이 요구하는 새로운 계획은 어떻게 찾을 수 있을까? 두 번째 전설이 보여주듯, 상식의 다음 단계를 밟아야 한다.

평탄한 길을 벗어나 어둠 속에서 실마리를 찾아라

상식의 두 번째 전설은 토머스 페인Thomas Paine이다. 그의 통찰은 다음과 같다. '새로운 계획에는 대담함이 필요하다.'

페인은 실제로 상식에 관한 책을 쓴 저자이기도 하다. 그는 기존 질서와 혁신을 결합하는 데 탁월한 벤저민 프랭클린의 친구였다(4장 참조). 1776년 1월, 필라델피아에서 잡지 기자로 일하던 그는 《상식Common Sense》이라는 제목의 47쪽 분량의 소책자를 집필했다. 이 책은 엄청난 화제를 불러 일으켰고, 필라델피아 인구보다 더 많은 부수가 팔렸다.(실제로는 찰스턴, 보스턴, 뉴욕 주민 수를 합친 것보다도 많이 팔렸다.)

《상식》에서 페인은 '옳고 자연스러운' 모든 것이 미국의 열세 개의 식민지가 영국으로부터 독립해 그들만의 정부를 세울 것을 촉구하고 있다고 선언했다. 그런데도 왜 식민지 주민들은 '하늘의 계획'과 '자연의 흐느끼는 목소리'를 모두 무시했을까? 왜 혁명의 문턱에서 우유부단하게 멈춰 섰을까? 페인은 이렇게 답했다. "아직 아무런 계획이 세워지지 않았기 때문이다. 사람들은 길을 보지 못하고 있다. 그러므로 이 길을 만들어가는 출발점으로서, 나는 다음과 같은 몇 가지 단서를 제시하고자 한다."

다시 말해, 우리는 계획이 없을 때 주저한다. 이는 두 가지 측면에서 문제를 일으킨다. 첫째, 기존 계획을 버리는 데 주저하게 만든다. 그래서 마셜의 교훈(앞의 내용 참조)을 따르지 않고 이미 시대에 뒤떨어진 계획에 매달리게 된다. 둘째, 마침내 우리의 계획이 무너졌음을 인정하더라도 즉각 새로운 계획을 만들지 못한다. 대신 불확실성에 갇혀 어쩔 줄을 모르게 된다. 어느 길로 가야 할지 모르기 때문에 아무 데도 가지 못하고, 사건에 휩쓸리고 만다.

이러한 운명을 피하려면 어떻게 해야 할까? 《상식》은 새로운 계획이 이미 완성된 상태로 갑자기 나타나지 않는다는 점을 상기시킨다. 그것들은 언제나 '단서'의 형태로 나타난다. 혁신이 아무리 눈부시고 혁명적이라 해도, 처음에는 불완전한 형태로 드러난다. 이 때문에 혁신은 기형적으로 보인다. 그리고 결국 우리는 그것을 버리거나, 이상해 보이는 부분을 잘라내버린다. 하지만 그렇게 할 때 우리는 전문가 편향에 사로잡혀, 진정으로 새로운 부분까지 도려내고

마는 것이다. 혁신을 다듬고 있다고 생각하지만, 실제로는 파괴하는 셈이다.

그러므로 독특함은 예외의 징표라는 점을 기억하자. 새 계획에서 이상해 보이는 부분을 삭제하지 말고 오히려 소중히 여겨야 한다. 독창적인 특성에 집중해 혁신을 가속화해야 한다. 유효성이 검증된 부분을 잘라내고 기이한 부분에 주목해야 혁신에 성공할 수 있다.

그렇게 하려면 용기가 필요하다. 용기는 대담함이라고도 할 수 있다. 가장 평탄한 시기에도 대담하기는 쉽지 않지만, 혼란으로 당신을 두렵게 하고 익숙함이 주는 편안함으로 물러나고 싶게 할 때는 더욱 어렵다. 하지만 그 후퇴는 죽음으로 가는 가장 쉬운 길이다. 삶이 흔들리면 그 리듬에 몸을 맡기는 것이 유일한 희망이다. 그러니 페인에게서 영감을 받은 혁명가들처럼 해보자. 밝은 길을 벗어나 어둠 속에서 실마리를 찾자.

이것이 두 번째 단계다. 하지만 한 단계가 더 필요하다. 위험에 뛰어들 때, 당신은 알고 싶어질 것이기 때문이다. '위험은 어느 정도가 적정할까? 어떤 수준이 지나친 대담함일까?'

조지 워싱턴의 법칙, 상황이 불확실할수록 더 대담해져라

상식의 세 번째이자 마지막 전설은 조지 워싱턴이다. 그의 통찰은 이렇게 요약할 수 있다. '상황이 불확실할수록 더 대담해져라.'

조지 워싱턴은 페인이 말했던 열세 개 식민지를 승리로 이끌었고 훗날 마셜이 히틀러에 맞서 지켜낼 민주주의를 확립했다. 이런 업적으로 워싱턴은 너무 유명해서 오히려 제대로 평가받지 못했으며, 그의 인간됨도 신화에 가려졌다. 하지만 특수부대 요원이 보기에 그의 가장 확실한 강점은 그가 상식의 대가라는 것이다. 그는 항상 자신이 모르는 것을 알고 있었기 때문에, 상황이 불리하면 과감히 승부를 걸고 그렇지 않으면 주사위를 쥐고 때를 노렸다.

워싱턴이 요크타운에서 영국군을 포위할 때, 그는 가장 단조로운 계획을 선택했다. 수학적 원리에 따른 고전적인 포위 공격이었다. 하지만 1776년 겨울 대륙군이 붕괴되고 병사들이 탈영하자, 워싱턴은 불안한 상황에 대응해 매우 위험한 계획을 승인했다. 얼음이 떠 있는 델라웨어강을 건너 한밤중에 기습 공격을 한다는 계획이었다. 군수물자 보급 같은 일상적인 작전의 경우, 워싱턴은 정석만 따르는 고루한 병참 장교에게 임무를 맡겼다. 하지만 타이컨더로가 요새에 대포를 운반하거나 게릴라전을 벌이는 것과 같은 위험한 임무에는 헨리 녹스 Henry Knox나 '늪 여우' 프랜시스 메리언 Francis 'Swamp Fox' Marion 같은 대담한 지휘관을 선택했다.

자기만의 혁명에서 승리하려면 워싱턴처럼 행동하자. 변동성과 불확실성이 클수록 더 큰 위험을 감수하자. 그렇게 하면 뒤처지거나 지나치게 앞서가지 않고 그 순간에 대응할 수 있다. 평탄한 시기에는 평범하게 행동하고, 전례 없는 상황에서는 독특하게 행동하는 것이 바로 상식이다. 그것은 결국 시대의 본질을 반영한 감각이다.

새로운 상황에 맞춰 새로운 계획을 세워라

마셜, 페인, 워싱턴의 세 단계를 결합하면 다음과 같은 결론이 나온다. '새로운 상황에 맞추어 새로운 계획을 세워라.' 익숙한 상황이라면 익숙한 계획을 사용하고, 새로운 상황이라면 새로운 계획을 적용하고, 아주 새로운 상황이라면 아주 새로운 계획을 채택한다. 당신의 인생 이야기에 적용해보면 이런 모습이 될 것이다.

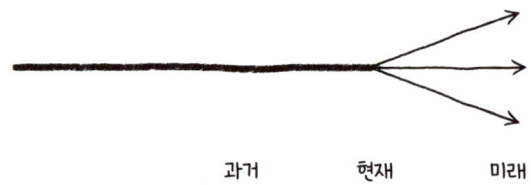

과거　　현재　　미래

이것이 바로 어떤 미래로 나아갈지 결정하는 방법이다.

너무나 당연한 소리로 들릴 수 있다. 하지만 대부분의 사람은 이런 식으로 행동하지 않는다. 안정감을 느낄 때 가장 큰 위험을 감수하고, 삶이 불안정할 때 가장 주저한다. 현대 사회가 상식을 빼앗았기 때문이다. 현대 사회는 자연 상태보다 더 큰 단기적 안전성을 제공해 우리를 지루하게 만들고 불필요한 도박에 빠지게 한다. 지루하지만 근면하게 노력하면 앞으로 나아갈 수 있는 평탄한 시기에 우리는 헛된 공상을 하며 귀중한 시간을 날린다.

한편 뜻밖의 사건이 일상을 뒤흔들 때, 우리의 마음은 감정적으로 적응할 준비가 되어 있지 않다. 끊임없이 도전에 맞서 싸웠던 원시시대의 조상들과 달리, 우리는 힘든 충격을 극복한 순간에 대한 생생한 기억이 부족하다. 그 결과 우선순위를 재빨리 떠올려 첫 단계 계획을 세우는 대신(3장 참조), 누군가가 우리를 구하러 나타나주기를 바라며 방황한다.

타고난 지적 선택 능력을 회복하려면, 상황 변화에 적극적으로 대처하는 연습을 해야 한다. 상식을 측정하는 간단한 지표인 '효과성 상실'에 집중하면 가능하다. 효과성은 순조롭게 작동하는 계획에서 나오고, 계획이 더 이상 작동하지 않으면 사라진다. 이 두 상태 사이에서 계획은 여전히 작동하지만 예전처럼 잘 작동하지는 않는다. 전투 전략으로 우세를 유지하고 있지만 사상자가 늘고 있거나, 특정 라인의 제품이 여전히 잘 팔리고 있지만 지난 분기보다는 못하거나, 주간 회의가 직원들의 사기를 높여주지만 번아웃도 증가하는 상태 등을 예로 들 수 있다.

효과성 상실은 환경이 변화하고 있음을 보여준다. 상식이 이렇게 경고하는 것이다. '현재의 계획이 당분간은 작동하겠지만, 혁신 능력을 발휘해 새 계획을 세우기 시작해야 한다.' 이 경고에 귀를 기울이면, 스트레스가 주도성을 압도할 정도로 상황이 악화되기 전에, 압박이 덜한 상황에서 적응적 계획adaptive planning 능력을 훈련할 수 있다.

상식이 가진 이런 힘에 대해 우주비행사들은 공감한다. 하지만 그들에게는 한 가지 걱정거리가 남아 있다. '상식은 얼마나 빠른가?'

우주비행사의 임무 수행에는 신속함이 매우 중요하다. 100만분의

1초가 성공을 의미할 수도, 죽음을 의미할 수도 있기 때문이다. 이론상 아무리 좋은 결정이라도 시기가 늦으면 아무 소용이 없다.

나는 우주비행사들에게 이렇게 장담한다. 상식은 충분히 빠르다고. 그리고 그 증거로 닐 암스트롱Neil Armstrong을 든다.

암스트롱이 달 착륙 1초 전에 내린 생사의 결정

대공황의 시초가 된 주식시장의 붕괴 10개월 후, 오하이오에서 태어난 닐 암스트롱은 달에 발걸음을 디딘 최초의 인류로 알려져 있다. 하지만 첫 발걸음을 내딛기 전에 일단 착륙부터 해야 했다. 그리고 암스트롱을 달 표면에 무사히 착륙시킨 것은 그의 상식적인 의사결정 능력이었다.

이러한 의사결정은 시험 비행사이자 엔지니어라는 암스트롱의 두 가지 배경에서 비롯되었다. 엔지니어로서 그는 표준 행동 절차(SOP)를 존중했다(4장 참조). 일상 임무에서 제멋대로 행동하는 일부 조종사와 달리 암스트롱은 규정을 고수하며 오래된 군대 규정집처럼 정석대로 비행했다. 하지만 암스트롱은 수백 대의 항공기 모델을 시험 비행했고 그중 상당수가 비행 중에 오작동했기 때문에, 그는 언제든 SOP를 버리고 새로운 상황에 맞는 참신한 해결책을 즉흥적으로 만들어냈다.

바로 이런 능력이 1966년 3월, 제미니 8호의 책임 비행사였던 암스트롱의 생명을 구했다. 지구 궤도에 두 대의 우주선을 도킹하는 최초의 임무에서, 암스트롱은 정확히 규정대로 비행해 '매우 순조롭게' 도킹에 성공했다. 그런데 갑자기 문제가 생겼다. 원인을 알 수 없는 고장으로 제미니의 모듈이 회전하기 시작했다. 160킬로미터 아래 지상에서 공포에 질린 채 지켜보던 NASA 휴스턴 관제센터에서도 모듈의 이상한 움직임을 발견했지만 원인을 찾을 수 없었다. 그들이 아는 것은 모듈의 회전 속도가 초음속으로 회전하는 항공기처럼 점점 빨라지고 있다는 사실뿐이었다. 우주선 창밖의 별들이 5초에 한 번, 3초에 한 번, 그리고 1초에 한 번 지나갔다. 암스트롱과 부조종사는 순식간에 정신을 잃고 추락사할 운명이었다.

하지만 그런 일은 일어나지 않았다. 암스트롱은 SOP를 벗어나 모듈의 궤도 시스템을 무력화시켰다. 그런 다음, 어떤 우주비행사도 해본 적이 없는 기술로 제미니의 재돌입 추진기를 작동시켰다. 그 추진기는 우주에서 기동하기 위한 것이 아니었다. 지구 대기권에 진입하는 용도였다. 하지만 암스트롱의 전례 없는 행동은 그가 처한 전례 없는 상황에 딱 들어맞았다. 그는 모듈의 회전을 멈추고, 안전하게 귀환했다.

암스트롱은 달 착륙 훈련을 할 때도 신속한 의사결정 능력을 발휘했다. 훈련은 저중력 시뮬레이터인 달 착륙 연구 차량(LLRV)에서 진행되었다. LLRV는 스테인리스 강관으로 만들어진 고대 곤충 같은 모습이었다. 그리고 컴퓨터 시뮬레이션과 달리 실제로 날 수 있었다. LLRV는 수학적 규칙에 따라 작동하는 대신 비행의 동적 불안정성을 구현해 암스트롱이 대본에 없는 비상 상황을 훈련할 수 있도록 했다. 그는 그 차량에 관해 차분히 평했다. "멋대로 움직이는 위험한 기계였지만 매우 유용했다."

1968년 5월 6일, 마침내 이 기계의 위험성과 유용성이 한 점에 수렴되었다. 휴스턴 엘링턴 공군 기지에서 5분 동안 진행된 훈련에서 LLRV는 이전 스물한 번의 연습 비행에서처럼 정상적으로 날았다. 그러다 아무런 경고도 없이 반쯤 뒤집힌 채 상승하기 시작했다. 암스트롱은 계기판을 확인했지만 이상 신호 대신 지금껏 수없이 해온 비행에서 그랬듯이 계획을 고수하도록 안내하고 있었다. 하지만 사실은 LLRV에 치명적인 결함이 생긴 상태였다. 헬륨 시스템의 압력이 떨어지면서 엔진에 연료가 공급되지 않았고, 결국 곤충 모양의 시뮬레이터는 곧 지상에 추락해 주홍빛 불꽃으로 사라질 운명이었다. 정확히 암스트롱이 계기판을 확인한 직후에 일어난 일이었다. 그는 충격과 화재로 목숨을 잃을 수 있는 상황이었다. 하지만 LLRV가 나선 하강을 하기 1초 전, 그는 대시보드의 지시 대신 상식을 따름으로써 안전하게 탈출할 수 있었다.

이 극적인 사건을 계기로 암스트롱은 1년 후인 1969년 7월 20일, 실제로 달에 착륙할 완벽한 준비를 갖출 수 있었다. 착륙은 암스트롱이 탑재된 유도 컴퓨터에 자동 조종을 맡기면서 시작되었다. 컴퓨터는 순조롭게 비행했다. 너무 순조로워서 우주비행사들이 "시뮬레이터보다 낫다"고 말할 정도였다. 우주는 마치 수학 방정식처럼 언제나 예측 가능한 것처럼 보였다.

계획대로 진행되는 하강에 만족한 암스트롱은 조종 장치에서 손을 뗐다. 그 순간 갑자기 예상치 못한 암석 지대가 눈에 띄었다. 그는 즉시 조종 장치로 돌아가 착륙선의 방향을 조정했고, 눈앞에 펼쳐지는 달의 풍경만큼이나 참신한 비행 계획을 세웠다.

1분 후 암스트롱은 달 표면에 부드럽게 착륙했다. 그의 재빠른 상식이 놀라운 일을 해낸 것이다. 자동화된 지시와 창의적인 직관 사이를 빠르게 오가며 인류는 달에 첫발을 내디딜 수 있었다.

전문가가 안 된다고 할 수 없는 곳으로 가라

우주비행사들을 만나고 몇 달 후, 그들 중 한 명이 내게 개인적으로 연락을 해왔다. 그는 새 계획에는 항상 위험이 따른다는 것을 이해하지만, 자신이 현명하게 위험을 감수하고 있는지 확인받고 싶어 했다. 그는 무분별하게 허둥대며 사태를 악화하고 싶지 않다고 했다.

충분히 이해할 수 있는 고민이었다. 훌륭한 의사결정은 변동성을 악화하지 않고 상황에 대처하는 것이다. 하지만 삶이 불안정해지면 우리 뇌는 지나친 불안으로 공황 상태에 빠져 문제를 과장하고 악화할 수 있다. 이러한 피해를 자초하지 않기 위해 특수부대에서 사용하는 마지막 상식적인 의사결정 기법을 소개한다. '무엇을 할지가 아니라 무엇을 하지 말아야 할지 알려줄 전문가를 불러라.'

방법은 간단하다. 당신이 갑작스러운 난기류를 만났을 때 당신의 대응 계획을 전문가에게 제시한다. 그에게는 딱 한 가지만 묻는다. "이 계획이 실패할 거라는 증거가 있습니까?" 당신의 계획이 실패할 것이라는 걸 전문가가 증명할 수 있다면, 그 계획은 실패한다. 당신은 새로운 계획을 만들어야 한다. 하지만 전문가의 다른 조언은 무시한다. 전문가가 좋은 계획을 가지고 있다고 해도 그것은 과거에 좋았던 계획일 뿐이다. 전문가가 당신의 계획이 성공할 증거가 없다고 경고해도 지금 당장 잘될 수 있다.

특수부대는 이 전략을 "전문가가 '아니요'라고 말할 수 없는 곳으로 가라"라고 부른다. 이 전략은 당신이 어리석은 행동을 하는 것을 방지하는 동시에 적절한 위험을 감수하게 한다. 불확실한 환경에서 상식적인 의사결정을 극대화하는 간단한 방법이다.

만약 당신이 전문가라면 이 방법을 혼자서도 실행할 수 있다. 익숙한 상황에서 당신의 전문성이 '이 방법이 통할 것'이라 말하면 믿어야 한다. 하지만 익숙하지 않은 상황에서는 전문성과의 관계를 바꿔야 한다. 어떤 행동 방식이 통하지 않을 거라고 할 때만 전문성을 신뢰하자. 그 밖의 경우에는 전문성을 무시하고 새로운 접근법을 시도하자.

이런 사고방식으로 뇌를 훈련하면 최적화의 함정을 피할 수 있다. 조건이 바뀌면 시뮬레이터의 뇌를 끄고 매복한 적을 공격할 수 있다.

8장 [소통]
마음을 움직이는 언어

마야 안젤루와 링컨처럼
'왜'에 답하라

10억 달러. 이것은 인터넷 광고, TV, 소셜미디어에 쏟아부은 연간 마케팅 예산이었다.

하지만 매출은 신통치 않았다. 이 회사는 막대한 광고비를 쏟아부었음에도 불구하고 효과를 보지 못했다. 분명히 무언가 잘못되고 있었다. 답을 찾기 위해 임원들은 세계 유수의 경영대학원을 방문하며 조언을 구했다. 경험이 풍부한 석학들과 대화했고 대담한 아이디어를 지닌 젊은 교수들과도 이야기를 나누었다. 그리고 결국 나를 찾아왔다.

회의는 임원들이 수개월간 분석한 조사 결과를 설명하면서 시작되었다. 수천 편의 광고를 분석한 결과, 99퍼센트 이상이 아무런 효과도 없이 사라졌다. 하지만 극소수의 광고들은 매출 급증을 가져왔다. 그 성공 사례를 다시 들여다보니, 두 범주로 나눌 수 있었다. 첫 번째 범주에는 다수의 광고가 속했다. 이 광고들은 수익을 빨리 창출했지만 수명이 짧았다. 두 번째 범주에 속하는 광고는 겨우 열

두 편 정도였다. 이 광고들은 즉각적인 반응은 약했지만 수개월에서 수년까지 영향력을 유지했고 심지어 더 커지기도 했다.

임원들은 두 번째 범주의 광고들이 영향력을 지속하는 비결이 무엇인지 알고 싶어 했다.

나도 호기심을 느끼고 두 번째 범주에 속하는 광고들을 살펴보았다. 그중에는 애플을 역사상 가장 성공한 기술 기업으로 키우는 데 기여한 '1984' 광고도 있었다. 하지만 그 광고는 이 목록에서 최고가 아니었다. 최고의 영예는 그보다 3년 후에 제작된 TV 광고에 돌아갔다. 그 회사는 스스로 '신발 업계의 혁명'을 선도하고 있다고 주장했지만, 당시 불과 1년 사이에 수익이 40퍼센트나 폭락하며, 시장 점유율이 급속히 떨어지고 있었다.

그 광고의 제목은 'Just do it', 회사는 나이키였다.

이 나이키 광고에는 햇볕에 그을린 가슴에 공작새 문신을 한 80세의 러너 월트 스택Walt Stack이 등장했다. 그의 좌우명은 '천천히 시작하고, 조금씩 속도를 줄여라'였다. 광고는 그가 점점 속도를 줄이며 샌프란시스코의 금문교를 즐겁게 건너는 모습을 보여주었다.

광고는 월트가 다리를 다 지나가기도 전, 단 30초 만에 끝났다. 이 광고가 끝나자 임원들은 내게 다시 볼지 물었다. 그럴 필요가 없었다. 나이키 광고와 단기간에 매출을 올린 광고의 차이는 명백했다.

다른 광고는 두려움을 조장하는 방식으로 효과를 부추겼다. 시청자에게 구매하지 않으면 안 된다는 생각을 심어주었다. 반면 나이키 광고는 '상상력'을 자극했다. 시청자들이 자기 자신을 이기는 이야기를 만들어나가도록 유도했다.

내가 이렇게 설명하자 임원들은 놀라서 눈을 껌뻑였다. 다른 학자들이 한 말과 다르다고 했다. 그들은 내 결론의 근거가 무엇이며, 어떤 데이터를 참고했느냐고 물었다.

내게 나이키 광고에 대한 데이터는 없었다. 하지만 나는 심리전을 전문으로 하는 특수부대 요원들과 함께 일한 경험이 있었다. 그래서 광고가 뇌에 작용하는 중요한 세 가지 원리를 알고 있었다.

첫째, 뇌는 두려움을 느끼면 타인의 이야기에 쉽게 영향을 받는다(3장 참조). 그래서 폭력적이고 억압적인 정권의 시민들은 정부의 선전에 동조할 가능성이 높다.

둘째, 두려움을 자극하는 소통 방식은 무너지기 쉽다. 정권(또는 기업)이 더 이상 공포를 조장할 수 없게 되는 순간, 사람들의 뇌를 프로그래밍하는 힘도 잃는다. 결국 사람들은 주체성을 되찾고 자신만의 자유로운 서사를 만들게 된다(아니면 공포 팔이를 하는 다음 주체의 손아귀에 떨어진다).

마지막으로, 상상력을 자극하는 이야기는 개인이 스스로 만들어가는 '자기 인생 이야기'의 필수 요소가 된다. 내가 광고 속 세계를 상상하는 순간, 광고 속 이야기는 나의 이야기와 결합되어 광고가 기억에서 사라진 후에도 계속 살아 숨쉬는 더 큰 이야기를 형성한다.

나는 사람들이 나이키를 사는 이유를 이렇게 설명했다. 광고가 기억에 남아서가 아니라, 광고가 사람들에게 'Just do it'이라는 자신의 미래를 상상하게 만들기 때문이다. 그 미래는 그들 이야기의 일부가 되어 다른 광고가 부추긴 두려움이 사라진 후에도 계속 남는다.

임원들은 고개를 끄덕이며 내 분석에 수긍했다. 하지만 나이키 광고가 어떻게 상상력을 불러일으켰는지에 대해서는 여전히 의문을 품었다. 나이키 광고는 뇌를 사로잡기 위해 구체적으로 어떤 기법을 사용했을까? 우리도 같은 효과를 낼 청사진을 제시할 수 있을까?

나는 물론이라고 대답했다. 청사진을 제시할 수 있었다. 이 청사진에는 세 가지 주요 기법이 담겨 있었다. 나이키의 광고 기법이 한 유명 인물의 명작에서 따왔다는 것을 나는 쉽게 알 수 있었다. 그 인물은 바로 상상력을 자극하는 소통의 대가 윌리엄 셰익스피어였다.

중간에서 시작해 뇌의 스토리씽킹을 깨워라

첫 번째 기법은 '중간에서 시작하기'다.

이는 논리에 어긋난다. 논리에 따르면 효과적인 광고는 처음부터 시작해야 한다. 첫 번째 데이터 포인트를 제공하고 그 다음 두 번째, 세 번째 데이터 포인트를 차례로 내놓으며, 순차적으로 그림을 완성하는 것이다.

그럴듯하게 들리겠지만 이야기는 선형적인 정보 전달을 위해 진화하지 않았다. 2장에서 확인했듯 소통을 위해 생겨난 것도 아니다. 이야기가 지닌 더 근본적인 능력은 '뇌가 예상치 못한 상황에 현명하게 반응하도록' 돕는 것이다. 논리적으로 예측하는 지능적인 반응은 '시작 → 중간 → 끝'의 세 단계로 나타나야 한다. 그러나 뇌에서는 이 과정이 논리적인 순서대로 진행되지 않는다. 뇌는 '중간 → 시작 → 끝'의 순서로 움직인다. 바로 이 지점이 이야기의 작동 방식을 '현명하게' 만드는 기반이다.

그 과정은 다음과 같다. 뇌가 예상치 못한 사건을 마주치면 이야기가 작동하기 시작한다. 그 사건은 직장에서 겪는 위기일 수도 있고, 금융시장에 나타난 충격일 수도 있으며, 누군가의 당황스러운 행동일 수도 있다. 이때 우리의 뇌는 이 사건이 이야기의 '중간'임을 깨닫는다. 이 사건은 이전 사건에서 유래한 문제나 기회(즉 예외적 정보)다. 직장에서의 위기는 느닷없이 발생하지 않았다. 금융시장의 변동이 난데없이 생긴 것도 아니고, 그 사람이 뜬금없이 반응한 것도 아니다. 이런 사건에는 분명한 원인이 존재한다.

그 원인을 찾기 위해 뇌는 시간을 거슬러 올라가 이야기의 보이지 않는 '시작'을 추측한다. 예를 들어 직장의 위기는 동료와의 남모를 불화에서 촉발되었을 수 있다. 금융시장의 충격은 우발적인 원자재 과잉 공급에서 발생했을 수 있다. 그 사람의 행동은 숨겨진 심리적 요인에서 비롯되었을 수 있다.

뇌는 이렇게 과거로 돌아가 인과적 사고를 한다. 아이들이 "왜?"라고 물을 때도, 과학자들이 자연법칙을 가설로 세울 때도 인과적 사고가 발동한다.

뇌는 그럴듯한 원인을 찾으면 방향을 전환해 미래로 도약하며, 그 원인이 가져올 수 있는 효과를 추측한다. 남모를 불화, 원자재 과잉 공급, 숨겨진 심리적 요인이 초래할 수 있는 결과를 상상하는 것이다. 간단히 말해 이야기의 결말을 예측하고 '만약에'를 추측한다. 이 과정을 통해 우리는 예상치 못한 사건에 현명하게 대응하고, 주도권을 되찾고, 목적 있는 행동을 하는 방법을 알아낼 수 있다.

미래를 향한 이런 도약은 창의적 설계Creative Planning다. 리더와 발명가가 독창적인 전략과 기술을 개발할 때, 과학자가 새로운 실험을 시작할 때, SF 작가가 새로운 미래를 구상할 때 하는 일이다.

'중간 → 시작 → 끝'으로 연결되는 스토리씽킹 메커니즘을 활용하면, 청중이 당신과 함께 미래를 창조하도록 유도할 수 있다. 예상치 못한 중간 지점에서 시작해 호기심을 자극하고, 청중이 과거로 거슬러 올라가 시작에 대한 가설을 세우게 하면, 그들의 뇌는 미래로 도약해 끝을 상상하고 당신이 말해주지 않은 이야기의 결말을 완성할 것이다.

중간 지점에서 시작하는 이 기법은 고대 이야기꾼들이 이미 발견했다. 3천 년 전에 호메로스Homer의 《오디세이아》는 영웅이 전쟁에서 돌아오는 여정의 중간 지점에서 시작해 그가 왜 전쟁에 나갔는지, 그리고 그가 고향에 무사히 귀환한다면 어떻게 될지를 청중에게 상상하게 했다.

수백 년 후에는 로마 시인 호라티우스Horatius가 '인 메디아스 레스 in media res'라고 명명한 동일 기법이 셰익스피어에 의해 적극 활용되었다. 《오셀로》는 한밤중의 말다툼으로 시작된다. 《헛소동》은 러브 스토리의 한복판에서 시작된다. 막이 오르면, 주인공 베아트리체와

베네딕은 이미 헤어진 상태다.《템페스트》는 바다 한가운데에 몰아치는 폭풍우에 배가 침몰하는 장면으로 시작된다. 또한 10년에 걸친 밀라노의 두 왕자의 전투 속에서도 시작되는데, 한 왕자는 가라앉는 배에 타고 있고, 다른 왕자는 가까운 섬에서 오랫동안 마법을 익혀왔다.

셰익스피어의 중간 부분은 르네상스 관객에게 '왜'를 물었다. 그러고는 앞으로 돌아가 '만약에'라는 질문을 던지며 미래를 상상하게 했다. 그리고 이 기법은 오늘날 우리가 미래를 상상하는 방식이기도 하다. 우리는 SF라는 장르를 통해 상상한다. 이 장르는 1818년 침대 머리맡에 셰익스피어의《템페스트》를 두고 잤던 십 대 소녀 메리 셸리Mary Shelley에 의해 대중화되었다. 셸리는 괴물을 불러내는 과학자의 이야기가 중간부터 시작되는 이 희곡의 영향을 받아《프랑켄슈타인》을 창작했다. 이 작품은 괴물을 쫓기 위해 얼음 세계로 향하는 과학자의 여정 중간에서 시작해, 독자로 하여금 시간을 되돌려 추격의 시작을 상상하게 한 다음, 앞으로 펼쳐질 '만약에'를 떠올리게 한다.

1860년대에 역시 셰익스피어의 애독자였던 쥘 베른Jules Verne도 SF라는 장르를 채택했다. 그리고 1890년대에는 셰익스피어의 또 다른 애독자인 H. G. 웰스Herbert George Wells가 이 형식을 적용한 SF《타임머신》을 썼다. 이 환상적인 소설에서는 미래 문명의 한가운데로 뛰어든 후 지구의 생명이 시작될 무렵으로 돌아가고, 다시 시간의 끝으로 나아간다.

당신이 청중에 비슷한 비전을 심어주고 싶다면 논리에서 벗어나야 한다. 처음부터 원칙을 설명하면서 시작하지 말자. 이야기의 중간부터 시작해 청중이 수동적으로 정보를 흡수하는 대신 상상력을 발휘해 다음에 일어날 일을 꿈꾸게 하자.

보편성이 아닌 예외성에 주목하라

두 번째 기법은 '규칙의 예외에 집중하기'다.

이 또한 이야기의 원형을 사용하도록 부추기는 논리와 모순된다. 원형은 영웅, 선과 악의 대립, 동화의 결말처럼 보편적인 인물과 구조를 말한다. 논리의 관점에서 보면, 보편성보다 강력한 것은 없다. 하지만 스토리씽킹이 작동하는 우리의 뇌에게 보편성은 곧 진부함을 의미한다. 익숙하고, 뻔하고, 재미 없다는 뜻이다.

뇌의 주의를 사로잡아 '왜'와 '만약에'를 상상하게 하는 것은 보편성의 반대인 이례성이다. 이례적인 인물이나 사건은 규칙을 어긴다. 다시 말해 예외적 정보다(1장 참조).

셰익스피어는 이례성을 알아보는 탁월한 안목을 가졌다. 그래서 그의 인물들은 원형이 아니라 예외다. 햄릿은 깊이 생각하는 사색가이자 행동파 영웅이다. 클레오파트라는 강인한 책략가이지만 연약한 마음을 지녔다. 팔스타프는 사춘기 소년처럼 행동하는 노인이다. 그리고 셰익스피어의 《베니스의 상인》의 주인공 샤일록이 있다.

기독교 도시에서 유대인으로 살아가는 그는 이례성 때문에 거리에서 부당한 대우를 당한다. 하지만 그를 심판하는 재판관들은 스스로를 선과 악이 맞서는 이야기 속 영웅으로 보는 반면, 샤일록은 그들에게 인생이 그렇게 수학처럼 딱 떨어지지 않는다는 사실을 일깨운다. 기독교인인 그들의 영혼에는 복수심이라는 불경한 욕망이, 샤일록의 냉혹한 마음에는 순수한 웃음이 깃들어 있다.

셰익스피어의 인물들은 예외적이기 때문에 우리를 매혹하며 상상력을 자극한다. 우리는 그들이 어디에서 왔는지, 그들의 유별난 행동은 어떤 특이한 부모나 문화에서 기인한 것인지 궁금해한다. 그리고 우리의 상상력은 셰익스피어의 인물들이 무대를 떠난 후에도 계속 작동한다. 미래의 모험에 그들의 정신과 함께하면서 우리는 커뮤니케이션communication이라는 단어의 어원인 교감communion을 경험한다. 다른 이의 삶을 우리의 삶에 연결하는 것이다.

셰익스피어 이후, 이 기법은 1930년대 세인트루이스에서 《베니스의 상인》을 암기한 소녀에 의해 계속되었다. 이 소녀는 훗날 마야 안젤루가 되었고, 기념비적인 회고록 《새장에 갇힌 새가 왜 노래하는지 나는 아네》를 썼다. 이 책은 그녀가 세상의 미의 기준으로부터 벗어난 예외적 존재임을 고백하는 것으로 시작한다.

— 세월의 흔적으로 바랜 내 피부는 진흙처럼 칙칙해 보였다. 교회에 가면 사람들이 하나같이 내 깡마른 다리를 흘끔거렸다. 어느 날 내가 검고 추한 꿈에서 깨어나 엄마가 펴지 못하게 했던

곱슬머리 대신 내 진짜 머리인 기다란 금발을 갖게 되면 저 사람들은 놀라 자빠지겠지? 내 연푸른 눈동자에 정신을 못 차리겠지?

여기서 안젤루는 자신이 언젠가 세상의 이상형인 작고 하얀 예쁜 소녀처럼 보이게 될 꿈을 꾼다. 하지만 샤일록처럼, 안젤루가 우리의 상상력을 사로잡는 이유는 그녀가 원형이기 때문이 아니라 원형을 깨뜨리기 때문이다.

링컨이 《맥베스》에서 배운 수수께끼의 힘

세 번째 기법은 '수수께끼처럼 말하기'다.

수수께끼는 서로 모순되는 두 가지를 연결한다. '말릴수록 더 젖는 것은?' '항상 움직이지만 아무데도 가지 않는 것은?' '부자에게는 없고 가난한 사람에게는 있는 것은?' 이런 논리의 균열은 호기심을 자극하고 긴장감을 유발해 우리로 하여금 답을 알고 싶어 안달하게 한다(위 수수께끼의 답을 모른다면, 지금 당장 이 문단 끝에 적힌 정답을 확인하고 싶다는 긴장감을 느낄 것이다). 이처럼 수수께끼는 청중의 주의를 '앞으로' 끌어당기는 몰입감을 형성하며, '만약에'라는 상상력을 자극해 그들의 이야기를 미래 지점까지 이끌어간다(이 수수께끼의 답은 수건, 강, 무無다).

셰익스피어는 이 기법을 《맥베스》에서 사용한다. 이 희곡은 의문의 세 자매가 "싸움에서 지고도 이길 때 다시 만나자"라고 외치면서 시작된다. 그들은 곧이어 다른 수수께끼를 주고받는다. "선한 것은 악하고, 악한 것은 선하다." 청중은 강한 호기심을 느끼게 된다. 어떻게 싸움에서 지는 동시에 이길 수 있을까? 선한 것이 어떻게 악할 수 있을까? 이야기를 쫓아가면서 우리는 깨닫는다. 모든 싸움은 지는 동시에 이기는 것이다. 늘 승자와 패자가 있기 때문이다. 패자에게는 결과가 악하고, 승자에게는 선하다.

역사상 가장 위대한 소통가로 꼽히는 에이브러햄 링컨은 《맥베스》의 수수께끼를 즐겨 인용했다. 링컨은 셰익스피어를 열렬히 사랑했다. 남북전쟁이 한창이던 1863년 8월 17일, 그는 백악관에서 선언했다. "《맥베스》에 비길 것은 아무것도 없다. 정말 훌륭한 작품이다." 석 달 후인 11월 19일, 링컨은 최고의 명연설로 알려진 게티즈버그 연설에서 셰익스피어의 수수께끼 기법을 활용했다.

— 87년 전, 우리 선조들은 이 대륙에 새 나라를 세웠습니다. 자유의 정신으로 잉태되고, 모든 사람은 평등하게 창조되었다는 신념에서 탄생한 나라입니다.

여기서 수수께끼는 무엇일까? 바로 미국이다. 모든 사람은 평등하게 창조되었다는 신념에서 탄생했지만, 사람을 노예로 삼아 불평등을 만드는 나라.

《맥베스》에서 수상한 자매들이 던진 수수께끼는 긴장감을 자아내며, 우리에게 다음 단계를 상상하게 한다. 링컨의 수수께끼도 마찬가지로 미래의 자유를 꿈꾸도록 우리를 일깨워준다.

— 우리는 목숨을 바친 이들의 죽음이 헛되지 않게 하겠다고, 신의 가호 아래 이 나라가 새로 탄생한 자유를 누리게 하겠다고, 그리고 국민의, 국민에 의한, 국민을 위한 정부가 이 땅에서 사라지지 않게 하겠다고 강력히 결의합니다.

당신도 청중에게 수수께끼를 던져보라. 그들은 당신과 함께 미래의 해답을 상상하며, 내일의 이야기를 써내려가게 될 것이다.

두려움이 아닌 상상력으로 마음을 사로잡는 법

나이키 광고에는 셰익스피어의 세 가지 기법을 모두 결합했다.

- 광고는 월트가 다리를 반쯤 건너 조깅하는 도중에 시작한다.
- 월트는 젊고 건강한 운동선수 모델이라는 규칙의 예외다. 그는 머리가 벗어진 팔십 대 노인이다.
- 월트 자체가 하나의 수수께끼다. 왜 그는 편히 쉬어야 할 나이에, 아침마다 27킬로미터를 달릴까? 그가 느긋하게 말한다. "겨

울에 이가 덜덜 떨리면 어떻게 하느냐고 사람들이 물어요." 곧이어 빙긋 웃으며 대답한다. "틀니는 사물함에 빼놓고 와요."

나이키 광고에 대한 내 분석에 회사 임원들은 흥분했다. 그들은 이 내용을 자사 커뮤니케이션 전략에 적용하기 위해 두 가지 추가 질문을 던졌다.

첫째, 임원들은 청중의 상상을 어떻게 통제할 수 있는지 궁금해했다. 그들은 이렇게 물었다. "사람들에게 미래에 대한 비전을 갖게 하는 것은 좋지만 그 비전을 어떻게 우리가 원하는 방향으로 이끌 수 있습니까? 그리고 어떻게 해야 우리가 원하는 것을 청중에게 보여줄 수 있습니까?"

나는 유일한 통제 수단은 두려움이며, 상상력은 통제할 수 있는 대상이 아니라고 대답했다. 임원들은 크게 실망했다. 하지만 청중을 통제해야만 나이키 광고처럼 성공할 수 있는 것은 아니라고 설명하자 곧 반색했다. 나이키 광고는 시청자의 생각을 조작하는 것이 아니라 공동의 목적을 상상하도록 자극하는 방식으로 작동했다. 그 공동의 목적이 나이키 운동화를 사는 이유다. 나이키가 사라고 지시해서가 아니라, 나이키와 가까이 연결되어 있다는 유대감을 느끼기 때문이다. 사람들은 나이키와 함께 다음 모험을 떠나고 싶어 한다.

그 목적의식을 더욱 강화하고 싶다면 셰익스피어의 네 번째 기법을 사용하면 된다. '시작으로 끝내기.' 다시 말해 청중에게 '왜'를 설명하면서 마무리하는 것이다.

'왜'는 어떤 이야기의 중간, 예외, 또는 수수께끼를 만났을 때 떠오른다. 그 '왜'는 뇌가 다음에 다가갈 미래인 '만약에'의 시작점이 된다.

'만약에'는 통제할 수 없다. 하지만 '왜'는 만들 수 있다. 나이키 광고는 끝부분에 러너의 동기를 설명하면서 바로 그렇게 했다. "Just do it(그냥 해)." 이 설명은 러너가 매일 아침, 날씨가 좋으나 궂으나 27킬로미터를 달리는 이유를 풀어준다. 러너를 달리게 하는 것은 인생을 대하는 그의 태도다. '행동은 의심을 이긴다. 그러니 지금 당장 목표를 향한 첫걸음을 내디뎌라.'

나이키가 반드시 이 '왜'로 끝낼 필요는 없었지만, 이 마무리는 효과가 있었다. 그것은 뇌의 근원적 동기인 성장하려는 욕구와 연결된다. 셰익스피어의 등장인물들이 원형의 규칙을 깨뜨리듯이, 낡은 선입견을 뛰어넘을 수 있는 인간의 잠재력을 일깨워준다.

SF, 마야 안젤루, 링컨에서도 비슷한 점을 발견할 수 있다. SF는 '왜 우리가 꿈꾸는가'를 일깨운다. 새로운 미래를 창조하고 현재의 잠재력을 끌어내기 위해서다. 안젤루는 '왜 우리는 자신의 삶을 되돌아보는가'를 일깨운다. 우리 안에 있는 예외성을 발견하고 특별한 잠재력을 끌어내기 위해서다. 링컨은 '왜 미국이 건국되었는가'를 일깨운다. 모든 이에게 자유를 누릴 기회를 주어 인간성의 잠재력을 끌어내기 위해서다.

내가 이렇게 설명하자 임원들은 진지하게 고개를 끄덕였지만 메모를 하지는 않았다. 사실 그들은 회의 내내 펜을 들지 않았다. 기억력이 좋아서인 줄 알았는데 알고 보니 SF도, 안젤루도, 링컨도 관심이 없었던 것이다. 그들이 원하는 건 단 하나, 상상력을 효과적인 마케팅으로 활용하는 간단한 요령뿐이었다.

나는 그들에게 다음 세 가지 공식을 설명했다.

1. 청중이 '왜'라는 의문을 품게 하라.
2. '왜'를 설명해 청중의 의문을 해소하라.
3. 침묵을 지키면서 청중이 '만약에'를 상상하게 하라.

1번은 중간에서 시작하거나(셸리처럼), 기존 서사를 파괴하거나(안젤루처럼), 수수께끼를 던지면(링컨처럼) 된다. 2번은 시간이 주어지면 청중이 스스로 떠올렸을 법한 설명을 제공하면 된다. 3번은 절제하는 것이다. 광고가 끝난 후 청중에게 다음에 뭘 해야 할지 지시하지 마라. 그냥 그들이 상상력을 발휘하는 모습을 지켜보자. 당신의 어떤 말보다 상상력이 그들의 미래 행동을 강하게 이끌 것이다.

요약하자면 이렇다. 사람들의 호기심을 자극해 경이로움에 휩싸이게 한 다음, 세상이나 그들 내면에 존재하는 새로운 잠재력을 드러내는 설명을 제시해 새로운 방향으로 나아가도록 유도하라. 더 간단히 말하면, 청중이 질문을 상상하게 한 다음, 그들의 상상보다 더 나은 답을 주는 것이다.

끝에서 시작해 중간을 상상하게 하라

임원들의 마지막 질문은 "내부 소통은 어떻게 하죠?"였다.

내부 소통은 종종 마케팅의 일종으로 간주되지만, 사실은 그렇지 않다. 마케팅은 고객, 의뢰인, 협력자 등 외부 청중을 대상으로 한다. 참여를 유도해 더 많은 사람이 당신의 이야기를 자신의 이야기에 녹여내도록 하는 것이 목적이다. 반면 내부 소통의 대상은 내부 청중인 팀원들이다. 모든 구성원이 하나의 목표와 계획을 공유하고, 그에 따라 움직이게 하는 것이 목적이다.

따라서 내부 소통은 외부 소통과 반대다. 외부가 아닌 내부로 들어가 확산이 아닌 응집을 지향한다. 그래서 사용하는 이야기의 구조도 반대다. '중간'에서 시작해 청중에게 끝을 상상하게 하는 것이 아니라, '끝'에서 시작해 '중간'을 상상하게 한다. 다시 말해 사람들에게 가야 할 목적지를 알려주되, 그 길을 스스로 개척할 수 있도록 힘을 실어준다.

이는 셰익스피어의 또 다른 기법인 '지휘관의 의도Commander's Intent'를 통해 가능하다. 《햄릿》의 한 독백 장면이 이를 잘 보여준다. 햄릿은 배우들에게 장황한 연설을 하며 무엇을 해야 하는지, 무엇을 하지 말아야 하는지 세세하게 지시한다. 이는 역효과가 가장 큰 내부 소통 방식이다. 팀의 자율성을 빼앗아 예상치 못한 상황에 적응하는 능력을 떨어뜨리는 한편, 팀원들을 자신의 직관을 믿지 못하는 부정적인 심리 상태에 빠뜨린다.

하지만 결국 햄릿은 배우들에게 그들의 '목적'이 '본성을 비추는 거울을 드는 것'이라고 일깨우면서 겨우 소통에 성공한다. 배우들은 이 목적을 염두에 두고 자신만의 방식으로 중간을 창조해낸다. 햄릿의 세세한 개입은 잊고, 그의 의도에 맞게 공연을 완벽하게 마무리한다.

그로부터 3세기 후 '지휘관의 의도'는 또 다른 전설적인 소통가 윈스턴 처칠Winston Churchill에 의해 세계무대에 드러난다. 처칠은 제2차 세계대전 당시 영국의 총리였고, 《햄릿》의 열렬한 팬이기도 했다. 사실 그는 '본성을 비추는 거울을 드는 것'이 나오는 햄릿의 대사를 시작부터 끝까지 외울 정도였다.

정확한 목표를 제시하는 이 연설을 처칠은 여러 번 유용하게 활용했다. 총리로서 가장 어두웠던 시기인 1940년 6월, 히틀러의 독일군이 프랑스를 침공해 영국군이 됭케르크에서 철수해야 했을 때도 마찬가지였다. 당시 처칠은 히틀러의 기세를 꺾고 영국의 사기를 북돋우기 위해 주도권을 되찾아야 했다. 그래서 그는 영국군에 '특수 훈련을 받은 사냥꾼 부대'를 양성하라는 간단한 내부 지시를 내렸다. 이 명령으로 영국 특공대가 창설되었는데, 이들은 기존 군사 훈련을 새로운 방법으로 대체했다. 행군 대신 산을 오르고, 집라인을 타고, 토끼를 쫓고, 눈을 가린 채 복싱을 했다.

이러한 훈련 혁신이 단지 처칠의 명령에서 나온 것은 아니지만, 정확히 그가 원하는 결과를 가져왔다. 1941년 3월 4일, 새로 조직된 특공대는 독일이 점령한 노르웨이 로포텐제도를 기습 공격했다. 그곳에서 그들은 히틀러 군대가 사용하던 극비 암호 기계 에니그마의 회전자와 암호책을 노획했다. 빼앗은 자료는 영국이 히틀러의 내부 명령을 해독하는 데 도움이 되었다. 이는 대서양에서 북아프리카에 이르는 전투에 영향을 미쳤으며 연합군이 됭케르크와 프랑스 전역을 탈환하는 데 크게 기여했다.

처칠의 소통법이 이런 성과를 낸 것은 '끝'(특수훈련을 받은 사냥꾼)을 정확히 설정한 덕분에 부하들이 상상력을 발휘해 '중간'(산악 등반, 집라인 타기, 토끼몰이, 눈 가리고 복싱)을 개발할 수 있었기 때문이다. 이 중간 단계는 처칠의 의도를 그의 직접적인 통제 범위 이상으로 확장해 실현했다. 실제로 1940년대 영국군을 넘어 10년 후 미국에까지 영향을 미치게 된다. 이 과정에서 병사들은 중간 단계의 일환으로 기존의 표준 군용 헬멧 대신 떡갈나무 잎색 베레모를 착용하기 시작했는데, 이 상징은 1954년 미 육군 특수부대가 채택한 모자의 시초가 되었다. 이것이 오늘날 우리가 미 육군 특수부대를 '그린베레'라고 부르는 이유다.

처칠의 철학에 뿌리를 둔 그린베레는 지휘관의 의도를 전하는 3단계 공식을 갖고 있다. 1단계, 팀원들에게 임무의 목표(이야기의 끝)를 알린다. 2단계, 임무의 '왜'(이야기의 시작)를 설명한다. 3단계, 입을 다물고 팀이 스스로 중간 단계를 만들어나가도록 한다. 이렇게 하면 전술을 제한하지 않고 전략을 정의할 수 있으며(2장 참조), 팀원들이 당신의 지시를 곧이곧대로 따르기보다 당신의 의도를 주도적으로 실현할 수 있다.

실패한 내부 소통(군 사령관이 내린 명령, CEO의 지시, 부모의 지적)은 종종 청중의 문제로 돌려진다. 부하들이 내 말을 듣지 않았다, 팀이 실행하지 못했다, 아이들이 집중하지 않는다는 식이지만 이런 변명은 대개 사실이 아니다. 대부분의 경우 전달자가 처칠의 철학이 담긴 그린베레의 공식을 벗어난 탓이다. 전달자가 목표를 명확히 제시하지 않았거나 '왜'를 설명하지 않았던 것이다.

만약 당신의 내부 소통이 원활하지 않다면, 팀에 두 개(또는 그 이상)의 목표를 제시하지 않았는지를 먼저 확인해야 한다. 이는 명백한 잘못이다. 팀원들이 각기 다른 방향으로 달리게 만들기 때문이다. 때로는 앞서 말한 목표와 모순되는 지시를 내리기도 한다. 이는 반응적 관리reactive management의 증상이다. 즉 전달자가 주요 목표를 결정하지 못했다는 뜻이다(1장 참조). 목표를 결정하지 못하면, 말도 꺼내기 전에 소통은 실패한다.

두 번째로 흔한 오류는 '왜'(이유) 없이 목표만 제시하는 것이다. 예상치 못한 난관(또는 기회)을 만나면, 팀원들은 "리더라면 어떻게 할까?"를 예측하지 못하고, 주저하거나 의욕을 잃거나 제멋대로 행동한다.

유능한 전달자는 청중을 탓하지 않는다. 그들은 단어 선택, 손짓, 목소리에 힘을 주고 또박또박 말하는 것 따위에 집착하지 않는다. 단어, 동작, 음성은 아무래도 좋다. 당신의 고유한 스타일로 자연스럽게 전달하는 것이 중요하다. 스스로 편하게 느끼고 다른 사람들도 당신의 진정성 있는 표현 방식으로 인식하면 족하다. 소통에 있어서 스타일의 역할은 거기까지다.

가장 중요한 것은, 하나의 명확한 목표를 일관되게 유지하고 그 목표가 왜 중요한지 명확하게 설명하는 것이다. 이런 방식으로 팀과 소통하면 팀은 정형화된 행동을 하지 않는다. 특공대의 작전이나 셰익스피어의 연극처럼 상황 변화에 즉흥적으로 대응할 수 있다. 모든 팀원이 주요 목표와 전체적인 동기를 이해한다면, 이야기는 유기적으로 연결되어 결말까지 이어질 것이이다.

베트남 마을에서 발견한 진정성의 비밀

임원들이 메모를 하지 않았기에 나는 명함을 요청했다. 그 뒷면에 효과적인 소통 공식을 적었다.

- **외부 소통** = 질문을 유도하고, 그 질문에 답하라
- **내부 소통** = 단 하나의 목표 + 이유

임원들은 고맙다며 내게 명함을 받아들고 서둘러 자리를 떠났다. 한 사람만이 남아서 내게 잡담을 건넸다. 그러다 그의 말투가 갑자기 진지해지더니, 직장이 아닌 집에서 소통 문제가 있다고 털어놨다. 그는 영업과 팀 운영에는 자신있지만 퇴근 후에 배우자, 자녀, 부모, 형제자매와는 소통이 어려운 모양이었다.

그 임원은 평소에는 차분하고 조리 있게 말하는 사람이었다. 하지만 가족과 소통이 안 된다는 얘기를 할 때는 내 시선을 피하고 버벅대면서 두서없이 말을 꺼내 미안하다고 했다. 그러면서 지금껏 누구에게도, 아내나 자신에게도 해본 적 없는 말이라고 덧붙였다. 남모를 고충을 누군가에게 털어놓은 것은 처음이라고 했다. 어쩐지 내게는 말해도 될 것 같다고 하면서.

그가 누군가에게 이렇게 속내를 표현한 적이 없었다고 털어놓았을 때, 나는 그와 가족 간의 대화에 어떤 문제가 있는지 알아차렸다. 소통의 마지막 요소인 신뢰가 빠진 것이었다. 신뢰는 자신의 삶에서 무슨 일이 일어나고 있는지 있는 그대로 드러내는 것에서 시작된다. 신뢰가 없다면 자신을 완벽하게 표현한들 아무도 귀담아듣지 않는다. 설령 알아들어도 믿지는 못하기 때문에 상대는 건성으로 반응하거나 아예 반응하지 않게 된다. 겉보기에는 대화처럼 보이는 것이 실제로는 혼자 떠드는 독백에 불과하다.

이에 대한 해결책은 마지막 소통 요령에서 찾을 수 있다. 입을 열기 전에 자신의 삶에 대해 솔직하게 밝히기로 결심하는 것이다. 이 요령은 수십 년 전 베트남 중부 고원지대 인근의 습한 계곡에서 시작되었다. 계곡 한가운데에는 야자수 잎으로 지붕을 얹은 나무 집들이 마을을 이루고 있었다. 20세기 초, 이 마을에는 활기가 넘쳤다. 자전거가 붉은 흙길을 덜컹대며 달리고, 밭에는 울긋불긋한 양배추가 자라고, 아이들은 반얀나무 그늘에서 뛰놀았다. 하지만 1950년대에 일어난 내전이 죽음을 가져왔다. 겁에 질린 사람들은 전부 집

안으로 숨었다. 돼지마저도 대나무 우리에 단단히 묶였다. 물 펌프 삐걱대는 소리가 멈췄고 사탕수수 밭은 더위에 시들어갔다.

미군은 이 마을에 활기를 되찾아주기 위해 그린베레 A팀을 보내 보호 임무를 맡겼다. 일상을 무너뜨린 폭력으로부터 마을 사람들을 지키는 것이 목표였기 때문에, A팀은 경찰처럼 도로를 지키고 무장 약탈자들을 체포했다. 하지만 그린베레는 곧 깨달았다. 아무리 순찰을 하거나 무기를 압수해도 이 마을은 예전의 삶으로 돌아오지 않는다는 것을. 마을 사람들은 집 안에 틀어박힌 채 대문을 잠그고 창문을 닫았다. 거리에는 반얀나무 외에 아무것도 없었다.

결국 그린베레는 법 집행만으로는 충분하지 않다는 것을 깨달았다. 마을 사람들이 집에서 나와 자유롭게 어울리려면 표면적인 안전만으로는 부족했다. 그들 스스로 안전하다고 느껴야 했다. 신체적 안전 외에도 정서적 안전이 필요했다.

정서적 안전은 눈에 보이는 실제 위협이 없는 것만으로는 부족하다. 상상으로 예측되는 잠재적 위협도 없어야 한다. 또한 이런 잠재적 평화는 사회의 유지와 개인의 성장에 매우 중요한 역할을 한다. 이는 그린베레가 좋아하는 올챙이 이야기에 잘 드러난다. 베트남의 또 다른 주민인 올챙이는 봄에 부화한 후 몇 달 동안 논과 히비스커스 연못에서 자라 개구리가 된다. 하지만 흥미롭게도 불안정한 서식지(포식자의 흔적이 남아 있는 개울이나 물이 말라서 수심이 얕아진 호수)에 놓이면 유영 시간을 줄여 더 빨리 개구리로 변태한다. 개구리는 올챙이보다 살아남기 쉬우므로 이는 영리한 적응 방법이다. 하지만 치러야 할 대가도 있다. 더 빨리 자라는 개구리는 몸집이 작다는 점이다. 올챙이 단계를 단축한다는 것은 먹고 쉬고 성장하는 기간을 단축한다는 뜻이다. 변태를 앞당겨 생존 가능성을 높이면 살아남을 수 있지만 결국 작은 개구리로 전락한다.

정서적으로 불안정한 환경에 놓인 인간 아이들에게도 똑같은 일이 생긴다. 앞으로 나쁜 시기가 닥칠 거라는 예감에 불안한 아이들은 빠르게 성숙해 스스로를 지키는 법을 배운다. 빨리 어른이 되면 생존에 도움이 되지만, 마음과 꿈을 살찌우는 성장기를 충분히 누리지 못해 시야가 좁아진다. 그린베레의 한 의무병은 이렇게 말했다.

"불안한 가정에서 태어난 아이들은 알코올에 중독되고 갱단이나 성매매자가 될 가능성이 높습니다. 책을 읽고 예술가나 리더가 될 확률은 낮고요. 그렇다면 이런 의문이 생기죠. 만약 이 아이들이 더 크게 자랄 수 있는 환경에서 성장했다면 어땠을까?"

베트남 마을의 경우, 정서적 불안의 근원은 그린베레 자체였다. 마을 사람들에게 그린베레 대원들은 동기를 알 수 없는 중무장한 이방인이었다. 그들의 평화 유지 활동은 고마웠지만, 과거에 군벌에게 같은 보호를 받은 적이 있는 마을 사람들은 결국 치러야 할 대가가 있을 거라 생각했다. 그래서 지금은 아무도 다치지 않더라도 걱정할 수밖에 없었다. '이 미국인들은 앞으로 어떤 가혹한 대가를 요구할까?'

마을 사람들을 안심시키기 위해 그린베레는 임무 목표를 정서적 안정으로 바꿨다. 그들은 총을 내려놓고, 고구마와 껌을 나눠주었다. 마을 원로들에게 허리 굽혀 인사를 하고 농담을 주고받았다. 하지만 아무런 효과가 없었다. 그러던 중 한 그린베레가 좀 더 진솔한 대화를 나눌 방법을 찾았다. 마을 사람들은 좀처럼 자기 생각을 드러내지 않았지만, 그가 조지아 서부 언덕에서 보낸 어린 시절의 이야기를 꺼내면 귀를 쫑긋 세웠다. 그는 상점이 하나밖에 없는 시골 마을의 농장에서 어머니와 함께 살았던 과거를 털어놓았다. 그러자 진지하게 듣기만 하던 마을 사람들이 자신의 얘기를 꺼내기 시작했다. 그들은 웃고 떠들며 어린 시절과 계곡의 역사에 대한 추억을 나누었다.

이야기가 활발히 오가면서 그린베레 대원들은 깨달았다. 자신이 살아온 이야기를 더 솔직하고 완전하게 털어놓을수록 마을 사람들 역시 그렇게 한다는 것을. 그리고 그것이 시민 사회 회복에 기여할 신뢰의 고리를 만든다는 것을. 마을 사람들은 다시 집 밖에서 잡담을 나누고, 돼지들은 우리에서 나와 마당을 누볐으며, 아이들은 다시 밖에서 뛰놀기 시작했다. 폐쇄되었던 사원이 다시 문을 열었고 그 뒤를 이어 시장과 학교가 문을 열었다. 소통으로 공동체가 회복된 것이다. 그린베레는 이러한 신뢰 관계 형성을 '라포rapport'라고 표현했다.

먼 타국 마을에서든 자기 집 식탁에서든, 사회는 분열을 넘어 이런 관계를 구축할 수 있다. 자신에게 간단히 물어보자. '내 삶에서 말하기 껄끄러운 사실은 무엇인가?' 그 사실을 밝히면서 개인사를 솔직히 털어놓자. 3장과 6장에서 살펴본 과거의 슬픔과 수치심을 내 삶의 이야기 속에 통합하는 방법을 활용해 솔직함의 토대를 마련하자. 타인에게 자신의 삶을 솔직히 꺼내놓으려면 먼저 스스로에게 솔직해야 한다.

자신에 대한 껄끄러운 정보를 모두 공유하라는 말은 아니다. 대화를 하다가 자연스레 꺼내놓을 의향이 있으면 족하다. 그런 의향은 당신이 그린베레가 말하는 '진정성'을 가진 사람임을 보여준다.

우리의 뇌는 진정성을 감지할 수 없지만 진정성의 부족은 예리하게 감지한다. 상대가 회피나 방어의 태도를 보이고 특정 주제를 꺼리거나 물리칠 때 진정성의 부족이 드러난다. 하지만 삶의 곤란한 진실을 공개적으로 인정하기로 결심했다면, 그렇게 거부하는 태도를 보이지 않을 것이다. 열린 자세로 차분하게, 상대도 맘 편히 자신을 드러낼 수 있게 격려할 것이다. 그 결과 신뢰가 저절로 커지는 진정한 연결의 공간이 생긴다.

"이건 우리 영업팀에게 알려줘야 할 좋은 팁이네요." 그 임원이 중얼거리듯 말했다.

물론 그럴 것이다. 하지만 이 요령의 진짜 목적은 그가 처음으로 가족과의 문제를 해결하려는 열망을 솔직히 털어놓게 하는 것이었다. 그가 내게 그런 고백을 한 이유는 내가 그의 삶에 대해 특별히 잘 알아서가 아니다. 내가 그린베레에게서 내 개인사와 화해하는 법을 배운 덕분에 낯선 사람과의 사이에서도 친밀감을 형성할 정서적 안전지대를 만들 수 있었기 때문이다.

이 요령의 진짜 목적은 한마디로 교감을 형성하는 것이다. 셰익스피어가 발견했듯이(앞의 내용 참조) 교감은 소통의 본질이다. 사람 사이에서 온기(그린베레가 선호하는 표현으로는 사랑)를 느낄 때 우리는 교감의 존재를 깨닫는다. 사랑은 스스로 인정하기 힘든 부분을 포함한 내 모든 이야기를 기꺼이 들어줄 사람을 만날 때 시작된다. 그 사람도 자신의 이야기를 전부 공개해 보답할 때, 사랑은 꽃을 피운다. 마음을 열지 않으면 사랑은 시든다. 더 이상 상대에게 귀 기울이지 않거나 투명해지려고 애쓰지 않게 되는 것이다. 어느 쪽이든 신뢰의 고리가 끊어져 우리는 각자의 이야기로 도피한다. 애정을 회복하려면 다시 서로의 인생사를 혼합해야 한다.

 이 사랑의 공식은 연애든, 가족이든, 직장이든 모든 인간관계에 적용된다. 필요한 것은 단 하나, 자신의 인생 이야기를 전부 공유하겠다는 의지다. 많은 사람이 그 의지를 키우는 데 어려움을 겪는다. 과거를 부끄러워하거나 다른 사람의 판단이 두려워 숨기거나 속이기 때문이다. 하지만 그린베레가 반얀나무 마을에서 깨달았듯, 세상에는 진정한 연결의 기회가 가득하다. 그 기회를 발견하려면 먼저 자신의 이야기를 스스로에게 솔직하고 완전하게 털어놔야 한다. 그리고 그것을 공유할 결심을 해야 한다. 처음부터 모든 사람에게 밝힐 필요는 없다. 일단 회피나 방어 성향이 없는 사람과 나눠보자. 그러면 정서적 안정을 얻을 수 있다. 그리고 사랑의 유대감 속에서 진정한 소통을 할 수 있다.

9장 [코칭]
잠재력을 깨우는 법

챔피언과 윌리엄 오슬러처럼
인재를 성장시켜라

그들은 손가락마다 챔피언 반지를 낀 세계 최고의 미식축구 코치들이었다. 그럼에도 불구하고 그들은 한 가지 기본적인 문제 때문에 밤잠을 설쳤다. '모든 선수가 각자의 잠재력을 최대한 발휘하도록 이끌 방법은 없을까?'

내가 이 코치들을 만났을 때, 그들은 그중에서도 가장 골치 아픈 문제인 '신인 쿼터백'에 대해 고민하고 있었다. 신인 쿼터백은 가능성이 넘친다. 그에게는 팀과 경기를 한 단계 끌어올릴 기량이 있다. 혁신하고 적응하고 리드할 수 있다. 태클러보다 빠르게 생각하고 즉흥적으로 터치다운을 만들어내며, 엉뚱한 전술로 역전승을 만들어낼 수 있다.

하지만 신인 쿼터백은 잠재적 사고뭉치이기도 하다. 갑자기 겁을 먹고 어쩔 줄 몰라 하거나 조명 아래서 주저앉을 수도 있고, 과도한 자신감이나 자기회의에 빠져 잠재력을 낭비할 수도 있다. 게으르거나 호기심이 없거나 동료들에게 무관심할 수도 있다. 이기는 방법만큼이나 새로운 방식으로 지는 방법도 얼마든지 만들어낼 수 있다.

코치들은 내게 물었다. 신인은 어떻게 다뤄야 할까? 전술을 미리 정해주어 정신적 압박으로부터 보호해야 할까? 아니면 베테랑 선수를 대하듯 존중하면서도 엄격하게 대해야 할까?

나는 미식축구에 문외한이지만, 특수부대의 신병 지도법에서 힌트를 얻을 수 있었다. 그 원칙은 '신인을 통제하지 마라'였다. 다시 말해 신인에게 작전집을 살펴보고 가장 끌리는 작전을 선택하게 한 다음, 그 작전의 실행을 그의 방식에 맡기는 것이다.

내 제안에 코치들은 깜짝 놀랐다. 그들은 잠시 고민하더니 내게 재차 물었다. "이 규칙이 정말로 신인의 잠재력을 최대한 끌어낼 수 있습니까?" 물론이라고 나는 대답했다. 하지만 특수부대에서 이 규칙을 사용하는 것은 그것 때문만은 아니다. 코치를 포함한 팀원 모두의 잠재력을 최대한 끌어내기 위해서다.

신참에게 비행을 맡겨야 전문가도 성장한다

나는 육군 조종사에게서 이 규칙에 대해 처음 들었다.

그녀는 미 육군 특수작전 항공연대Special Operations Aviation Regiment (SOAR) 소속이었다. 이 연대는 다양한 항공기를 조종하는데, 주력은 스텔스 헬리콥터인 블랙호크와 AH-6 킬러에그 같은 기종이다. 그들은 알프스 봉우리에서 부상병을 이송하고, 밧줄을 탄 그린베레를 잠수함 갑판 위에 내려다주고, 복면을 쓴 요원들을 인질 구출 작전에 투입한다. 조종사들은 주로 한밤중에 극한의 날씨와 맞서 싸우며, 적의 총격이 조종석 유리를 산산조각 내는 상황을 뚫고 비행한다. 그들은 자신 있게 말한다. "우리는 당신을 전 세계 어디로든 데려다줄 수 있습니다. 단 1초도 늦지 않게."

이 조종사는 더할 나위 없이 침착했다. 지상에서의 삶은 시시하게 느낄 터였다. 직접 말로 표현하지는 않았지만, 그녀의 느긋하고 차분한 태도를 보니 우리의 대화에 큰 흥미를 느끼지 못하는 듯했다. 심박수가 분당 5회를 넘지 않아 보였다.

당시 우리의 대화 주제는 신병이 아니었다. '전문가가 어떻게 더 성장할 수 있을까?'였다. 대부분의 전문가는 더 이상 성장하지 않기 때문이다. 그들은 일정한 수준에 도달한 후에는 더 발전하지 않는다. 조종사는 이를 '전문성의 역설'이라 부른다. "전문가는 배워야 하지만 배우지 않는다는 것이 역설이에요. 전문가가 되려면 배워야 해요. 그런데 전문가가 되고 나면 더는 배울 필요가 없잖아요. 그 말은 전문가가 '학습'이라는 기술을 습득했지만 지금은 그러지 않고 있다는 뜻이에요."

"그 역설에서 벗어나는 방법을 알아냈나요?" 내가 물었다.

조종사가 고개를 끄덕였다. "비결은 신참에게 비행을 맡기는 거예요."

"신참에게 어떻게 비행을 맡기죠?"

"그냥 마음을 비우는 거예요." 조종사는 자신의 농담에 킥킥 웃더니 말을 이었다. "이렇게 하면 돼요. 일단 초보자를 부조종사로

뽑아요. 그런 다음 정말 어려운 임무를 맡기는 거죠. 저 같아도 힘들 것 같은 임무여야 해요."

"그러면 위험하지 않을까요?"

"위험할 수도 있죠. 하지만 어떤 고참 조종사가 그러더라고요. '우리 일을 대신할 사람들을 훈련시켜야 해. 그렇지 않으면 평생 이 일만 하다가 늙어 죽을 거야.'" 그녀는 또 킥킥거렸다. "역시 농담이었어요. 우리는 사실 이 일을 평생 하고 싶으니까요."

신참 조종사에게 비행을 맡기면, 신참의 실력이 향상된다는 것은 이해할 만했다. 하지만 납득하기 어려운 점도 있었다.

"하지만 그게 어떻게 당신 같은 전문가를 더 나아지게 만들죠?"

"내가 전혀 예상하지 못한 방식으로 도움이 돼요. 그렇게 되기까지는 시간이 꽤 오래 걸렸지만요. 처음에는 신참들을 엄하게 대했어요. 나 같으면 하지 않을 행동을 할 때마다 바로잡았죠. 그런데 시간이 지나면서 그냥 내버려뒀어요. 그때부터 신참들은 나를 놀라게 했어요."

"당신 같으면 하지 않을 똑똑한 행동을 했나요?"

그녀는 웃음을 터뜨렸다. "물론 신참들이 가끔 영리한 행동을 하는 것을 보고 저도 배울 때가 있어요. 하지만 제가 말하는 건 그게 아니에요. 초보자가 저를 상상도 못했던 곤경에 빠뜨릴 때를 말하는 거예요. 적극성이 지나쳐서 자기 능력에 벗어난 행동을 하는 거죠. 제가 알아차리기도 전에 너무 많은 실수를 연달아 저질러서 돌이킬 수 없을 정도로요."

"그럴 때는 어떻게 합니까?"

"초보자의 실수를 안고 가야 해요. 실수를 되돌리려 애쓰기보다 그냥 받아들이는 거죠. 그러면 전에 한 번도 해본 적 없는 새로운 길을 찾기 위해 스스로를 채찍질하게 돼요. 정신줄을 놓고 비행하는 사람처럼 현실을 벗어나는 거예요. 어떻게 해냈는지 몰라도 결국에는 해내요. 나중에 머릿속에서 복기해보면, 실시간으로 새로운 기술을 만들어냈다는 걸 깨닫게 되죠."

나는 헬리콥터 조종석에 앉아 있는 내 모습을 상상했다. 모든 경보 버튼이 깜빡이고 있었다. 신참 조종사가 한꺼번에 열여섯 가지 실수를 저질렀기 때문이다.

"엄청 무섭겠는데요."

"처음에는 그래요. 하지만 곧 내가 감당할 수 있다는 걸 깨닫게 되죠."

"그러면 다시 신참에게 조종을 맡기나요?"

"맞아요. 놀란 가슴을 진정하고 순조로운 비행을 몇 차례 하고 난 후 신참 조종사가 또 다른 폭풍 속으로 날아가도록 내버려둬요. 이번에는 더 오래요."

"조종을 더 오래 맡긴다고요?"

"그게 핵심이에요. 지난번에 제가 추락을 피하는 데 성공했다면 이번에도 괜찮을 거라 믿는 거죠. 더구나 지금은 그때보다 실력도 나아졌잖아요. 그 경험 덕분에 저는 더 발전했어요. 그래서 신참에게 비행을 오래 맡기고, 더 많은 실수를 저지르게 하는 거죠. 그러면 내 한계에도 더 가까워져요. 조종석에 다시 앉게 되면 정말 정신없이 문제를 수습해야 하니까요."

나는 다시 헬리콥터에 앉아 있는 상상을 한다. 경고 버튼이 깜빡이지만 신참에게 계속 비행을 맡긴다. 더 많은 위험 표시등이 켜지고, 더 많은 경고음이 울린다. 하지만 나는 여전히 조종 장치에 손대지 않고, 신참이 계속 문제를 일으키도록 내버려둔다.

정신 나간 소리처럼 들릴 것이다. 처음에는 나도 그랬다. 하지만 다른 전문가들도 똑같은 말을 했다.

"제 방법을 알려드리죠." LA에서 할리우드의 어느 PD에게 들은 말이다. 그는 수억 달러 규모의 예산이 투입된 TV 시리즈 여섯 편을 동시에 제작하고 있다.

"신인 작가에게 에피소드 한 편을 맡겨요. 심지어 스토리 전체를 맡기기도 하죠. 그리고 그냥 내버려둡니다. 신참이 실수를 한다 싶어도, 바로잡겠다고 나서지 않아요. 프로그램을 망치기 직전까지 내버려둬요."

"그때 직접 개입하시나요?"

"네. 하지만 중요한 건 시간을 거슬러 올라가 신참의 결정을 뒤집지 않는다는 겁니다. 그 친구들의 선택을 유지한 채 최소한의 변화만 주면서 진행하죠."

이 말을 듣고 그 조종사가 떠올랐다. 신참의 실수를 되돌릴 수는 없다. 시간을 되감기해 자기 방식대로 다시 시작하면 아무것도 배우지 못한다. 하지만 그대로 진행할 수밖에 없다면 스스로에게 새로운 도전 과제를 안겨주게 된다.

"그 방법을 쓰려면 당신의 전문 지식을 총동원해야겠군요?" 내가 PD에게 물었다.

"그럼요. 그뿐만 아니라 제 전문성을 더 키울 수 있어요. 작가로서의 역량이 더 성장하죠."

다른 PD들에게 물었다. 그들도 동의했다. 한 사람은 이렇게 덧붙였다.

"배우들과 작업할 때도 마찬가지예요. 이 일을 처음 시작했을 때는 배우가 대사에 딴죽을 거는 게 못마땅했어요. '배우라면 내가 시키는 대로 대사나 읊을 것이지!' 이렇게 생각했지만, 이제는 배우가 의견을 내는 게 좋아요. 자기 대사를 직접 쓰게 할 때도 있죠. 그러다 촬영 중에 곤란한 상황이 생기면 제가 나서서 해결하면 되니까요."

마이애미에서 수십억 달러의 포트폴리오를 다루는 세일즈 전문가들을 만났을 때는 이런 말을 들었다. "제 최고의 거래는 신입이 실수로 고객에게 존재하지도 않는 제안을 했을 때 이뤄졌어요. 거래를 살리기 위해 저는 신입이 약속한 것을 제공할 방법을 찾아야 했죠. 실제로 찾아냈더니, 거래가 성사되는 것으로 끝나지 않고 제 역량까지 성장한 느낌이었어요. 그 뒤 전에는 보지 못했던 새로운 기회를 발견하기 시작했습니다."

샌프란시스코에서 만난 소프트웨어 기업가들은 젊은 프로그래머를 채용할 때의 이점을 늘어놓았다. "경험이 적은 프로그래머를 팀에 포함시키면 모두가 발전할 수 있어요. 신입 프로그래머를 통제하지 않고 자유롭게 생각을 펼치게 하죠. 그러면 틀에 박힌 사고에서 벗어나 새로운 방향으로 나아갈 수 있어요."

나는 뉴욕에서 SOAR 훈련을 시키는 비행 교관들도 만났다. "실제 비행에서는 절대 그렇게 하지 않아요. 하지만 시뮬레이터라면? 신입들이 온갖 실수를 하게 내버려둡니다. 그러다 조종석을 넘겨받아 '내가 비행기를 착륙시킬 수 있을까?'를 확인하죠. 그러면 신참들에게 절대 포기하지 않는 것을 배울 수 있어요. 비행기를 구할 능력은 항상 자기 안에서 찾을 수 있다는 것을요. 그리고 그렇게 할 때마다 저 역시 더 나은 조종사가 됩니다. 실제로 그래요. 진짜 항공기 안에서는 비상사태가 생기지 않기를 바라지만, 그런 일이 생긴다 해도 제가 그 상황을 통제할 능력을 키웠다고 믿어요."

즉흥극 전문가들이 신인과 함께하는 진짜 이유

이 방법은 뉴런의 생물학적 구조를 활용하는 것이다. 뉴런은 A 지점에서 B 지점까지 한 줄로 쭉 뻗은 직선 모양이 아니다. 나무처럼 줄기(축색돌기)가 여러 개의 가지(시냅스)로 갈라져 A에서 B 또는 C 또는 D로 갈 수 있다.

이것은 우리의 상상력과 같은 형태다(2장 참조). 이런 유사성은 우연이 아니다. 분화하는 뉴런의 구조 덕분에 우리의 상상력은 여러 갈래의 행동을 떠올려 미래를 다양한 이야기가 가득한 숲으로 만든다.

뉴런의 형태가 우리의 상상력에 미치는 영향은 또 있다. 뉴런의 가지가 앞으로 뻗어나갈 때 상상력은 그 가지를 넘어 미래의 어느 한 지점으로 건너뛸 수 있다. 그리고 그 미래 지점에서 뉴런의 가지를 다시 거꾸로 뻗칠 수도 있다.

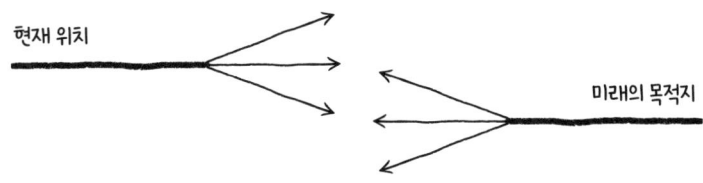

그렇게 뒤로 뻗은 가지 가운데 하나가 앞으로 뻗는 가지와 만나는 순간, 짠! 우리는 목표를 달성하기 위한 계획을 발견하게 된다.

이것이 바로 SOAR 조종사가 신참에게 통제권을 넘길 때, 그녀의 뇌에서 일어나는 현상이다. 그녀는 신참이 앞으로 비행할 온갖 다양한 방법을 예상하는 데 그치지 않는다. 그녀는 이미 자신의 미래의 목표인 착륙 지점에서 뒤로 가지를 뻗어 앞으로 향하는 줄기와 뒤로 향하는 줄기의 교차점을 찾는다.

나는 즉흥극을 연구하면서 창작자들도 이렇게 스토리씽킹하는 방법을 사용한다는 사실을 알게 되었다. 즉흥극은 배우들이 서로의 반응을 보면서 즉흥적으로 장면을 연기하는 연극의 한 형태다. 그라운들링스Groundlings와 업라이트 시티즌 브리게이드Upright Citizens Brigade처럼 유구한 역사를 지닌 즉흥 코미디 극단의 최고 팀에는 전문가와 신인이 섞여 있다. 이유가 뭘까? 한 전문가는 내게 이렇게 설명했다.

"좋은 공연에는 두 가지가 필요합니다. 창의적인 시작과 탄탄한 결말이죠. 시작이 없으면 관객은 몰입하지 않고, 결말이 없으면 관객은 박수를 치지 않죠."

창의적인 시작은 신인에게서 비롯된다. 신인은 자신의 역량을 넘어서는 비행을 시도했다가 문제를 일으킨다. 즉흥 공연의 시작에서 우리가 기대하는 것은 바로 그런 위기다. 엄청난 위기라는 인상을 주기 때문에, 관중을 흥분시키고 아드레날린이 솟구치게 한다. 하지만 그런 상황이 너무 길어지면, 공연은 혼란스럽게 흘러가다가 연료를 다 소진하고 만다. 이런 일이 일어나지 않도록, 극단의 노련한 단원들이 점차 통제권을 잡고 공연을 최종 목적지로 이끈다. 그들은 상상한 결말로 도약한 후, 신인이 만들어낸 가지 중 하나와 교차하는 가지를 찾을 때까지 여러 갈래로 나누어 계획을 세운다.

이 사고방식은 조종석이나 무대에서만 작용하는 것은 아니다. 그럼에도 이 두 가지 환경에서 가능하다는 사실은 당신에게 위기를 감수할 자신감을 줄 것이다. 하지만 이런 생각이 들 수도 있다. '가만, 이건 전문가에게나 해당하는 방법이 아닐까? 내가 그런 예외적인 존재인지 어떻게 알 수 있을까?' 간단한 진단을 통해 알 수 있다. 당신이 지금 하는 일의 통제권을 신참에게 넘겨보자. 그 순간에는 불안이 크더라도 신참이 미지의 영역으로 날아갈수록 마음이 편안해진다면 당신은 전문가다. 처음에는 걱정을 잠재우기 위해 어지간히 애를 써야 하지만, 이내 스토리씽킹하는 뇌의 능력을 활용해 신참이 일으킨 문제의 해답을 빠르게 상상해내기 때문이다.

만일 초보자가 나아갈수록 더 불안해진다면 당신은 아직 전문가가 아니다. 삶의 속도에 맞춰 상상하려면 더 많은 연습이 필요하다. 그리고 만약 주도권을 넘긴다는 생각만으로도 마음이 편해진다면? 축하한다! 당신이 바로 그 신참이다! 뭔가를 하기 전에 일단 당신에게 통제권을 넘긴 사람이 조종실에 있는지 확인하고 나서 움직여야 한다.

우리 모두는 어떤 분야에서든 전문가다. 이 말에 동의할 수 없다면 날을 잡아 아이를 멘토링해보자. 아이는 당신이 무엇을 잘하는지 즉시 간파할 것이다. 당신은 별것 아니라고, 누구나 배울 수 있는 재주라고 생각할지 모른다. 그렇다. 그렇게 생각하는 것 역시 전문가의 특징이다.

역사가 증명한 해방의 성과들

내가 이렇게 설명하자 미식축구 코치들이 말을 가로챘다. 그들은 내가 그들의 주 관심사인 "신인을 어떻게 대하는 것이 신인에게 최선인가?"라는 질문에 답을 주지 않았다고 지적했다. 오히려 코치인 그들의 발전에 최선인 방법만을 설명했다는 것이다.

나도 인정했다. 그들이 말한 대로였다. 나는 코치의 주된 관심사가 정말로 신인에게 가장 도움이 될 방법을 찾는 것이라고는 생각하지 않았다. 내심 그들은 신인 쿼터백이 프로그래밍된 로봇처럼 정확히 지시한 대로 움직이기를 바랄 것이다. 코치들의 진짜 걱정은 통제권의 상실이라는 사실을 보면 알 수 있다.

그래서 나는 SOAR 조종사가 신참을 풀어주는 방법을 알려주었다. 그 방법은 코칭의 성공 비결이 통제가 아니라 신뢰임을 보여준다. 자신의 코칭 경험을 신뢰해야 한다. 최고의 코칭을 하려면 신참이 무엇을 망치든 자신이 해결할 수 있다고 믿어야 한다. 그 신뢰가 커질수록 더 편안해지고, 더 편안해질수록 직관을 더 발휘해 특수요원처럼 예기치 못한 상황에 유연하게 적응할 수 있다.

하지만 내가 코치의 주된 관심사를 잘못 짚었다면 어떨까? 그들의 진짜 관심사가 신인 쿼터백의 장기적인 성장이라고 가정해보자. 그래도 최고의 코칭 전략은 신인을 풀어주는 것이다. 육군 특수 부대는 수많은 신병을 훈련하면서 그 효과를 검증했다. 그 효과는 즉흥성이 요구되는 할리우드나 영업 현장에서만 나타나는 것이 아니다. 제조업, 공학, 의학처럼 엄격한 통제가 필요한 분야에서도 이 방법의 효과를 보여주는 예를 수없이 찾을 수 있다.

제조업에는 1950년대 실리콘밸리에서 반도체를 설계한 로버트 노이스Robert Noyce를 들 수 있다. 그는 워즈와 잡스(1장 참조)가 등장하기 전부터 대학을 갓 졸업한 신입 사원들에게 수백만 달러 규모의 프로젝트를 맡겼다.

공학에는 노이스의 기술을 이용해 닐 암스트롱을 달에 보내는 데 성공한 NASA의 아폴로 프로그램이 있다(7장 참조). NASA의 역사를 연구한 샌드라 텟리Sandra Tetley에 따르면 당시 임무 관제센터에 배치된 엔지니어의 평균 연령은 26세였다.

의학에는 윌리엄 오슬러William Osler 박사가 있다. 1849년 캐나다 중서부 습지의 농가에서 태어난 오슬러는 70년간 수천 명의 의사를 직접 가르쳤고, 그가 개혁한 의학 교육 방식은 수만 명의 의사들에게 영향을 주었다.

오슬러 이전의 의학 교육은 지나친 통제 시스템이었다. 학생들은 강의실에 앉아 이전 세대가 남긴 치료법을 암기했다. 그 결과 수백 년 동안 의학은 거의 진보하지 못했다.

오슬러는 단 두 가지 간단한 혁신으로 이런 상황을 바꾸었다. 첫째, 그는 의대생을 병원 병동으로 보냈다. 낡은 치료법을 암기하는 대신 직접 환자를 맡아 치료하게 했다. 둘째, 학생들에게 "환자의 말을 경청하라"고 지시했다. 젊은 의사들은 교과서에서 답을 구하기보다 자신의 감각을 신뢰하는 법을 배웠다. 귀를 열고 직관에 의지했고, 필요할 때는 지도 교수의 도움으로 위기를 모면했다. 한마디로 오슬러 역시 신입들을 자유롭게 풀어주었다.

오슬러는 자신의 교육 방식을 널리 알리기 위해 1892년《의학의 원칙와 실제The Principles and Practice of Medicine》를 펴냈다. 이 책은 샌프란시스코에서 상하이까지 전 세계 의과대학에서 40년 넘게 표준 교과서로 쓰였다.

그 책의 독자 중 한 명이 바로 1912년 토론토대학교 의과대학에 입학한 프레더릭 밴팅Frederick Banting이다. 20여 년 후, 밴팅은 오슬러가 생전에 살았던 옥스퍼드의 집을 직접 찾았다. 그 무렵 밴팅은 이미 세계적으로 저명한 의사가 되어 있었다. 그는 인슐린을 발견해 수백만 명의 당뇨병 환자를 죽음에서 구한 공로로 노벨상을 수상했다. 하지만 그런 전문성을 쌓은 후에도 오슬러를 떠올릴 때마다 벅찬 설렘을 느꼈다. 그는 이렇게 적었다.

"윌리엄 오슬러 경이 살던 집에서 머물며 그가 쓰던 침대에서 자고, 그가 쓰던 욕조에서 목욕하고, 그가 쓰던 거울 앞에서 면도하고, 같은 베란다에서 대화를 나누고, 그가 읽던 책과 그림을 보는 것만으로도 나는 잠자는 것을 잊을 만큼 큰 영감을 받았다."

오슬러의 혁신으로 상상력이 해방된 수천 명의 20세기 초 의사들도 같은 영감을 받았다. 그들은 밴팅과 함께 의료계에 혁명을 일으켜, 새로운 치료법을 개발하고 적용하는 속도를 극적으로 높였다. 거머리 치료, 우유 주사, 코카인 처방은 독감 백신, 혈액은행, 항생제로 대체되어 기대수명을 46세에서 65세로 끌어올리고 현대 의학의 미래를 열었다.

하지만 오늘날 그 미래는 수학적 사고방식에 갇힌 보험 시스템 때문에 서서히 쇠퇴하고 있다. 그들은 비용을 통제하고, 의사를 통제하고, 환자를 통제한다. 그럼에도 불구하고 우리는 코칭이나 멘토링 혹은 육아를 통해 초보자를 해방시키는 힘을 목격할 수 있다. 당신이 관리하는 사람들에게 권한을 넘겨 성장할 기회를 주자. 방치하라는 뜻이 아니다. 앞으로 내보내 새로운 착륙 지점을 향한 비행 계획을 즉흥적으로 만들어내게 하자는 뜻이다. 그래야 그들의 잠재력을 최대치로 끌어올릴 수 있다. 동시에 당신도 잠재력을 한껏 발휘할 수 있다.

10장 [리더십]
미래를 믿는 힘

웨인 그레츠키와 니콜라 테슬라처럼
확신으로 이끌어라

당신은 태어날 때부터 리더였다.

나는 이 사실을 안다. 수십만 년 전, 태초에 당신이 누구였는지 알기 때문이다. 당신의 부족은 겨우 열댓 명 남짓이었고 대부분 어린아이였다. 서른 살에 당신은 가장 나이가 많은 원로가 되었다. 기근이 닥치면, 당신은 겨울의 추위 속에서 부족을 새로운 사냥터로 인도하는 역할을 해야 했다. 지금 당신은 이 시험을 통과한 수많은 세대의 후손이다. 그러니 당신도 이 시험을 통과할 수 있다. 하지만 아직 자신의 본성을 모르는 탓에 실패를 거듭한다.

평생 동안 당신은 교육이 필요하다고 배워왔다. '교육education'은 '인도되다'라는 뜻의 라틴어에서 유래했다. 즉 당신은 본래 따라야 할 사람이라는 뜻이다. 교육은 현대의 방식이다. 역사상 인간이 생존 시험이 아닌 학교 시험을 통과하기 위해 교실에서 이토록 많은 시간을 보낸 적은 없었다. 학교에서는 당신의 머릿속이 비이성적인 것으로 가득 차 있다고 가르친다. 비이성적인 생각은 감정, 편견, 사실에 대한 무지 등 여러 형태로 나타난다. 인간은 원래 비이성적으로 태어나기 때문에 학교에서 당신을 교정하는 데는 한계가 있다. 그럼에도 당신은 두려움과 수치심 때문에 그 교정에 순응하며, 그것이 당신을 더 나은 사람으로 만들어줄 것이라 기대한다. 하지만 교정되기를 바랄수록 자신의 본성에 대한 불신은 깊어진다. 스스로 평가하는 능력을 포기하고 제도적 평가에 의존해 내면의 방향을 상실한다.

졸업에 가까워지면서, 당신은 인간의 삶에서 가장 높은 목적은 리더가 되는 것이라는 말을 듣는다. 이 말이 당신의 영혼 깊은 곳을 울린다. 그래서 당신은 팀을 이끄는 상상을 해본다. 어쩌면 회사나 국가일 수도 있다. 하지만 막상 선두에 서야 할 때가 되면 당신은 주저한다. 추종자의 습관에 깊이 젖어 있기 때문에, 리더로서 이끄는 것이 어색하다. 타인을 의식하고 자신을 의심하면, 주위 사람들 또한 그것을 알아채고 당신의 능력을 신뢰하지 않는다. 당신은 계속해서 공허한 명령을 내리지만 대부분 무시되고 만다. 결국 물러난 당신은 끊임없는 자기 의심의 고통에서 벗어날 수 있어 기쁘다. 그리고 당신의 자리를 이어받은 사람도 똑같이 흔들리는 모습을 보고 안도한다.

관리자는 배출되지만 리더는 태어난다

이는 당신만의 이야기가 아니다. 이 시대의 보편적인 비극이다. 22세

소대장이든 백발의 CEO든 대부분의 리더는 실패한다.

실패의 양상은 주로 세 가지다. 첫째, 겁이 많은 리더다. 이들은 너무 느리게 반응하고, 지나치게 남의 조언을 구하고, 항상 안전한 일만 하려 한다. 둘째, 화내는 리더다. 이들은 변화무쌍한 삶을 자기 뜻대로 통제하려 하고, 소리를 지르고, 비난하고, 위협한다. 결국엔 적응하지 못한 채 스스로 무너지고 나서, 팀마저 지쳐 나가떨어지게 한다. 셋째, 체계적이지 못한 리더다. 사소한 문제에 주의를 빼앗기고, 벌여놓은 일과 모순되는 행동을 하며, 성급하게 행동할 뿐 아무런 성과를 내지 못한다.

이런 실패가 진짜 재앙은 아니다. 진짜 재앙은 성공한 소수의 리더다. 그들 대부분은 자신의 성공이 특출한 지능, 공감력, 자제력, 통찰력 덕분이라고 믿는다. 자신이 남들에게 없는 특별한 자질을 타고났다고 생각한다. 그래서 성공하고 있을 때도 '인간은 본질적으로 따르기 위한 존재'라는 믿음을 버리지 못한다.

원시시대에는 타고난 리더였던 종이 어떻게 현대에는 따르는 존재가 되었을까? '교육'이란 단어를 만들어낸 로마인들에 따르면 그 전환점은 바로 부족 민병대의 몰락이었다. 그 민병대에서 영웅은 먼저 도전하며 모범을 보였다. 하지만 제국이 부상하자 황제는 영웅과 반대로 행동했다. 맨 뒤에 서서 부하들에게 앞으로 나가라고 명령했다.

현대 비즈니스의 핵심에는 이와 같은 제국주의적 사고방식이 자리한다. '관리management'는 '말을 몰다'라는 의미의 중세 프랑스어에서 유래했으며, 그 목적은 황제처럼 다른 사람의 행동에 영향을 미치는 것이다. 그 영향력은 종마의 본능을 헤아려 능숙하게 제어하는 노련한 기수의 손길처럼 부드러울 수 있다. 하지만 결국 그 본질은 말이 언제나 기수가 원하는 대로 움직이게 하는 것이다.

오늘날 경영대학원에서는 이런 조련술을 리더십의 정수인양 포장한다. 가장 기본은 남에게 이래라저래라 지시하는 권위적 리더십이다. 좀 더 세련된 방식은 협력과 합의를 유도하는 참여적 리더십이다. 가장 고차원적이라 여겨지는 방식은 변혁적 리더십이다. 즉 사람들이 공통된 사명을 품고 자아를 벗어나 더 큰 목표를 위해 노력하게 하는 것이다.

하지만 이 중 어느 것도 진짜 리더십이라 할 수 없다. 모두 관리일 뿐이다. 관리란 행동과 결과를 이끌어내기 위해 영향력을 행사하는 것이다. 그 방식이 명확한 지시(권위적 리더십)이든, 공감적 협상(참여적 리더십)이든, 영감과 설득(변혁적 리더십)이든 모든 수단이 행동을 유발할 수는 있지만, 진짜 변화를 만들지는 못한다. 그보다 근본적인 것, 즉 '우리가 어디로 가야 하는가'를 찾아내는 일 없이는 말이다. 바로 그 '방향을 정하는 것'이 리더십이다.

리더십은 내일을 향한 첫걸음을 내딛는 것이다. 다른 이들이 무시하거나 보지 못한 기회를 잡는 것이다. 이처럼 관리와 리더십은 근본적으로 차이가 있기 때문에 아무리 뛰어난 관리 교육을 받아도 진정한 리더는 될 수 없다.

- 관리는 타인을 감독하는 법을 가르치지만, 리더는 뒤에 있는 무리보다 앞에 놓인 미래를 본다. 그들은 부족 생활을 하던 조상처럼 스스로 모범을 보인다. 옳은 길이라면 사람들이 자연히 따를 것임을 알기 때문이다.
- 관리는 데이터에 충실하도록 가르치지만, 리더는 시대의 변화에 따라 데이터가 적응을 방해할 수도 있음을 안다. 통계적으로 가장 높은 확률이 새로운 가능성보다 의미가 없을 수도 있다. 그 숫자는 이미 시대에 뒤처졌기 때문이다.
- 관리는 최고 의사결정권자가 통제해야 한다고 가르치지만, 리더는 자율적으로 움직이는 팀이 혼란에 빠지지 않는다는 것을 안다. 오히려 그들은 서로의 통찰을 확장하고 혁신을 일으킨다.

관리자는 체계적인 조화를 바라고, 리더는 자발적인 주도를 바란다. 관리의 정점은 자비로운 독재고, 리더십의 정점은 구성원을 존중하는 민주주의다.

리더는 타고나지만, 관리자는 교육을 통해 양성된다. 우리가 진화한 원시시대에는 기업도, 관리자도 없었다. 관리는 고대 제국의 조세 시스템과 회계제도에서 유래했다. 그 목적은 예나 지금이나 똑같다. 주판, 천공 카드, 디지털 컴퓨터 등을 사용해 숫자를 정확하게 합산하는 것이다. 그래서 지금도 통계, 재무, 생산성 향상이 MBA 과정과 경영 교육의 핵심으로 남아 있는 것이다.

당신이 관리자가 되고 싶다면 학교를 계속 다니면 된다. 리더가 되고 싶다면 처음으로 돌아가야 한다.

첫째, 리더는 혁신가다. 그들은 미래를 더 빨리 본다. 남들보다 먼저 예외를 발견해 방향을 제시한다.

둘째, 리더는 회복탄력성이 뛰어나다. 그들은 좌절 속에서 더 강인해지고 실패를 겪으며 더 현명해진다. 개인적인 성취에 대한 가감 없는 기억을 떠올려 슬픔과 수치심이라는 진짜 고통을 이기고 이를 통해 반취약성을 키운다.

셋째, 리더는 의사결정자다. 그들은 언제 계획을 밀어붙여야 하고, 언제 빠르게 방향을 바꿔야 할지를 안다.

넷째, 리더는 소통에 능하다. 미래에 대한 새로운 서사를 만들고 그것을 널리 퍼뜨린다. 그래서 이야기꾼의 뇌와 성공한 스타트업 창업자의 뇌에서 활성화되는 영역은 똑같다.

마지막으로, 리더는 코치다. 그들은 구성원들이 재능을 펼치게 한다. 통제하거나 영향을 미치거나 관리하려 하지 않는다. 신참에게 비행을 맡긴다.

한마디로 리더는 이 다섯 가지 능력을 갖고 있다. 그들은 직관, 상상력, 감정, 상식을 통합해 완전한 고유지능을 발휘한다.

하지만 나는 특수부대를 통해 리더가 반드시 지녀야 할 기술을 하나를 더 발견했다. 그것은 바로 '자기 신뢰'다.

군중을 버리고 내면의 나침반을 찾아라

1841년, 뉴잉글랜드의 철학자이자 사상가 랠프 왈도 에머슨Ralph Waldo Emerson은 《자기 신뢰》에서 이렇게 말했다.

> — 진정한 인간이 되고자 한다면 순응을 거부해야 한다. 불멸의 영광을 얻으려는 자는 선이라는 이름에 얽매이지 말고 그것이 진짜 선인지 탐구해야 한다. 세상에서 궁극적으로 신성한 것은 오직 하나, 자신의 진실한 마음뿐이다.

다시 말해 군중의 시선을 의식하지 말고 자기 내면의 규칙을 따르라는 것이다. 이는 세상에 충격을 줄 것이다. 사람들은 당신을 괴짜나 위험한 존재로 판단할 것이다. 당신의 독립성을 두려워하고 재능을 낭비하고 있다며 동정할 것이다. 당신이 길을 잃었고 그들의 울타리를 침범하고 있다고 경고할 것이다. 하지만 당신은 길을 잃은 것이 아니다. 자기 자신을 찾고 있는 것이다.

시간이 지나면 사람들도 이를 알게 될 것이다. 당신이 양심의 시험대를 통과했음을 알고 당신을 지지할 것이다. 에머슨의 말처럼 "스스로에게 당당하면, 세상은 당신을 인정한다." 그러면 당신은 단지 자신을 이끄는 데 그치지 않고 다른 모든 사람을 이끌게 된다.

이것이 바로 특수 요원들이 스스로를 '틀에 박히지 않았다'고 평가하는 이유다. 그들이 법을 어기는 건 무례해서가 아니라, 법이 지

향해야 할 더 높은 가치를 지키기 위해서다. 그들은 법이 집단 사고, 두려움, 무위의 산물이며, 모든 시대에 통용되는 규칙이 아니라 그 시대에만 해당하는 규칙이라는 것을 안다. 더 심오한 계명을 찾기 위해 그들은 자기만의 나침반을 갖고 언덕으로 길을 나선다.

무리를 떠나 자신만의 길을 나서는 건 낯설게 느껴질 수 있다. 하지만 그것은 당신의 본성이다. 당신은 태어날 때부터 자립적이었다. 어린 시절에 우리는 의존적인 존재로 보이기 때문에 이 사실을 간과하기 쉽다. 아이들은 심오한 자율성을 갖고 있다. 아이들은 허락을 구하지 않는다. 자기 영혼이 이끄는 대로 달리며, 남들이 어떻게 생각할지 신경 쓰지 않는다. 감정적으로나 지적으로나 자유롭다. 애쓰지 않아도 자연스럽게 리드한다.

나이가 들면서 자립심은 사라지고 자의식이 강해진다. 남들의 시선을 걱정하고, 세상이 우리를 어떻게 평가할지 신경 쓰기 시작한다. 그런 염려가 항상 나쁜 것은 아니다. 더 큰 선을 위해 노력할 동기가 되기도 한다. 하지만 현대 사회에서는 이러한 자의식이 우리를 짓누른다. 옛날에는 마을이 자연 속에 드문드문 위치했지만, 지금은 사회가 도처에 있어 밖에서도 숨 쉴 공간이 없다. 지구 어디에 있어도, 사람이 당신 곁에 있고 심지어 스크린 속에도 있다. 예전 같으면 자아 성찰에 쓰였을 시간마저 앗아간다.

그래도 희망은 있다. 오늘날에는 리더가 되는 게 더 어려워졌지만 불가능하지는 않다. 인간의 본성은 변하지 않기 때문이다. 그리고 그 진실은 곧 이어질 '긴 여정'에서 밝혀질 것이다.

혼자 걷는 자만이 리더가 된다

긴 여정은 1950년대에 영국 특공대가 개발한 훈련 프로그램이다 (8장 참조). 1970년대에는 미 육군 특수부대들이 자기 신뢰를 기르기 위해 채택했다.

긴 여정은 미지의 황무지에 요원이 배치되면서 시작된다. 요원은 그곳에서 혼자 출발해 아주 멀리 떨어진 목적지까지 도착해야 한다. 일반적인 군사 임무와 달리 당신의 여정을 지켜보는 사람은 아무도 없다. 올바른 방향으로 가고 있는지 말해줄 동료도, 상관도 없다. 자신의 지혜를 믿고 낯선 지형에서 자신만의 길을 개척해야 한다. 목적지에 도착하면, 마침내 리더로 인정받는다.

요원들은 긴 여정이 간단해 보이지만 쉽지 않다고 평한다. 약속을 지키거나 실수에서 벗어나는 것처럼, 이론적으로는 쉬워도 실행하기는 어렵다고 한다. 실제로 성공하는 사람이 거의 없을 정도다. 길을 잃는 사람도 있고 부상일 입는 사람도 있다. 대다수는 그냥 포기한다. 스스로의 안내자가 되어야 하는 스트레스를 감당하지 못해서다. 그들은 자기회의에 빠진 채 돌아와 외부의 판단을 구한다. 진행 상황을 가늠할 수 없는 불확실성 속을 헤매느니 차라리 실패했다는 말을 듣기를 원한다.

낯선 방향으로 혼자 과감히 나아가야 할 때, 우리 모두는 똑같은 불안을 느낀다. 데이터나 조언자 없이 스스로 올바른 방향으로 가고 있는지 평가해야 한다. 그것이 바로 우리 각자의 긴 여정이다. 우리는 그 과정에서 온갖 어려움을 겪는다. 힘차게 출발하지만 시간이 지날수록 의심이 커진다. 자신에게 의문을 품으면 속도가 느려지고, 지나온 길을 되돌아가고, 갈림길에서 멈춰 선다.

이러한 멈춤은 대개 영구적이다. 독립된 사업을 시작하든, 과학 연구를 시작하든, 예술가로 새롭게 도전하든, 도중에 멈추면 다시 시도하기 어렵다. 두 번째 시도를 하더라도 대개 더 빨리 포기한다. 홀로 나아가는 자신의 능력에 대한 믿음을 잃었기 때문이다. 뇌는 자신을 신뢰할 수 없다고 판단했다.

그러나 그 판단은 뒤집을 수 있다. 긴 여정에서 실패한 요원들은 재시도할 기회를 얻는다. 그리고 그 과정에서 '비전vision'이라는 정신력을 활성화하는 법을 배운다. 비전은 상상력에서 비롯되며, 현재를 넘어 잠재적 미래를 보는 능력이다(2장 참조). 비전은 그러한 미래 중 하나를 포착해 우리의 목적지로 삼는다. 우리가 추구하는 것은 내일이며, 실현하기로 결심한 가능성이다.

비전은 궁극적 목표를 설정해 자기 신뢰를 강화한다. 내면의 나침반처럼 뇌에 자신이 어디로 향하고 있는지 안다는 확신을 준다. 그 확신은 도움을 요청하기보다 스스로 나아가게 한다. 그래서 비전을 발견한 요원들은 긴 여정에서 더 나은 성과를 낸다. 재시도하는 요원의 성공률은 처음 도전하는 사람들의 성공률보다 훨씬 높다.

재시도에서는 비전을 일깨우기 위해 다음의 간단한 원칙을 강조한다. '비전은 코칭받을 수 있지만 신중해서는 안 된다.' 이 원칙의 첫 부분인 코칭부터 살펴보자.

예측은 계산이 아니라 창의적 짐작이다

9장에서 확인했듯 코칭은 신참의 잠재력을 해방한다. 이 방식은 비전을 포함해 고유한 능력의 모든 영역을 깨우는 데 적용된다. 그 방법을 설명하기 위해 요원들은 내게 다양한 사례를 제시했다. 세레나 윌리엄스Serena Williams의 아버지 리처드 윌리엄스Richard Williams가 좋은 예다. 그는 열세 살이던 딸을 엄격한 테니스 아카데미에서 빼내어 독립적인 비전을 이끌어냈다. 펠레, 마이클 조던, 조 몬태나 역시 미래의 가능성을 발견하고 실현하도록 코칭을 받았다. 여기에 더해 요원들은 '더 그레이트 원The Great One'이라고 불린 웨인 그레츠키Wayne Gretzky의 알려지지 않은 이야기도 들려주었다.

그레츠키는 '예언자'라 불리던 아이스하키 선수다. 스티브 잡스는 2007년에 맥월드 엑스포에서 혁신적인 기기인 아이폰을 공개하며 이렇게 설명했다.

— 제가 좋아하는 웨인 그레츠키는 이렇게 말했습니다. '나는 퍽puck(아이스 하키에서 사용하는 둥글고 평평한 고무 공-옮긴이)이 있는 곳이 아니라 퍽이 갈 곳으로 스케이팅한다.' 우리 애플도 늘 그렇게 하려고 노력해왔죠.

퍽의 위치를 기막히게 예측하는 그레츠키를 보고 상대 팀 선수들은 그에게 신비로운 능력이 있다고 믿을 정도였다. 그러나 그레츠키는 단호하게 말했다.

— 제가 제6의 감각을 가지고 있다고 말하는 사람들도 있지만 다 헛소리죠. 저는 단지 다음에 무슨 일이 벌어질지 추측하는 법을 배웠을 뿐입니다. 그냥 예측하는 거죠. 신이 준 능력이 아니라 월리Wally가 준 능력이에요.

월리는 그레츠키의 아버지이자 코치다. 그레츠키에게 추측하는 법을 가르친 사람은 월리였다. 그레츠키는 어린 시절 훈련 장면을 이렇게 회상했다.

월리: 선수가 패스하기 전에 마지막으로 보는 곳은 어디지?
나: 패스할 상대방이요.
월리: 그 말은?
나: 그쪽으로 먼저 가서 가로채라는 거죠.

이 대화의 핵심은 단순한 기술 습득이 아니다. 월리는 그레츠키에게 상대의 머릿속을 들여다보고, 상대가 말하기 전에 상대의 생각을 예측하라고 가르쳤다.

월리: 그 말은?
나: 그쪽으로 먼저 가서 가로채라는 거죠.

오늘날 코치들은 종종 예측을 수학 공식처럼 취급한다. 상대 선수의 시선 각도를 분석해 퍽의 벡터를 계산하라고 말하는 식이다. 하지만 이런 방식은 신인을 훈련시키는 것이 아니라 프로그래밍하는 것이다. 미래를 확률로 예측할 수 있다고 생각하는 논리적 오류를 범하게 되는 것이다.

그러나 삶은 예측할 수 없다. 우리가 할 수 있는 최선은 자신의 행동으로 실현할 수 있는 가능성을 상상하는 것뿐이다. 그레츠키의 말에서도 잘 알 수 있다. 그는 퍽의 궤적을 계산한다고 말하지 않았다. 대신 그는 '추측'이라고 표현했는데, 이는 수학의 결과물이 아니라 창의적인 짐작의 산물이다. 월리는 그레츠키를 로봇 대하듯 코칭하지 않았기 때문이다. 폭넓은 전략의 방향만 제시하고 통제를 풀어 그레츠키 스스로 비행하게 했다.

이런 코칭 덕분에 그레츠키는 월리의 복제품 그 이상이 되었다. 나이가 들면서 그레츠키는 시선을 지켜보는 방법에만 기댈 수 없다는 것을 깨달았다. 훌륭한 선수들이 패스하기 전에 항상 퍽을 보는 것은 아니었다. 하지만 그레츠키는 프로그래밍되었거나 통제받는 선수가 아니었기에, 상상력을 발휘해 월리의 방법을 확장할 수 있었다. 그는 모든 선수마다 마음속 계획을 드러내는 뚜렷한 징후, 즉 예외적 정보를 읽었다. 예를 들어 하위 모렌츠Howie Morenz의 스틱 블레이드가 유난히 드러눕는 것을 보고 그레츠키는 이 선수가 경기를 어떻게 진행할지 직관적으로 알아차렸다. 실제 경기에서는 동시에 여러 선수를 같은 식으로 살폈다. 그들의 독특한 특성을 유심히 관찰하며 몇 초 뒤에 어떤 이야기가 펼쳐질지 상상했다.

그것은 월리 없이도 가능한 일이었다. 그는 자신만의 비전을 개발해 자기 신뢰를 얻었다.

당신도 그레츠키처럼 코치에게서 비전을 배울 수 있다. 코치를 얻으려면 스포츠, 공학, 비즈니스, 정치 등 자기가 속한 분야의 전문성을 지닌 멘토를 찾아야 한다. 어디서 찾아야 할지 모르겠다면 당신이 꿈꾸는 업종에서 최근에 은퇴한 사람과 교류하는 것부터 시작하자. 그들은 이제 정규직으로 일하지 않으므로 당신을 만날 시간적 여유가 있다. 그리고 평생 쌓아온 지혜도 있다.

하지만 멘토가 아무리 뛰어나다고 하더라도 전문가가 "아니요"라고 말할 수 없는 곳으로 가야 한다는 것을 잊지 말자(7장 참조). 멘토가 "그건 안 될 거야"라고 말한다면 그 말을 들어야 한다. 하지만 그들에게 무엇을 할지에 대해 지시받지는 말자. 길은 스스로 찾아야 한다. 직관을 일깨워 현재 규칙의 예외를 발견하자(1장 참조). 상상력을 펼쳐 예외를 가능한 미래로 확장하자(2장 참조). 감정을 활용해 어떤 미래가 벅찬 느낌을 주는지 확인하자(3장 참조). 그리고 그쪽으로 나아가자.

좋은 멘토라면 당신이 이런 독립성을 키우기를 바랄 것이다. 월리가 그레츠키에게 그랬듯 좋은 멘토는 당신의 비전을 일깨우는 사람이기 때문이다. 그 비전으로 당신은 멘토는 물론 당신 자신을 포함한 모든 사람의 전문성을 넘어설 것이다. 그러면 비전을 배우는 데 필요한 두 번째 규칙, '신중해서는 안 된다'로 넘어갈 수 있다.

기회를 놓치는 리더들의 치명적 실수

"신중함은 이끄는 것과 거리가 멀어요. 그건 그저 따르는 거죠." 요원들이 내게 단도직입적으로 말했다.

나는 그 말에 선뜻 동의할 수 없었다. 리더십은 신중할 수 있고, 신중해야 한다고 믿었다. 결국 신중하지 않은 리더는 무모한 리더다. 그리고 무모한 리더는 터무니없는 도박과 허황된 꿈에 팀의 땀과 피를 낭비한다. 지휘관의 충동 하나에 구성원의 이익을 희생하는 것이다. 내가 리더에게 항상 기대하는 단 하나의 자질이 있다면, 그것은 바로 팀을 진심으로 아끼는 마음이다. 리더가 팀의 이익을 보호하고, 팀의 미래를 중시한다는 것이 그것이다.

요원들도 아주 격하게 동의했다. 그래서 그들은 신중한 리더를 원하지 않는다고 말한다. "신중한 리더는 미래를 저당 잡으니까요. 오늘을 지키려고 구성원들의 내일을 죽이죠."

이를 증명하기 위해, 요원들은 파인랜드로 나를 데려갔다(1장 참조). 그들은 달 표면처럼 기묘하고도 울창한 이 정글에서 신병들에게 직관을 일깨우는 훈련을 시킨다. 파인랜드 훈련 초기, 육군은 신병들이 예외적 정보를 찾는 법을 배우고 나면, 위협과 기회를 동일한 정확도로 감지해도 둘을 똑같이 취급하지 않는다는 것을 알게 되었다. 신병들은 위협을 발견하면 곧바로 대처했지만, 기회를 발견하면 거의 반응하지 않았다.

나는 이 발견에 흥미를 느꼈다. "신병들이 기회보다 위협에 더 신속하게 반응했다고요?"

"네, 훨씬 빨랐습니다. 위협에는 즉각적으로 움직이더니, 기회에 대해서는 망설이더군요. 너무 주저하다가 기회가 지나간 후에야 움직였어요."

"왜일까요? 무엇이 그들을 막았을까요?"

"신중해진 거죠."

"이유가 뭐죠?"

"그들이 털어놓은 가장 흔한 이유는 '비판적 사고를 하고 있었다'는 거예요. 비판적으로 사고하다 보니 너무 좋은 기회는 의심스럽다고 생각하는 거죠."

그제야 알 것 같았다. 비판적 사고는 데이터로 입증되지 않은 것을 의심한다. 따라서 선례가 없는 새로운 기회는 저평가된다. 요원들이 말했다.

"그렇게 하는 것이 더 안전하다고 생각하는 거죠. 하지만 사실은 치명적인 실수입니다. 기회를 잡기는커녕 더 많은 정보를 얻겠다고 머뭇거리면 팀은 내일로 나아갈 발판을 놓쳐버리거든요. 그래서 우리는 미래를 저당 잡힌다고 하는 겁니다."

입증되지 않은 기회를 쫓는 것이 리더십의 정의다. 리더십은 미래로 나아가기 위해 존재한다. 그 단계를 밟지 않는다면 당신은 리더가 아니다. 그저 데이터를 따르고 있을 뿐이다. 따르는 것이라면 당신 없이 팀원들만으로도 얼마든지 할 수 있다.

나는 요원들에게 물었다. "기회를 발견했을 때 잡는 훈련은 어떻게 시킬 수 있나요?"

"책을 읽고 비전을 갖게 하는 거죠."

"독서라고요?" 나는 내심 첨단 훈련을 기대했다.

"네, 독서입니다. 보여드릴게요."

요원들은 나를 철제 엘리베이터에 태워 콘크리트에 형광등이 설치된 지하 도서관으로 안내했다. 금속제 서가에는 임무 시나리오가 적힌 검은 서류들이 빼곡히 꽂혀 있었다. 시나리오는 육군 역사기록보관소에서 본 것과 비슷했다. 하지만 반전이 있었다. '아직 일어나지 않은 전쟁'을 대상으로 한다는 것이었다.

"가상의 전쟁인가요? 소설을 읽으면 시야가 넓어진다는 건가요?" 내가 물었다.

"그냥 소설이 아니라 현실적인 소설이죠. 가까운 미래에 얼마든지 일어날 수 있는 전쟁들이에요."

서가에서 서류를 꺼내 보니 독특한 무기, 비정규군인 적군, 독창적인 전술 등 예외적 정보에 대한 허구적이지만 현실적인 예가 가득했다. 이렇게 특이한 설정을 통해 신병들의 뇌는 '중간 → 시작 → 끝'으로 이동하며 잠재적 미래를 엿볼 수 있다(8장 참조). 그 장면들은 너무나 생생해서 신병들은 종종 도서관 의자에서 벌떡 일어나곤 했다. 말 그대로 미래의 계획과 전략을 상상하게 된 것이다.

다양한 미래 계획과 전략은 독자에게 제각각 다르게 다가간다. 그래서 신병들이 개인의 편견 때문에 더 나은 선택지를 보지 못할지 모른다는 우려도 생긴다. 하지만 상상이 가능한 영역 안에서 모든 선택은 유효하다. 자신의 비전을 실현하기 위해 적극적으로 행동하는 것이 더 중요하다. 미래의 모든 가능성을 저울질하기보다, 자신의 인생 서사에 맞는 내일을 위해 힘차게 달려가는 편이 더 낫다. 새로운 사건이 일어나 그 내일의 의미가 없어진다면 즉시 폐기하자. 그렇지 않다면 계속 달려가자.

이러한 속도감은 지하 도서관에 가득한 현실적인 소설들 덕분이다. 이 소설들은 신병들이 가능성을 포착하고 비전의 정신적 메커니즘을 마음껏 연습할 수 있는 사색의 공간이 되어주는 한편, 현실성에 바탕을 두고 있어 마법 같은 착각을 방지한다. 마치 무중력이 아닌 반중력 상태에서 곡예 연습을 하는 것처럼 훈련은 자유롭게 이뤄지지만, 현실 세계에도 그대로 적용된다.

신병들이 현장으로 복귀하면 훈련 효과가 분명히 나타난다. 그들은 새로운 위협에 여전히 빠르게 반응하지만, 이제는 새로운 기회에도 빠르게 반응한다. 비판적 사고에서 벗어나 과거의 사실을 앞지르고 미래의 기회를 붙잡는다.

상상으로 구성된 이야기가 이처럼 현실에 영향을 줄 수 있다는 건, 어쩌면 허구처럼 들릴 수도 있다. 하지만 경영대학원의 역사를 보면 이와 같은 훈련이 우리 모두에게 유효한 리더십 훈련이 된다는 걸 알 수 있다.

MBA가 리더십을 죽이는 방법

신중함으로 미래를 저당 잡히는 잠재적 리더는 어디에나 있다. 신중함은 현대 교육이 낳은 전 세계적인 산물이지만, 그중 리더십 개발을 가장 직접적으로 방해하는 곳은 경영대학원이다. 경영대학원에서는 '문제 정의하기'로 주도성을 억누른다.

'문제 정의하기'는 1900년대 초 현대 경영 이론의 창시자인 프레더릭 테일러Frederick Taylor와 알렉산더 해밀턴 처치Alexander Hamilton Church가 고안한 논리적 기법이다. 현대 경영 이론의 전제는 유능한 관리자는 단순히 기존 프로세스를 시행하는 데 그치지 않고 비효율성을 파악하고 제거해 프로세스를 개선한다는 것이다. 관리자가 비효율성을 정확하게 파악할수록, 즉 문제를 더 잘 정의할수록 정량적 해결책에 더 빨리 도달할 수 있다.

20세기 초 이렇게 논리적 문제 해결에 초점을 맞추는 방식이 하버드 MBA 프로그램의 근간이 되었고, 조직심리학의 전신인 산업심리학의 기반이 되었다. 제2차 세계대전 이후 이 방식은 호머 사라손Homer Sarasohn과 찰스 프로츠먼Charles Protzman이 1949년에 출간한 교과서 《산업 경영의 기초The Fundamentals of Industrial Management》에 의해 자동차에서 전자제품에 이르는 전 세계 제조업의 중심으로 자리 잡았다. 그 책에서 두 사람은 이렇게 말했다.

— 엔지니어이자 관리자로서 우리는, 어떤 변화가 필요하고 그로

부터 어떤 이익을 기대할 수 있는지를 가장 논리적으로 판단하는 방법은 다음과 같은 5단계로 구성된다고 확신한다.

1. 문제를 정확하게 정의하라.

20세기 후반에 접어들며, 이 '문제 정의하기'는 맥킨지 같은 컨설팅 회사들, 그리고 디자인씽킹에 의해 전 세계 산업에 더 깊숙이 자리 잡았다. 디자인씽킹은 관리자들에게 이렇게 지시했다. (1)문제를 정의하고 (2)점진적 반복을 통해 해결책을 구상하게 하라.

'문제 정의' 자체는 아무 문제가 없다. 공장의 생산라인을 조정하고 문제를 해결하는 좋은 방법이다. 하지만 디자인씽킹을 하는 사람, 조직심리학자, 기업 컨설턴트 등에 의해 이 기법이 잘못 해석되면서 문제 정의는 리더십 개발을 가로막는 체계적인 걸림돌이 되었다. 현재의 시스템을 최적화하는 관리 도구라는 본래의 의미를 뒤로 하고, 전 세계 최고의 경영대학원에서는 혁신의 원동력으로 홍보하고 있다. 이런 구호는 MBA 수요를 대폭 끌어올렸지만, 대가가 있었다. 결과적으로 이 방식은 미래를 현재의 연장선으로만 제한해 진취성과 주도성을 억눌렀다.

혁신의 진정한 원천을 찾으려면 맥킨지나 프레더릭 테일러, 《산업경영의 기초》가 제시한 방법을 뒤집어 생각해볼 필요가 있다. 즉 기계가 어떻게 효율적으로 유지되는가를 분석하는 대신, 그 기계 자체가 처음에는 어떻게 발명되었는지를 바라봐야 한다.

현대 산업을 선도하는 기업인 애플, 스페이스X, 엔비디아는 알렉산더 그레이엄 벨Alexander Graham Bell, 로버트 고다드Robert Goddard, 클로드 섀넌Claude Shannon 같은 엔지니어들의 기업가정신에서 시작되었다. 벨은 전화기를 발명해 통신 시대를 열었다. 고다드는 액체 연료 로켓을 발명해 우주시대를 열었으며, 섀넌은 전자 컴퓨팅을 창안해 디지털시대를 열었다.

이런 업적에는 비전이 필요했고, 이는 파인랜드 요원들의 비전처럼 이야기를 통해 길러졌다. 벨, 고다드, 섀넌에게 이야기는 공상과학이었다. 벨은 쥘 베른을 탐독했고 《프랑켄슈타인》에 영감을 준 셰익스피어를 암기했다. 고다드는 H. G. 웰스의 《우주전쟁》에 열광했다. 섀넌은 평생 SF를 즐겨 읽었고 황혼기에는 로버트 실버버그Robert Silverberg가 쓴 SF 《밸런타인 경의 성Lord Valentine's Castle》을 필사했다.

이들은 공상과학에 몰입해 상상력을 발휘했는데, 1부에서 살펴본 것처럼 상상력에는 두 가지 핵심 기능이 있다.

전략　　　　　　　만약에

첫째, 상상력은 '만약에'를 증폭시킨다. 섀넌은 이렇게 말했다. "SF 작가처럼 나는 '만약에'를 생각한다." 둘째, 상상력은 전략을 정의하는 데 도움이 된다(2장 참조). 고다드는 《우주전쟁》을 읽고 나서 이렇게 말했다. "화성까지 갈 수 있는 장치를 만든다면 얼마나 멋질까 상상했다." 이 가능성은 그의 인생을 바꾼다. 그것이 곧 꿈이 되었고, 그의 노력을 집중시킨 장기적 목적이 되었다.

상상력의 첫 번째 기능은 주로 창업가적 리더십과 관련이 있지만 두 번째 기능인 전략을 정의하는 능력 역시 똑같이 중요하다. '전략 정의하기'는 '문제 정의하기'처럼 우리의 목적을 더욱 날카롭게 하지만, 논리적 확률에 우리를 가두지 않고 하나의 장기적 가능성으로 이끈다. 한마디로 비전의 원천이 된다. 명확한 전략을 갖추면, 각 기회가 우리의 목적지와 얼마나 잘 연결되어 있는지를 빠르게 판단할 수 있다. 그 결과 우리는 낯선 보물을 붙잡는 '현명한 무모함'을 갖게 된다. 낯선 보물이라고 항상 금처럼 빛나는 것은 아니다. 세상은 그럴듯한 반짝임으로 가득하다. 그러나 우리가 속는 이유는 비판적 사고가 부족해서가 아니라 자신만의 전략을 날카롭게 다듬지 못했기 때문이다. 전략이 날카로워지면 우리의 비전은 다른 누구도 만들어 낼 수 없고 우연히 생길 수도 없는 독창성을 갖게 된다.

창의적인 이야기로 전략을 정의한 선구자는 벨, 고다드, 섀넌 외에도 얼마든지 있다. 역사 속에서 수십 수백 수천 가지 사례를 찾아볼 수 있다. 하지만 비전을 해방시켜 재빨리 기회에 뛰어들게 하는 이야기의 강력한 힘은 한 가지 예로도 충분히 알 수 있다. 바로 니콜라 테슬라다.

테슬라는 어떻게 에디슨을 뛰어넘었나

테슬라는 1856년 오스트리아 제국의 국경지대에서 태어났다. 어린 시절 그는 검은 소나무숲에서 개구리를 사냥했다. 이십 대에 이르러 그는 대학을 중퇴하고 미국으로 이주해 전기를 근본적으로 바꾸는 혁신적인 모터를 발명한다.

테슬라 이전에 전기 모터는 생활 가전이 아니라 '희귀한 장치'였다. 전기 모터는 직류(DC)로 작동했는데, 송전 거리가 1.6킬로미터 정도밖에 되지 않아 몇몇 도시의 일부 지역에서만 사용되었다. 하지만 테슬라는 직류에서 교류(AC)로 전환하면, 이런 지리적 제약을 극복할 수 있음을 깨달았다. 교류는 장거리를 고전압으로 장거리까지 전송할 수 있어 모든 사람이 어디에서나 사용할 수 있었다. 필요한 것은 저렴하고 안정적인 교류 모터뿐이었다.

1879년 물리학자 월터 베일리Walter Baily가 AC 모터의 시제품을 개발했다. 하지만 아무리 여러 차례 설계를 변경해도 의미 있는 진전이 없었다. 테슬라의 스승들은 실용적인 AC 모터는 제작이 불가능하다고 결론을 지었다. 테슬라의 우상인 토머스 에디슨조차도 미래는 DC에 있다고 선언했다.

테슬라는 이 모든 통념에 도전했다. 그는 베일리의 안을 포함한 '프로토타입 중심 사고'를 거부하는 것부터 시작했다. '프로토타입 중심 사고'는 '문제 정의하기'처럼 공학의 중심을 혁신에서 반복으로 옮긴다. 하지만 반복은 기존 시스템을 개선할 수 있을 뿐 새로운 시스템으로 가는 길을 개척할 수 없다.

새로운 길을 개척하기 위해 테슬라는 논리를 넘어섰다.

"의심할 여지 없이 우리에게는 논리적 추론으로는 알 수 없는, 진리를 감지할 섬세한 감각이 있다."

그는 그레츠키처럼 미래를 상상했다.

"아이디어가 떠오르면 즉시 상상 속에서 그것을 구체화하기 시작한다."

그리고 벨, 고다드, 섀넌처럼 그는 이야기로 비전의 속도를 높였다. 그는 셰익스피어를 읽었고, 세르비아 민족 서사시를 낭송했으며, 괴테의 희곡을 암기했다.

5장에서 살펴보았듯이, 괴테는 아인슈타인이 꼽은 현대 혁신가 목록에 이름을 올렸고 셰익스피어와 과학 혁명을 연결하는 고리였다. 그리고 1882년 2월, 테슬라는 괴테의 이야기에서 영감을 받아 전력 분야의 주도권을 잡을 새 전략을 구상했다.

— 나는 친구 안탈 시게티와 함께 부다페스트의 공원을 산책하며 시를 낭송하고 있었다. 당시 나는 책 한 권을 단어 하나하나까지 외우고 있었다. 그중 하나가 괴테의 《파우스트》였다. 해가 막 지려는 순간, 찬란한 한 구절이 떠올랐다. "빛은 물러나고…" 이 구절을 읊는 순간 AC 모터의 아이디어가 번개처럼 스쳤다.

그 순간을 직접 경험하고 싶다면 테슬라처럼 괴테의 《파우스트》

부터 시작해보자. 테슬라가 산책하면서 떠올린 '찬란한 한 구절'은 몸은 가만히 서 있지만 정신은 하늘을 향해 날아오르는 상상력의 이중성을 시적으로 포착한 대목이다.

— 빛은 물러나고, 고된 날은 끝났네.
 저 멀리서 빛은 서둘러 새로운 삶의 터전을 살피네.
 아, 나를 이 땅에서 들어올려
 빛의 자취를 따라 높이 날려줄 날개는 없구나.
 영광스러운 꿈이여! 비록 지금은 그 영광이 사라졌으나
 아아! 정신을 들어올리는 날개는
 육체를 들어올릴 날개를 내게 전해줄 수 없구나.

'회전 없이 회전하는 움직임'을 상상하던 테슬라는 같은 작용을 하는 모터를 떠올렸다. 정신(자기장)이 회전하는 동안 몸(금속 외장)은 정지해 있는 모터였다. 이것이 바로 테슬라가 만든 AC 모터, 즉 현대 산업의 바퀴를 돌리는 모터였다.

물론 테슬라가 그 모터를 뚝딱 만들어낸 것은 아니다. 정확한 설계도를 얻기 위해 그는 수많은 '만약에'를 탐구해야 했다. 하지만 결국 그 '만약에'는 그의 머릿속에서 '정지한 금속 외장 안에서 회전하는 자기장'이라는 명확한 전략과 결합되었다. 고다드가 웰스의 《우주전쟁》을 읽고 화성 탐사 로켓을 만드는 데 상상력을 집중했던 것처럼, 테슬라 역시 괴테의 이야기에서 자신의 비전이 어디로 향하는지 알게 되었고, 이를 통해 더 빠르고 더 명확하게 기회를 붙잡을 수 있었다.

이 아이디어를 떠올린 지 두 달 후, 테슬라는 헝가리 부다페스트에서 에디슨의 발전기 공장이 있는 프랑스 파리로 건너가 공학기술을 연마했다. 1884년에는 대서양을 건너 뉴욕의 에디슨 기계 제작소에 합류해 전기 판매 사업을 배웠다. 그리고 이듬해인 1885년, 에디슨을 떠나 독립했다.

테슬라가 세계에서 가장 막강한 전기 회사를 떠나자, 동료들은 그를 괴짜로 취급했다. 발명에 필요한 자금을 확보할 수 없었던 그는 식비를 벌기 위해 공사장에서 일하기도 했다. 하지만 테슬라의 비전은 이 궁핍한 시기를 헤쳐나갈 수 있도록 그를 이끌었다. 수리공으로 생계를 유지하던 그는 어느 전신 회사의 임원과 변리사를 설득해 맨해튼 로어 리버티가 89번지에 작은 연구실을 얻었다. 1887년 4월, 이 연구실이 문을 열자마자 그는 어떤 장비를 갖춰야 할지 정확히 알고 있었다. 자기장을 회전시키는 전선 코일, 금속 외장을 구성할 적층 철, 모든 것을 고정할 황동 볼트….

몇 달 후 그는 코일을 철제 회전자에 연결했다. 논리로는 발을 들여놓을 수 없는 곳으로 과감히 뛰어들어, 혁신적인 전기 모터를 완성해냈다.

아무도 모르는 승리가 진짜 승리다

테슬라는 리더다운 행동으로 하나의 시대를 열었다. 이야기를 상상하고 직접 실행한 것이다. 신비로운 업적처럼 보일지 몰라도, 고유한 능력인 비전과 자기 신뢰를 결합하면 가능하다. 비전은 미래로 가는 길을 찾게 하고, 자기 신뢰는 그 길을 걸어 꿈을 실현한다.

당신도 둘의 결합으로 당신만의 독창적인 시대를 열 수 있다. 간단하지만 쉬운 일은 아니다. 다수의 의견이라는 안전지대를 떠나 위험한 어둠의 길로 나아가야 한다.

그렇다면 당신이 준비가 되었다는 것은 어떻게 알 수 있을까? 남들이 의심하는 기회를 붙잡아 흔들리는 길에서 앞으로 나아갈 수 있을지 어떻게 알 수 있을까? 자신감을 잃는 순간에도 승리를 포기하지 않을 거라고 어떻게 알 수 있을까?

특수 요원들은 이럴 때 '은밀한 승리Covert Victory'라는 자기평가를 실시한다. 은밀한 승리는 인정받거나 자랑할 필요성을 느끼지 못해 비밀로 간직하는 승리다. 당신의 자녀조차 결코 알지 못할 성공한 임무다. 이것은 미 육군의 최고 기밀 부대가 훈련하는 기지 안에 있는 '영웅들의 벽'과 같다. 그 벽에는 누구의 이름도 새겨져 있지 않다.

'은밀한 승리'를 하고 싶다면 이렇게 자문해보자. 내가 어떤 일에서 성공했을 때 조용히 혼자만 간직할 수 있는가? 아니면 다른 사람에게 말하고 싶은가? 용기를 내고 선행했던 행동은 온 세상에 보여줘야만 의미가 있는가?

만약 어려운 일을 해냈다면 축하한다. 위대한 일을 이뤘다면 축하한다. 하지만 그 축하가 당신에게 의미가 있다면, 여전히 당신이 올바른 길을 가고 있다고 말해주는 외부의 인정에 의존하고 있다는 뜻이다.

내면의 나침반을 발견하려면 자기만의 전략을 끊임없이 정의해야 한다. 주위 사람들과 구분되는 목표는 무엇인가? 다른 어떤 곳보다 우선적으로 선택할 목적지는 어디인가? 모든 것을 희생하고서도 달성하고 싶은 가능성은 무엇인가?

벨, 섀넌, 고다드처럼 자기만의 책장을 만들어 답을 찾아보자. 현실적인 허구로 상상력을 날카롭게 가다듬자. 패턴 너머를 보자. 지평선 너머를 예측하자. 그리고 명료한 깨달음이 찾아오면 그 영감을 계속 간직하자.

세상을 따라오게 만들었다고 믿는 순간, 리더는 무너진다. 긴 여정을 준비하는 다른 누군가를 본다면, 수십만 년 전 처음에 당신이 어떤 존재였는지를 기억하자. 당신은 길들여져야 할 말도, 정의되어야 할 문제도, 프로그래밍되어야 할 컴퓨터도 아니었다. 자유롭고 독창적인 존재였고, 선례보다 빠르게 행동하는 지능이었다.

그때 당신이 보여준 주도성은 우리 종의 공통 기원이 되었고, 새로운 세대가 겨울밤을 헤쳐나가도록 인도하는 공동 유산이 되었다. 그리고 그 공동 유산은 당신만이 리더로 태어난 것이 아님을 보여준다. 당신이 만나는 모든 사람이 리더다.

그러니 그들이 자기 신뢰를 갖게 하자. 그들의 비전을 일깨우자.

그레츠키의 윌리가, 테슬라의 괴테가 되자. 다음 리더를 미래로 이끌자.

3부

고유지능의 비밀 금고를 열다

진화, 뇌과학, 스토리텔링이 풀어낸
지성의 원형

"아름다움." 세상이 그렇게 말하는 듯했다.
그리고 그것을 과학적으로라도 증명하듯,
그가 어디를 보든 아름다움이 피어올랐다.
─ **버지니아 울프**

11장 [모토]
인류가 쌓아올린 지능의 역사

생물학적 빅뱅에서 셰익스피어까지

하늘은 맑고, 바람은 잔잔하며, 공기에는 질산 냄새가 감돌았다.

2021년 6월, 나는 미 육군 포트 브래그가 자리한 노스캐롤라이나주의 늪지대로 들어갔다. 이곳에서는 선글라스를 꼭 써야 한다는 권고를 들었다. 눈부심을 막기 위해서가 아니라 말파리 떼가 눈을 파먹는 것을 막기 위해서다.

나는 포트 브래그의 비밀 훈련장을 방문할 예정이었다. 비밀 훈련장이라면 이미 여러 차례 가보았기 때문에 가상현실 시뮬레이터, 물 없는 재활 욕조, 알고리즘 기반 심박 모니터 같은 값비싼 장비들로 가득하리라 예상했다. 하지만 이곳은 달랐다. 오히려 대단히 원시적이었다. 복도는 1970년대 학생 협동조합 같은 분위기였다. 대충 던져놓은 듯한 가구, 공기에 감도는 땀 냄새, 반쯤 벗은 채 돌아다니는 사람들. 낡은 아스팔트 길로 연결된 소박한 작업장도 있었다. 검투사들의 싸움터 같은 통나무 구덩이도 있었다. 고물 헬리콥터로 만든 사원도 있었다.

나는 덥고 먼지 날리는 사원 옆에서 몇몇 군인들과 인사를 나눴다. 그들의 이름은 몰랐다. 단지 그들이 특수 요원이라는 것 정도만 알고 있었다.

그 후 몇 달에 걸쳐, 나는 이 요원들이 자기 분야에서 전설처럼 불리는 존재들임을 알게 된다. 그들은 미 육군 최정예 부대인 델타 포스1st SFOD-Delta, 세계 최초의 특수부대인 영국 SAS 소속이었다. 캐나다 합동 특수작전단 2부대Joint Task Force 2, 미 육군 그린베레, 미 해군 특수전개발단 출신도 있었다. 그리고 내 입으로 밝힐 수 없는 비밀 부대 출신 요원도 있었다.

이들은 이 책에서 지금껏 등장한 요원들이다. 하지만 이 장면은 내가 그들을 처음 만나는 순간이다. 그들은 다소 경계하는 눈치였지만 친절했다. 내가 혼란이 닥치고 논리가 깨질 때 지능적으로 행동하는 데 도움이 되는 새로운 과학을 가지고 왔다는 말을 들었기 때문이다.

이 책의 남은 지면에서 내가 그들에게 알려준 과학을 당신에게도 전할 생각이다. 이를 위해 두 가지 이야기를 할 것이다. 12장에서 다룰 두 번째 이야기는 고유지능의 과학을 어떻게 발견했는지에 대한 내 개인적인 이야기다. 첫 번째 이야기는 고유지능 그 자체에 대한 내용으로, 이번 장에서 다룬다. 고유한 능력이 선사시대에 어떻게 출현했고 현대 사회에서 추방된 이유는 무엇인지를 살펴본다.

생물학적 빅뱅에서 시작된 두 가지 지능의 기원

고유지능은 5억 년 전 초기 캄브리아기의 바다에서 진화한 동물의 뉴런에 의해 작동했다. 이 시대를 '생물학적 빅뱅biological big bang'이라 부르는 이유는 생명의 형태가 폭발적으로 다양해져서 자원을 먹어치우는 새로운 종이 생겨났고, 곧이어 종끼리 서로를 잡아먹기 시작했기 때문이다. 그 결과 생명체의 오랜 관심사인 '먹기' 경쟁이 치열해졌고, 그에 못지않게 절박한 새 관심사인 '먹히지 않기' 경쟁도 생겼다.

첫 번째 관심사인 '먹기'는 논리의 기원이다. 두 번째 관심사인 '먹히지 않기'는 이야기의 기원이다. 그 기원은 다음과 같이 전개되었다.

- 먹기 위해 뇌는 음식을 '인식'할 수 있는 능력을 발전시켰다. 이를 위해 뇌는 빛을 감지하는 뉴런을 만들었다. 이 뉴런들은 켜졌다 꺼지는 스위치처럼 작동하며, 시각을 통해 데이터를 받아들이고, 먹이에 해당하는 공간적 패턴을 인식할 수 있도록 했다. 이 방식은 오늘날 컴퓨터의 트랜지스터처럼 작동했고, 이를 통해 상징적 논리symbolic logic가 가능해졌다. 즉 'A는 B와 같다'라는 구조로 데이터를 해석할 수 있게 된 것이다.
- 먹히지 않기 위해 뇌는 단순히 인식하는 것을 넘어, 새로운 행동을 창조하는 능력이 필요했다. 이 과정에서 등장한 또 다른 뉴런은, 기존 정보를 받아들이는 수동적인 역할을 넘어서 예상

치 못한 행동을 스스로 만들어내는 기능을 갖추게 되었다. 이런 행동은 무작위일 때보다는, 포식자의 의도를 예측하는 정밀함을 갖출 때 훨씬 더 효과적이었다. 그리고 그 동작이 일관된 흐름 속에 연속적으로 이어질 수 있을 때, 최소한의 노력으로 최대한의 회피가 가능했다.

지능의 이러한 두 가지 기능은 이후 5억 년에 걸쳐 진화하면서 인간의 뇌를 구성하는 두 축이 되었다.

- 상징적 논리 기능은 우리의 시각피질을 탄생시켰다. 시각피질은 메가바이트 단위의 감각 데이터를 3차원 이미지로 변환할 수 있는 초강력 컴퓨터다. 세월이 흐르면서 더 고차원의 알고리즘 기능(산술, 연역, 해석)도 생겨나, 셈을 하고 주장을 펼치고 명사나 형용사 같은 언어 요소를 처리하는 영역이 생겨났다.
- 창의적 행동 기능은 운동피질을 탄생시켰다. 운동피질 덕분에 외과의사의 손가락이 신체를 고치고, 운동선수의 골반이 태클을 피하고, 무용수의 팔이 관객을 매혹시키게 되었다. 세월이 흐르면서 인과적·반사실적 사고('왜'와 '만약에'를 생각하는 것) 같은 상상 과정도 생겨나 동사를 처리하고 과학자의 가설, 군인의 전술, 엔지니어의 영감, 기업가의 계획, 정치가의 전략, 이야기꾼의 서사를 만들어내는 뇌 영역이 강화되었다.

이 두 가지 기능이 우리의 뇌를 컴퓨터와 구별해준다. 컴퓨터와 달리 우리의 뇌는 데이터와 추상적인 개념으로만 생각하지 않는다. 예외와 행동으로도 생각할 수 있어 새로운 기회를 발견하고 혁신적인 기술을 개척할 수 있다.

요원들에게 우리 뇌의 두 가지 기능을 설명했더니, 그중 한 명이 눈살을 찌푸렸다. "컴퓨터는 행동으로 생각할 수 없다고 하셨죠? 그러면 이건 뭐죠?" 그녀는 내게 자신의 노트북 화면을 보여주었다. AI가 생성한 달리는 말의 애니메이션이었다. "이것도 행동 아닌가요?"

좋은 질문이었다. 답은 "그렇다"인 동시에 "아니다"였다. 말은 우리 뇌 속에서 달리고 있었다. 하지만 컴퓨터 속에서는 그렇지 않았다. 그건 단지 정지 이미지들을 연속으로 빠르게 재생한 착시 현상일 뿐이다. 이 역설을 풀기 위해, 논리와 행동의 기계적 차이를 분석해보자.

논리는 어떤 것이 다른 것과 같다는 것이다(A = B). 반면 행동은 어떤 것이 다른 것을 이끈다는 것이다(A→B). 이 구분은 사소해 보일 수 있지만, 사실 매우 근본적인 차이가 있다. 아리스토텔레스에서 버트런드 러셀Bertrand Russell에 이르기까지 수많은 논리학자가 인정했듯 논리가 행동에 접근할 수 있는 최대치는 '만약 A라면 B다'(if A then B)와 같은 조건문에 머문다. 그런데 이 조차도 일상 대화에서 종종 A→B 같은 인과 관계로 오해되지만, 실제로는 A=B라는 대응 관계일 뿐이다. 이 때문에 AI는 대응 관계의 그물망, 즉 패턴을 중심으로 사고하는 반면, 인간 지능은 대부분 원인과 결과로 이어지는 이야기를 따라 사고한다.

(논리와 행동의 차이가 잘 이해되지 않는다면 다음 예를 살펴보자. 논리는 A=B이고 컴퓨터는 사건을 등식으로 처리하므로 AI에게 '화재가 나면 연기가 난다'는 '화재=연기'를 의미한다. 등식의 양쪽에 놓인 항은 서로 위치를 바꿀 수 있으므로 '연기=화재'도 성립한다. 이렇게 항을 바꾸는 것이 기호학에서는 통한다. 화재는 연기의 신호이고, 연기는 화재의 신호다. 하지만 동작으로 바꾸면 물리학에 위배된다. 현실 세계에서 'A→B'는 'B→A'와 같지 않고 '화재→연기'도 '연기→화재'와 같지 않다. 전자는 화재가 연기를 일으킨다는 뜻이고, 후자는 연기가 화재를 일으킨다는 뜻이다. 즉 전자는 물리학이고 후자는 환상이다. 그래서 '화재가 발생하면 연기가 난다'라는 말을 들으면 우리의 신경세포 뉴런은 그것을 '화재→연기'로 바꾼다. 하지만 AI는 '화재=연기'로만 이해하기 때문에 물리적 행동과 마법적 사고를 혼동한다.)

컴퓨터는 A=B로 사고하므로 노트북 안의 말은 사실 움직이지 않는다. 그것은 단지 정지된 이미지들을 조합한 환상이다. 그리고 결정적으로 그 환상은 오직 인간만이 인지할 수 있다. 우리는 A→B로 생각하기 때문에 질주하는 말을 상상할 수 있고, 노트북 화면을 보며 컴퓨터도 말의 질주를 인식한다고 상상할 수 있다. 그러나 컴퓨터는 말의 정지된 이미지를 순차적으로 나열할 뿐이며, 그 안에 어떠한 '행동'도 벌어지고 있지 않다. 결론적으로 행동을 창조해낼 수 있는 존재는 인간의 뇌이며, 컴퓨터는 아니다.

그렇다면 우리 뇌는 독창적인 A→B를 어떻게 만들어낼 수 있을까? 흔히 말하는 초월적 의식 같은 신비한 힘을 갖고 있기 때문일까? 아니, 순전히 우리 뇌의 작동 원리 때문이다.

모토: 시냅스에서 작동하는 비논리적 뇌 기계

우리 뇌는 '운동지능motor intelligence'을 통해 A→B의 방식으로 사고한다. '모토moto'라고 줄여서 표현하는 이 운동지능은 신체적 연결 구조인 시냅스에서 작동한다.

시냅스는 두 뉴런 사이의 접합부로, 세계 최초의 신경과학자 산티아고 라몬 이 카할Santiago Ramón y Cajal이 19세기 말에 발견했다. 현미경으로 보면 일종의 틈처럼 보인다는 사실을 바탕으로, 20세기 초 스파크파Sparks라 불리는 저명한 과학자 집단은 시냅스가 스위치처럼 작동한다는 가설을 세웠다.

전자 스위치는 회로에 삽입된 반도체, 즉 트랜지스터처럼 작동할 수 있는데, 반도체의 기본적인 형태 중 하나가 바로 '틈'이다. 이 틈은 회로를 차단해 '꺼진off' 상태를 유지하다가, 전압이 충분히 높아지면 번개처럼 전류가 틈을 건너뛰며 회로를 '켜진on' 상태로 만든다.

이러한 구조는 1937년 클로드 섀넌이 발견했듯이, 논리의 세 가지 연산, 즉 AND-OR-NOT을 실행할 수 있다. 오늘날 우리가 알고 있는 모든 AI 알고리즘은 이 금속 산화막 반도체(MOS) 트랜지스터에 의해 작동한다.

만약 인간의 시냅스가 MOS 트랜지스터처럼 작동한다면 인간의 뇌도 AI처럼 사고할 것이다. 하지만 노벨상 수상자인 신경과학자 존 에클스John Eccles가 1950년대에 실시한 연구 덕분에 우리는 스파크파의 가설이 틀렸다는 사실을 알게 되었다. 뉴런은 번개처럼 전기가 튀어 연결되는 것이 아니라, 단백질 신경전달물질과 다른 물리적 기구들을 통해 연결된다. 즉 뉴런 A가 뉴런 B로 연결을 확장할 때, A=B라고 사고하는 트랜지스터처럼 작용하는 것이 아니라, A가 B로 이어진다(A→B)는 물리적 흐름으로 사고한다.

("그렇다면 컴퓨터 소프트웨어로 이 시냅스를 디지털 시뮬레이션해 MOS 트랜지스터가 뉴런처럼 생각하게 만들 수 있지 않을까?" AI 엔지니어와 인지과학자들이 자주 던지는 질문이다. 답은 또다시 "그렇다"이면서도 "아니다"이다. 뉴런의 디지털 시뮬레이션을 구축할 수는 있지만, 그 시뮬레이션은 뉴런의 A→B 기능을 재현할 수 없기 때문이다. 이 역설을 풀기 위해 1장과 2장에서 다룬 사실을 떠올려보자. A→B는 예외, 즉 알려지지 않은 원인을 처리하기 위해 진화했다. 하지만 알려지지 않은 원인은 컴퓨터로 시뮬레이션할 수 없다. 따라서 소프트웨어는 이론적으로 고립된 상태의 뉴런을 모방할 수 있어도 실제로 작동하는 뉴런은 재현할 수 없다. 그렇다면 '알려지지 않은 원인'을 프로그래밍에 포함시키면 뉴런의 실제 작동을 모델링할 수 있지 않을까? 그렇게 하려면 인간 프로그래머가 그 원인을 수학적 알고리즘으로 공식화해야 한다. 다시 말해 프로그래머 뇌 속의 실제 뉴런들이 A→B라는 인과적 과정을 A=B라는 등식으로 전환해야 한다는 뜻이다. 이렇게 만들어진 알고리즘은 컴퓨터로 시뮬레이션할 수 있겠지만, 그 순간 컴퓨터는 더 이상 뉴런처럼 작동하지 않는다. 상상과 예측이라는 시냅스적 사고 대신 계산과 대응이라는 트랜지스터적 사고를 수행하는 것이다. 결국 디지털 뉴런은 뉴런이 본래 처리하도록 진화한 예외적 정보에는 닿을 수 없다. 노트북 화면 속의 달리는 말이 실제로는 달리지 않듯, 디지털 뉴런은 실제 기능을 수행할 물리적 기반

이 없는 상징적 모사물에 불과하다. 즉 겉으로는 A→B처럼 보이지만 실제로는 A=B일 뿐이다.)

그렇다고 해서 A→B가 A=B보다 우월하다는 뜻은 아니다. 하지만 더 유용할 때가 많기 때문에 진화적으로 보존되어온 사고방식이다. 수억 년 전 시각피질이 진화한 이래, 뇌는 언제든 완전히 A=B로, 즉 모토를 버리고 순수한 논리만으로 사고하는 선택지를 가지고 있었다. 그러나 뇌는 그렇게 하지 않았다. A→B를 유지해온 것이다. 모토는 논리로는 불가능한 방식으로 영리하게 작동할 수 있기 때문이다.

모토는 피드백을 기반으로 실행되므로 데이터가 거의, 심지어 전혀 없어도 작동하고, 주도적으로 전에 없던 미래를 상상할 수 있다. 모토의 실험적 방식은 새로운 예술, 과학, 기술을 창조하기도 한다. 행동을 중시하는 모토의 경향은 뇌가 좌절과 불확실성을 극복하는 심리적 동력이 되어준다.

모토는 대체로 무의식적이다. 우리는 우리의 손이 드럼을 치고, 편지를 쓰고, 빵을 자를 때 뇌 속에서 어떤 뉴런이 어떤 순서로 동작하는지 인식하지 못한다. 그래서 예술가, 자동차 정비사, 그 밖에 몸을 써서 일하는 장인들은 자신의 동작을 명확히 설명하지 못한다. 대신 그들은 이렇게 말한다. "그냥 나를 보고 따라 해봐."

하지만 모토는 우리가 자각하지 못하더라도 의식적으로 훈련할 수 있다. 그 결과 뇌의 운동 영역은 더 창의적이고 선별적이며 효과적인 행동을 유도할 수 있게 된다. 이 훈련 도구가 바로 이야기다.

이야기의 힘: 스토리씽킹이 뇌를 바꾸는 방법

이야기는 일련의 행동이다. 이 사건이 저 사건을 일으키고, 저 사건이 또 다른 사건을 일으킨다. 이야기를 상상할 때 우리는 뇌의 모토 능력을 활용한다. 모토는 새로운 행동을 생성하는 메커니즘이기 때문이다. 그리고 모토가 이야기를 생성하듯, 이야기도 모토에 영향을 줄 수 있다. 예를 들어 우리가 이야기를 통해 전략적 목표를 상상하면(10장 참조), 그 목표는 모토를 자극해 그 목표에 도달하는 경로를 만들어내게 할 수 있다. 또한 이야기를 통해 과거를 회상하면(6장 참조), 그 회상은 모토를 자극해 해묵은 불안을 표준 행동 절차로 전환할 수 있다.

이렇게 이야기를 의식적으로 활용할 때 우리는 '스토리씽킹', 좀 더 기술적으로 말하면 서사 인지를 하고 있는 것이다. 서사 인지는 연역, 해석, 비판적 사고 등 일반적인 논리적 사고방식과는 다르다. 이 차이를 알아보기 위해 아래 그림에서 기호의 수를 세어보자.

🚶🚶🚶🚶🚶🚶🚶

이제 이 그림 전체를 한 사람이 걷는 모습이라고 상상해보자. 첫 번째 작업(기호의 수를 세는 것)은 논리이고, 두 번째 작업(행동을 상상하는 것)은 서사다.

논리와 서사를 구별하는 법을 배우면 뇌의 여러 미스터리를 풀수 있다. 단순 의식(이 단어에 대한 인식)과 자기 의식(이 단어를 읽고 있다는 인식)의 차이도 그중 하나다.

- 단순 의식은 공간적이고 감각적인 의식으로 그 기원이 시각에 있다. 우리가 잠들 때 눈을 감는 이유도 바로 시각과 의식이 밀접하게 연결되어 있기 때문이다. 따라서 단순 의식은 결국 논리 기반이다.
- 자기 의식은 시간적이고 상상적인 의식이다. 시간 속에서 계속되는 우리 자신에 대한 인식에서 시작된다. 다시 말해 우리의 현재가 과거에서 왔다는 인식, 곧 인과적 구조의 이야기다. 따라서 자기 의식은 서사 기반이다.

이는 우리 뇌가 컴퓨터이면서도, 컴퓨터를 넘어선 존재라는 사실을 보여주는 가장 심오한 예일 것이다. 눈을 뜨고 깨어나서 세상을 인식하는 것은 알고리즘처럼 생각하는 것이다. 하지만 자기 의식을 통해 내 삶의 역사와 목적을 발견하는 것, 즉 '이야기' 속에서 생각하는 것은 AI가 할 수 없는 일이다. 이것이 바로 뇌에서 스토리씽킹이 작동하는 방식이다.

이제 스토리씽킹이 삶에서 어떻게 작동하는지 살펴보자.

셰익스피어로 읽는 인류 지성사의 비밀

스토리씽킹은 수십만 년 전부터 인류의 삶을 이끌어왔다. 신석기 시대 선조들이 도구를 발명하고, 사냥을 계획하고, 신을 상상할 수 있었던 것도 바로 스토리씽킹 덕분이다. 그리고 이 힘을 요약해서 보여주는 상징이 있다. 바로 '셰익스피어'다.

당신이 알고 있는 이 책을 관통하는 중심 축 또한 셰익스피어다. 셰익스피어를 과학적 창의성의 원천으로 여겼던 아인슈타인의 사례처럼 앞 장들 곳곳에 언급되었다. 하지만 그런 단편적인 언급들은 전체 이야기를 암시할 뿐이다. 이 책에 등장하는 혁신, 회복탄력성, 의사결정, 소통, 코칭, 리더십 분야의 개척자들은 하나같이 셰익스피어의 《햄릿》, 《오셀로》, 《안토니우스와 클레오파트라》를 읽고 직관, 상상력, 감정, 상식의 힘을 키웠다.

- 스티브 워즈니악은 **스티브 잡스**를 회상하며 이렇게 말했다. "처음 만난 날부터 그는 셰익스피어처럼 인류에 영원한 변화를 가져온 중요한 인물에 대해 이야기했다."
- **마야 안젤루**는 이렇게 말했다. "나는 셰익스피어를 만나 사랑에 빠졌다."
- **클라우제비츠**의 개인 서재는 군사 전략서들과 셰익스피어의 희곡집으로 채워졌다.
- **링컨**은 이렇게 밝혔다. "나는 셰익스피어의 몇몇 희곡을 평생 반

복해서 읽었다."
- **니콜라 테슬라**는 셰익스피어를 사랑했다. 그의 경쟁자 **토머스 에디슨**도, 에디슨의 다른 경쟁자 **알렉산더 그레이엄 벨**도 셰익스피어의 팬이었다. 벨은 셰익스피어 희곡을 연기하는 배우였던 할아버지에게서 셰익스피어를 배웠다.
- **랠프 왈도 에머슨**은 단언했다. "위대한 철학자들의 책에는 '상상할 수 있는 지혜'가 들어 있지만 셰익스피어의 작품에는 '상상을 초월하는' 지혜가 들어 있다."
- **아인슈타인**은 셰익스피어를 '창조적 자연주의자'의 대표적인 사례이자 현대 화학, 의학, 물리학의 모델로 꼽았다.
- **베토벤**은 셰익스피어를 '우상'으로 여겼다.
- **닐 암스트롱**의 학교 친구는 이렇게 말했다. "고등학교에 들어갈 무렵 그는 셰익스피어를 거의 외우다시피 했다."
- **윌리엄 오슬러**가 맨 처음 산 책은 《글로브 셰익스피어Globe Shakespeare》였다. 그는 이 책을 너무나 사랑한 나머지 셰익스피어의 희귀본 《퍼스트 폴리오First Folio》를 옥스퍼드대학교에 기증했다.
- **벤저민 프랭클린**은 모든 미국인이 읽을 수 있도록 필라델피아 도서회사Library Company of Philadelphia에 셰익스피어 전집을 비치했다.
- **조지 워싱턴**은 편지에 셰익스피어를 인용했다. 1783년 11월, 퇴역 장병들에게 쓴 고별사에서 그들을 '형제단Band of Brothers'(셰익스피어의 《헨리 5세》에서 헨리 5세가 아쟁쿠르 전투에 참가할 병사들을

부르던 말-옮긴이)이라 부르면서, 그들의 노고 덕분에 전례 없는 업적을 이뤄냈다고 찬사를 보냈다.

- **넬슨**도 부하 장교들을 셰익스피어의 표현을 빌려 '형제단'이라 불렀다.
- **찰스 다윈**은 "어린 시절, 몇 시간씩 앉아서 셰익스피어의 역사극을 읽곤 했다"고 회상했다.
- **토머스 페인**은 셰익스피어를 모방하며 독학으로 글쓰기를 배웠다.
- **드와이트 아이젠하워**는 학창 시절 가장 기억에 남는 추억이 셰익스피어 연극에서 주인공을 맡은 것이었다고 회상했다.
- **로버트 노이스**는 대학 연극 동아리에서 셰익스피어를 연기했다.
- **마리 퀴리**는 폴란드의 낭만주의 시인들의 영향으로 《햄릿》을 읽었고, "어린 시절부터 시를 무척 좋아해서 긴 구절도 외우곤 했다"고 말했다.
- **윈스턴 처칠**은 《햄릿》을 통째로 암기했다. 배우 리처드 버튼Richard Burton은 런던 올드빅에서 햄릿을 연기하다가, 앞줄에 앉아 모든 대사를 따라 읊는 처칠을 보고 깜짝 놀랐다고 한다.
- **버지니아 울프**의 대표작 《댈러웨이 부인》에 등장하는 셉티머스 스미스는 전쟁 후유증에 시달리는 참전용사로, 과학적 감각과 미의식을 함께 지닌 인물이다. 그는 셰익스피어의 열렬한 독자이기도 하다.
- **빈센트 반 고흐**는 이렇게 감탄했다. "맙소사! 셰익스피어가 이렇

게 아름답다니! 누가 셰익스피어만큼 찬란하게 모호할까? … 하지만 셰익스피어를 읽는다는 건, 때론 사회의 눈에 이상한 존재가 되는 것을 감수해야 하는 일이다."

셰익스피어는 예술가, 과학자, 지도자의 지능을 일깨웠다. 그가 깨운 지능은 중세 학문의 논리적 사고방식과는 정반대의 것이었다. 논리 중심의 사고방식은 12세기 이탈리아의 학자 존 오브 베니스John of Venice가 아리스토텔레스의 고대 논증을 재구성하면서 비롯되었다. 그 논증은 논리(귀납, 연역, 해석)란 AND-OR-NOT이라는 세 가지 기계적 연산으로 환원될 수 있다는 내용이었다.

이후 논리는 중세 유럽 대학들의 자랑이자 약점이 되었다. 대학에서 물리학자와 심리학자들은 AND-OR-NOT을 궁극의 지성, 즉 신의 정신이라 칭송했지만, 그들의 귀납, 연역, 해석은 자연이나 뇌의 작동 원리에 대한 위대한 통찰로 이어지지 못했다. 진정한 통찰은 혁신적인 장인과 실험가들(레오나르도 다빈치, 갈릴레이 갈릴레오, 윌리엄 하비 등)이 논리를 거부하고 직관, 상상력, 감정, 상식을 되찾은 르네상스 시대가 되어서야 탄생했다. 당시에는 이러한 비논리적 능력을 과학적으로 설명할 수 없었지만, 셰익스피어는 그것이 이야기에서 비롯된다는 사실을 직관적으로 꿰뚫어보았다.

이야기는 예외적 정보를 바탕으로 전개된다. 《햄릿》에서는 이렇게 표현했다. "그것을 낯선 손님처럼 환영하라."(5장 참조) 그래서 셰익스피어는 자신의 희곡을 예외적이고 낯선 것들로 가득 채웠다.

리어 왕의 현명한 광기, 클레오파트라의 아름다운 주름살, 폴스타프의 고결한 무절제 등 그의 인물들은 낡은 규범을 깨고 혁신적으로 행동했다. 그들은 관습을 깨고 전례 없는 방식으로 움직였다.

그러나 이야기의 부활은 오래가지 못했다. 셰익스피어가 1616년에 사망한 후 100년 동안 르네상스는 계몽주의에 자리를 내주었다. 계몽주의는 이성을 최고의 가치로 삼았고 과학과 도덕의 보편적 법칙을 적용하기 위해 중세의 논리 체계를 다시 꺼내들었다. 《햄릿》은 난폭하다는 이유로 폄하되었고, 《오셀로》는 검열되었으며, 《리어왕》은 영원불변한 정의에 맞게 다시 쓰였다. 삶의 예외를 직시하는 셰익스피어의 안목은 차단되었다.

하지만 이런 시대도 영원하지 않았다. 18세기에는 시인이자 화가인 윌리엄 블레이크William Blake 같은 고독한 영혼들이 르네상스의 직관을 부활시켰다. 1757년에 런던 서부에서 태어난 블레이크는 7년 동안 동판화 기술을 배우고, 왕립예술원에서 회화를 공부했다. 그곳에서 논리적 사고에 물든 강사들은 그에게 '추상화, 일반화, 분류'를 가르치려 했다. 이에 블레이크는 "일반화는 바보가 되는 것"이라고 반박했다. 블레이크는 계몽주의와 너무 동떨어진 탓에 미치광이 취급을 받았다. 하지만 그는 가난과 멸시 속에서도 셰익스피어에게서 용기를 얻었다. 셰익스피어는 블레이크에게 본연의 자아를 상기시켜 주었다. "나는 흩어진 모든 생각을 정리하고 원시적이고 독창적인 방식을 되찾았다." 셰익스피어는 그에게 진정한 과학의 길을 보여주기도 했다. "오늘날 입증된 모든 것은 한때 상상에 불과했다."

또 셰익스피어는 시인이야말로 논리가 예측할 수 없는 미래를 예측하는 사람임을 보여주었다. "시적 천재성은 곧 예언의 정신이다."

그 예언의 정신은 블레이크에게 깃들었다. 블레이크의 예언대로 셰익스피어는 부활했다. 19세기 초 독일에서 부활해 영국을 거쳐 마침내 유럽 전역으로 퍼졌다. 훗날 반 고흐에게 영감을 준 벽화를 그린 프랑스 화가 외젠 들라크루아는 열광했다. "셰익스피어의 총공세가 시작됐다! 햄릿이 섬뜩하게 고개를 들고, 오셀로의 단검이 보수적인 극장을 꿰뚫는다."

보수적인 극장을 꿰뚫은 것은 미국 배우 샬럿 쿠시먼Charlotte Cushman을 포함한 용감한 비순응주의자들 덕분에 가능했다. 1816년 보스턴에서 태어난 쿠시먼은 십 대 시절 모차르트의 감성적인 오페라로 무대에 올랐지만, 셰익스피어 연극으로 방향을 틀었다. 1830년대 중반에 올버니, 뉴올리언스, 맨해튼의 극장을 가득 메운 관객 앞에서 《오셀로》와 《맥베스》를 공연했고, 22세가 되던 해에는 런던의 헤이마켓 극장과 계약했다.

헤이마켓은 쿠시먼에게 틀에 박힌 계몽주의 대본을 건넸다. 비운의 젊은 연인이 사랑의 도피에 성공해 행복하게 산다는 줄거리로, 《로미오와 줄리엣》을 희극으로 개작한 내용이었다. 쿠시먼은 경악했다. 헤이마켓이 무슨 권리로 셰익스피어의 이야기를 바꾼단 말인가? 헤이마켓은 자신들이 권리가 있다고 답했다. 셰익스피어는 죽었고 그의 이야기는 너무 특이하다며, 대중은 평범하고 긍정적인 서사를 선호한다고 했다.

쿠시먼은 셰익스피어의 예외적 결말이 아니라면 어떤 것도 연기하지 않겠다고 버텼다. 헤이마켓은 배우를 교체하겠다고 으름장을 놓았지만 그녀는 굴복하지 않았다. 결국 헤이마켓이 두 손을 들었다. 쿠시먼은 의기양양하게 자신이 로미오 역할을 맡고 파격적인 연출을 밀어붙였다.

관객들은 이 공연에 열광했고 그 독보적인 연기에 환호했다. 《타임스The Times》는 이렇게 극찬했다.

— 쿠시먼의 로미오는 우리가 지금껏 본 어떤 로미오보다 뛰어나다. 그 차이는 단순히 '정도의 차이'가 아니라 본질적으로 다른 차원이다. 오랫동안 로미오는 관습적 인물이었지만, 쿠시먼의 로미오는 하나의 창작물이다.

샬럿 쿠시먼은 셰익스피어의 핵심 통찰을 간파했다. 정해진 공식에 따르기보다 규칙을 깨뜨릴 때 강력한 이야기가 탄생한다.

쿠시먼, 들라크루아, 블레이크 같은 반항아들 덕분에 셰익스피어는 19세기 최고의 인기 극작가가 되었고, 낭만주의라는 새 기류에 힘을 실었다. 그러다 20세기 초, 신고전주의 경제학의 전복이라는 또 다른 셰익스피어 혁명이 일어났다.

신고전주의 경제학은 계몽주의의 논리적 사고를 금융시장에 적용하면서 등장했다. 신고전주의 경제학의 가장 위대한 창조물은 호모 에코노미쿠스homo economicus(경제적 인간)였다. 호모 에코노미쿠스는 항상 논리적으로 행동하기 때문에 신고전주의 경제학에서는 시장 역시 논리적으로 움직일 거라 예측했다. 하지만 실상 그렇지 않았다. 그래서 경제 관료를 비롯한 정부 지도자들이 호모 에코노미쿠스를 참고하면, 은행은 파산하고 경기 침체가 발생했다.

신고전주의 경제학의 이러한 한계는 셰익스피어를 '성스러운 삼위일체' 중 하나로 꼽은 수학 천재 존 메이너드 케인스John Maynard Keynes의 눈에 띄었다. 셰익스피어가 보여준 서사적 심리학의 통찰에 감명을 받은 케인스는 '가격 경직성' 같은 비논리적 요소들을 경제 이론에 도입했다. 인간의 상상력과 감정이 시장에 미치는 영향을 설명한 것이다. 즉 경제 발전을 바란다면 정부는 계산기에만 의존할 것이 아니라 상식을 적용해야 했다. 그리고 상식을 기르는 가장 빠른 방법은 셰익스피어를 읽는 것이었다. 셰익스피어의 서사적 사고방식은 의사결정의 기술을 이해하고 있다(7장 참고). 케인스가 1930년에 《화폐론A Treatise on Money》에서 밝혔듯 "셰익스피어는 … 부자가 되어 죽었다."

이렇게 스토리씽킹이 다시 부각되었다. 그 고유한 힘이 새로운 예술, 과학, 경제에 다시 힘을 실어주었다. 하지만 20세기 중반에는 또 다시 논리가 득세한다.

프로그래머가 논리로 세상을 지배하기 시작한 순간

논리의 부활을 주도한 사람들은 '프로그래머'로 알려진 통계학자 집단이었다. 이 프로그래머들은 미국 노동부, 상무부, 국방부에서 일하며 모든 것에 정량적 가치를 매겼다. 천 제곱미터 면적의 땅에는 옥수수 열 말의 가치가, 고등학교 졸업장에는 500달러의 가치가, 폭격기 한 대에는 보병 천 명의 가치가 있다는 식이었다. 다음으로 그들은 그 숫자를 늘리는 논리적인 방법을 고안해냈다. 더 많은 작물을 재배하는 농장, 더 많은 정보를 전달하는 교과서, 더 많은 폭격기를 생산하는 공장을 설계하는 식이었다. 그리고 그것을 '최적화'라고 불렀다.

사람들이 프로그래머에 관심을 갖기 시작한 것은 1943년부터였다. 그해에 '최적화'라는 용어는 유명 출판물에 전년보다 두 배나 많이 등장했다. 그다음 해에도 같은 일이 일어났다. 그다음 해, 또 그다음 해도 마찬가지였다. 사실 최적화는 오늘날까지 계속 인기를 끌고 있다. 이제는 비즈니스, 제조, 기술, 금융, 의료, 스포츠, 광고, 미디어, 교육 등 현대 문명의 전 영역을 뒤덮는 키워드가 되었다.

이 모든 현상이 왜 1943년에 시작되었을까? 바로 그 해, 최초의 범용 컴퓨터 에니악Electronic Numerical Integrator and Calculator, ENIAC이 개발되었기 때문이다. 컴퓨터는 모든 사람을 프로그래머로 만들었다. 이제 우리는 데이터와 그 산물인 사회과학, 통계, 분석, 알고리즘을 중시한다. 우리는 인구 통계, 평균값, 승률에 따라 세상을 이해한다. 우리는 더 많은 고객을 확보하고, 더 많은 제품을 만들고, 더 많은 수익을 내고, 더 많은 환자를 치료하고, 더 많은 게임을 이기고, 더 많은 정보를 찾고, 더 많은 상품을 판매하고, 더 많은 시청자를 유치하고, 더 많은 학생을 교육하기 위해 노력한다. 그리고 그 모든 것을 더 빠르고 저렴하고 쉽게 해낸다.

이러한 알고리즘 기반의 삶은 실제로 많은 성과를 낳았지만 한계도 명확하다. 최적화는 기존 제품과 프로세스를 개선할 수 있지만 새로운 것을 창조할 수는 없다. 아무리 컴퓨터가 크고 프로그래머가 똑똑해도 논리는 새로운 기술, 새로운 시장, 새로운 예술, 새로운 비즈니스를 발명할 수는 없다. 상식에 따르면 그렇다. 하지만 현대 사회의 프로그래머들은 이 상식을 뒤집었다. 그들은 자신들의 계산법이 최적화를 넘어 혁신을 일으킬 수 있다고 주장한다.

이는 아리스토텔레스 시대부터 2천 년 넘게 내려온 논리학의 주장과 모순된다. 논리는 무엇이 진리인지 계산하지만, 혁신은 새로운 것을 창조한다. 아리스토텔레스가 지적했듯 진리에 새로움은 없다. 진리는 영원하다. 1 더하기 1은 항상, 그리고 앞으로도 2다. 그래서 중세 신학자들은 논리를 신의 언어라 여겼고, 참신함을 신에 대한 죄악으로 취급했다. 혁신을 옹호한 최초의 유럽인인 마키아벨리 Niccolò Machiavelli가 거짓된 행동의 대명사가 된 이유이기도 하다.

아리스토텔레스 이후, 논리는 창의성의 반대편에 있는 힘으로 인식되었다. 논리는 데이터를 추세와 평균으로 압축해 과거로부터 전형을 추출하고, 창의성은 전형을 깨고 전에 없던 것을 만들어낸다. 즉 논리는 전례를 굳히는 힘인 반면 창의성은 전례를 부수는 힘이다.

그런데 이 패러다임을 뒤흔든 인물이 있었다. 20세기 중반, 미국의 심리학자 조이 폴 길퍼드Joy Paul Guilford다. 길퍼드는 제2차 세계대전 중, 미 육군 소속으로 복무하면서 에니악을 접했다. 에니악의 수학적 계산 능력에 감탄한 그는 인간의 모든 지적 행동 역시 컴퓨터처럼 프로세스화될 수 있다고 확신했고, 1950년대에 들어서 혁신이 발산적 사고와 수렴적 사고라는 두 가지 사고 프로세스의 결합이라고 주장했다.

- 발산적 사고는 무작위적 생성 과정이다. 기존 아이디어들을 임의로 연결 지어 새로운 아이디어를 만들어낸다. 팀 브레인스토밍이나 컴퓨터 알고리즘처럼 규모를 확장하면 수많은 참신한 결과를 끌어낼 수 있다.
- 수렴적 사고는 논리적 정제 과정이다. 패턴을 찾고 원형을 반복적으로 수정하는 과정을 통해 발산적 사고의 결과를 다듬는다. 브레인스토밍이나 AI로 생성한 참신한 아이디어를 투입하면 과거의 성공 사례와 유사한 것, 논리적으로 가능성이 높은 것을 추려낸다.

이렇게 무작위적 생성과 논리적 정제를 거친 사고 프로세스는 길퍼드의 추종자들에게 '아이디에이션ideation'으로 불렸고, 프로그래머들도 이 방법을 받아들였다. 20세기 후반 그들은 기업과 학교에 아이디에이션을 도입했고, 이는 디자인씽킹과 경영 문제 해결의 기반이 되었다. 그리고 21세기에 이르러 프로그래머들은 길퍼드의 궁극적인 꿈을 이루었다. 아이디에이션을 컴퓨터에 코딩한 것이다. 그 결과 생성형 AI가 탄생했다.

생성형 AI는 혁신의 미래라는 찬사를 받고 있다. 하지만 예술, 기술, 그 어떤 분야의 규칙도 근본적으로 혁신하지 못할 것이다. 이는 상식만으로 충분히 확인할 수 있다. 생성형 AI는 우리보다 훨씬 무작위적이고 훨씬 논리적이다. 만약 아이디에이션 자체가 '혁신의 열쇠'였다면, AI는 벌써 인간을 대체했을 것이다. 또한 이 책 앞부분에서 살펴본 뇌의 진화 역사는 프로그래머들이 틀렸음을 분명히 알려준다. 그 역사는 AI가 기껏해야 '반쯤만' 지능적임을 보여준다. 5억 년 전에 동물의 뉴런이 행동을 발명하기 위해 진화시킨 정신적 하드웨어가 없다. 말하자면 AI는 우리 인간의 회백질 절반은 강화된 상태이고, 다른 절반은 뇌 절제술을 받은 상태다. AI는 상식, 상상력, 감정이 없다. 따라서 혁신과 전략, 소통, 리더십에서도 결코 인간을 넘어설 수 없다.

이러한 특수한 기능을 가지려면 우리 뇌에서 A→B로 사고하는 회로를 가동해야 한다. 또한 이 기능을 더 잘 수행하려면 아인슈타인, 반 고흐, 마야 안젤루, 스티브 잡스 등 이 책에 등장한 기타 셰익스피어 추종자들처럼 스토리씽킹으로 고유지능을 갈고닦아야 한다.

특수 요원들과 함께한 고유지능의 검증

특수 요원들에게 이 이론을 공유하자, 흥미를 느낀 그들은 검증해보겠다고 말했다. 그렇게 실험이 시작됐고, 내 이론이 타당하다는 것이 검증됐다. 2023년 1월, 미 육군은 '획기적인 연구'라는 수식어를 붙이며 내게 훈장을 수여했다.

훈장을 갖고 집에 갔더니 가족들이 깜짝 놀랐다. 가장 놀란 사람은 어머니였다. "어쩌다 군인들이랑 같이 일하게 됐니?" 어머니는 나무라는 투가 아니라 정말 궁금해서 묻는 것처럼 들리려고 최선을 다했다.

어머니가 군인에 대해 부정적인 인식을 가지게 된 데는 이유가 있었다. 외할아버지는 영국 육군의 대령이었지만 한국전쟁 당시 임진강 전투에 참전하는 것을 피했다. 그는 전투보다 군화에 광을 내고 콧수염을 다듬는 평화 시기의 막사 생활을 선호했다. 외할아버지의 그런 형식적이고 무의미한 규율은 어머니의 기질과 정면으로 충돌했다. 독일 나토 주둔지에 사는 가냘픈 소녀였던 어머니는 외할아버지의 잘 정돈된 연병장에 마을 돼지들을 풀어 아수라장으로 만들었다. 나중에 외할아버지는 어머니가 독서로 불온한 생각을 갖게 되었다고 여기고 책을 내다버렸다. 그런 식으로 딸을 통제하려 했지만, 어머니는 그 길로 집을 나가 간호사가 되었다. 그리고 플로렌스 나이팅게일 병동에서 가스에 실명한 제1차 세계대전 참전 용사들을 돌보았다.

"특수 요원들이 전투 시에 좀 더 현명하게 행동할 수 있게 도우려고…."

"제발!" 어머니가 내 말을 잘랐다. "나는 네 엄마야. 너를 누구보다 잘 안다고! 넌 파리 한 마리 못 죽이잖아. 어릴 때 식탁 위에 기어다니는 개미 한 마리를 내가 눌러 죽이는 걸 보고 넌 울음을 터뜨렸어. 내게 다시는 개미를 죽이지 않겠다는 약속까지 받아냈잖니. 너처럼 물러터진 애는 전쟁과 안 어울려. 그러니까 바른대로 말해. 네가 어떻게 군대 일을 하게 되었느냐고."

음, 내 대답은 이렇다. 특수부대와 나는 하나의 예외적인 신념을 공유했다. 컴퓨터보다 더 똑똑한 인간의 뇌를 활성화하려면 현대 심리학을 넘어 더 유서 깊고 창의적인 과학으로 나아가야 한다는 것이다.

당신도 그 모험에 동참하고 싶은가? 그렇다면 다음 장에서 그 방법을 알려주겠다.

12장 [스토리씽킹]
인간 사고의 본질

뇌를 움직이는 궁극의 사고법

인간의 지능에 대한 내 독특한 연구는 특수부대를 만나기 20년 전인 1990년대 후반에 시작되었다. 당시 나는 미시간대학교 의대 신경생리학 연구실에서 시냅스, 즉 독창적 행동을 생성하는 A→B 기계를 연구하고 있었다. 칭칭 감은 테이프와 제각각인 나사로 현미경을 직접 만들고 유리 기구를 개별 시냅스에 연결해 그들의 생각을 추적했다. 그런 다음 유전자 조작으로 돌연변이 시냅스를 설계해 그들의 구조를 바꾸고 다른 방식으로 생각하게 만들었다.

이런 뇌 연구 방식은 심리학 실험에서 사용하는 접근법과 매우 달랐다. 심리학 실험은 단독 돌연변이체를 대상으로 하지 않는다. 수백 명의 평범한 사람을 대상으로 한다. 아니, 수백 명을 수학적으로 합성해 만든 평균적인 한 사람에게서 모든 인간의 전형적인 생각이라는 표준 모형을 도출한다.

이 수학적 모델링은 그럴듯해보이지만 사실을 왜곡한다. 많은 사람의 뇌를 섞을수록 더 비슷해 보인다는 것은 믿을 수 있었다. 하지만 그렇다고 해서 그들이 똑같다고는 할 수 없었다. 어느 날 오후, 연구실 뒤편의 녹슨 선반에서 발견한 《자연주의자를 위한 현장 안내서A Naturalist's Field Guide》라는 녹색 소책자에서 나는 내 믿음을 뒷받침할 증거를 얻었다. 1960년대에 한 대학 강사가 구식 복사기로 직접 만든 이 소책자는 여기저기 번진 타자기 글씨와 섬세한 손그림으로 자연사라는 과학을 설명하고 있었다.

자연사는 고대 로마의 플리니우스(들어가는 말 참조) 같은 선구자들로부터 시작되었지만, 오늘날 우리가 아는 과학적 자연사는 다윈이 자연선택에 의한 진화를 발견한 19세기에 확립되었다(5장 참조). 그 방법은 겉보기에 터무니없이 단순하다. 그저 자연 속에 앉아 호기심을 자극할 대상을 진득하게 기다리면 그만이다. 예상치 못한 것, 즉 새로운 종, 특이한 행동, 생물학의 알려진 법칙 등에서 벗어난 예외를 발견하면 호기심이 발동한다. 그 놀라운 대상들을 유심히 관찰하면서 그것들이 어디에서 오는지, 무엇을 하는지, 어떻게 상호작용하는지 살펴보고, 그 예외성이 환경에서 어떤 역할을 하는지 오래 관찰하다 보면 결국 큰 이야기를 이해하게 된다.

나는 이 방법에 완전히 매료되었다. 자연사는 통계학과 정반대로 작용하는 과학이었다. 주관을 엄격히 배제하기보다 오랜 세월 끈기 있게 관찰해 얻은 지혜처럼 친밀한 '생명에 대한 감각'을 길러주었다. 자연사는 작게 시작해서 느리게 진행되었지만, 어떤 과학 분야보다 원대한 목표를 지니고 있었다. 지역적인 것을 소중히 여김으로써 세계를 이해하고, 하나의 예외적 존재를 깊이 관찰함으로써 전체 이야기의 흐름을 파악했다. 이것이 바로 내가 뇌를 연구하고 그 비밀을 파헤치는 방법이었다. 그런데 왜 나는 이제껏 자연사에 대해 들어본 적이 없었을까?

연구소장에게서 곧 답을 얻었다. 소년처럼 호리호리한 그 남자는 과학에 천부적인 재능이 있었고, 평소 말투가 단호하고 무뚝뚝했다. 그는 내 손에서 소책자를 빼앗아 쓰레기통에 던졌다. 그러면서 자연사는 죽은 학문이라고 했다.

그 죽음은 아인슈타인의 출현으로 시작되었다. 그의 대단한 명성은 생물학자들에게 '물리학 선망physics envy'을 불러일으켰다. 그들은 물리학처럼 정밀하고 오류 없는 수학의 언어로 자연을 설명하고 싶어 했다. 대중이 물리학에게 느끼는 확신을 자신의 분야에서도 얻고 싶었던 것이다. 그 결과 스프레드시트를 분석해 알고리즘 모델을 만드는 '빅데이터 생태학'과 뉴런을 베이즈 계산을 수행하는 트랜지스터로 취급하는 '인지과학'이 부상했다. 이런 통계적 접근은 자연사를 시대에 뒤떨어진 학문으로 만들었고, 자체 대량생산이라는 치명적인 결과를 낳았다.

자연사학자 한 사람을 양성하는 데 수십 년의 고된 현장 경험이 필요했던 반면, 수학 생물학자는 한 번의 통계 수업으로 만들 수 있었다. 표준편차에 대한 지식과 100달러짜리 계산기만 있으면 나비, 바다, 감정, 그 밖의 무엇이든 다 연구할 수 있었다. 모두 숫자이기 때문에 가능한 일이었다. 그뿐만 아니라, 수학 생물학자들은 현장에 거의 또는 전혀 나갈 필요도 없었다. 책상 앞에 앉아 자동 센서가 수집한 데이터를 분석하고, 권위 있는 학술지에 신속하게 논문을 발표하고, 노동 집약적인 자연사 연구는 주변부로 밀어내어 결국 없애버리면 그만이었다.

연구소장은 이것이 자연사의 비극이라고 설명했다. 그의 말은 일리가 있었지만, 그게 다는 아니었다. 그가 소책자를 쓰레기통에 버릴 때 받은 충격에서 회복한 나는 의대 도서관으로 가서 오래된 참나무 테이블에 앉아 자연사의 부흥과 몰락에 관한 책을 읽었다. 수백 개를 메모했지만, 가장 큰 깨달음은 세 가지였다.

- 19세기 초, 아인슈타인의 물리학에 영향을 준 전자기 법칙은 마이클 패러데이Michael Faraday가 수학 없이 발견했다. 패러데이는 자연사학자들처럼 자연에 대한 '감각'을 끈기 있게 키웠다. 오늘날이었다면 이런 접근은 비논리와 유사과학으로 빠지는 관문쯤으로 여겨졌겠지만, 패러데이는 성실하고 집요한 연구자였고, 그의 발견은 제임스 맥스웰James Maxwell의 우아한 수식으로 뒷받침되어 현대 전기공학으로 이어졌으며 나중에는 양자 이론으로 발전했다.
- 19세기 후반, 하버드 교수 윌리엄 제임스William James는 통계 없이 현대 심리학을 탄생시켰다. 그는 수백 명의 데이터를 평균 내는 대신, 개별 사례를 면밀히 연구해 인간의 뇌에 대한 감각을 키웠다. 그의 연구는 자유의지, 의식, 영성에 대한 통찰로 이어졌고, 이 통찰은 훗날 통계 기반의 수많은 연구들로부터 교차검

증되며, 정당성을 인정받았다.
- 20세기에 한 신경과학자가 돌연변이 시냅스를 연구하기 위해 연구실을 세웠다. 이 신경과학자는 데이터를 빠르게 수집해 논문을 쏟아내고 싶어 하는 대학원생들에게는 전혀 관심이 없었다. 하지만 신경세포가 '어떻게 행동하는지 느끼려는 감각'을 기르려는 젊은 연구자에게는 한없이 너그러웠다. 그 신경과학자는 우리 연구소 소장이었고, 젊은 연구자는 나였다.

이 세 가지 이야기는 자연사의 더 깊은 과학적 뿌리인 자연주의 naturalism를 드러낸다. 자연주의는 자연의 희귀성에 대한 세심한 관찰이다. 또한 그 동력은 호기심과 상상력이다. 눈으로 보이는 물리적인 현상을 기록하는 일 외에도, 그 현상을 일으킨 보이지 않는 물리적 메커니즘을 창의적으로 추측해야 하기 때문이다. 그 창의적 추측은 현대 생물학, 현대 물리학, 현대 심리학을 낳은 19세기 혁명을 일으켰다. 또 자연주의는 통계적 일반화를 거부하지만 수학을 반대하는 것은 아니다. 오히려 수학을 보완한다. 나중에 계산으로 검증할 수 있는 가설을 만들기 때문이다.

패러데이와 제임스의 이야기에 감동한 나는 자연주의자가 되기로 했다. 현대 심리학의 통계적 방법으로는 발견할 수 없는 상상력, 감정, 상식, 직관 같은 저정보 상황low-information에서의 두뇌 작용을 탐구할 생각이었다. 나는 내가 훈련받았던 곳과 같은 연구실을 차리기로 결심했다. 다만 한 가지 차이가 있었다. 그때는 개별 스냅스의 특별한 지능을 연구했다면, 이번에는 개별 뇌의 특별한 지능을 연구할 작정이었다.

하지만 어떻게 해야 할까? 개별 시냅스를 연구한 방식으로 개별 뇌를 연구할 수 있을까? 변형된 DNA를 배양하던 어느 날, 문득 깨달았다. 뇌는 시냅스의 집단이고, 시냅스는 A→B의 사슬이며, A→B는 행동의 연속이다. 그리고 행동의 연속은 이야기다. 따라서 뇌는 이야기로 생각한다. 계산으로 설명할 수 없는 인간의 인지 능력을 이해하려면 이야기의 메커니즘을 연구할 필요가 있었다.

이 깨달음은 내게 이론적 해답을 찾게 해주었다. 시간이 흐른 후 그 해답은 당신이 지금 읽고 있는 책으로 정리되었다. 그 핵심 통찰을 다시 한번 강조하면 이렇다. 뇌는 이야기로 사고하므로 이야기의 메커니즘을 연구하면 뇌가 어떻게 작동하는지 알 수 있다. 현미경으로 뉴런의 구조를 밝히듯, 직관과 상식을 활용해 소설, 신화, 희곡을 분석하는 활동도 뇌 과학 발전에 기여할 수 있다.

이것이 내가 얻은 이론적인 해답이었지만 실질적 연구 성과로 이어지기까지는 오랜 세월이 걸렸다. 현미경과 뉴런에 대해서는 많이 알아도 소설, 신화, 희곡에 대해서는 아는 바가 거의 없었던 탓이다. 다음 단계의 연구로 나아가기 위해서는 일단 이야기가 어떤 작용을 하는지 알아야 했다.

내가 만약 심리학자였다면 이를 위해 일반적인 이야기 규칙이나 전형적인 패턴을 찾겠다는 계획을 세웠을 것이다. 하지만 나는 전형적인 신화와 블록버스터를 대상으로 인구 통계학적 연구를 하는 대신, 보다 자연사학자의 비통계적 접근방식으로 개별 뇌의 고유한 프로세스를 탐구하고 싶었다. 그러려면 독창적인 소설가나 작가주의 영화감독처럼 이야기를 창조하는 혁신가들과 어울리며 그들을 관찰해야 했다. 하지만 어떤 창조자가 내게 그런 접근을 허락할까? 누가 구식 과학을 하는 초보 연구자에게 가장 사적인 틈새를 파고들 권한을 줄까?

눈 내리는 한밤중에 의대 실험실에서 집으로 가던 길에, 셰익스피어를 연구해야겠다는 생각이 번뜩 떠올랐다. 중학생 때 숙제로 읽은 이후로는 가까이 한 적 없는 셰익스피어였다. 숙제를 할 때도 별로였다. 사실 나는 셰익스피어가 싫었다. 어린 시절에 나는 스코틀랜드가 대영제국의 식민지가 된 탓에 내 조상들이 《맥베스》를 강제로 읽었을 것이라는 생각을 갖고 있었다.

그래도 셰익스피어의 명성은 익히 알고 있었다. 학업을 중단해야 했던 시골 청년이 대도시로 가서 세상을 바꾸고, 후대의 예술, 과학, 기술, 의학, 정치 혁신에 영향을 주었다. 셰익스피어는 수학적 사고로 이 모든 업적을 이룬 것이 아니었다. 그는 직관, 상상력, 감정, 상식이 탁월했고, 내가 연구하고 싶었던 두뇌 프로세스에 관한 한 역사상 가장 위대한 전문가였다.

그렇다면 셰익스피어에게서 인간의 특별한 지적 능력을 배울 수 있을까? 나는 그렇다고 생각했다. 끈질긴 호기심을 품고 오랫동안 그의 뛰어난 작품 연구에 몰두한다면 가능할 것이다. 처음에는 (아니, 끝까지) 힘들겠지만 그래도 좋을 것이다. 의대 1년차에 시체 해부

실습을 할 때처럼, 내 탐구가 아무리 서툴러도 셰익스피어의 심기를 거스르지는 않을 테니까.

만약 그 녹색 소책자에 깊이 감동하지 않았다면, 터무니없는 계획처럼 보였을 것이다. 하지만 오히려 마음이 설렜다. 그래서 나는 예일대학교에 들어가 문학 박사과정을 시작했다. 고등학교 때 읽던 문고본《헨리 5세》한 권을 들고서.

연구실을 떠날 때, 신경과학과 심리학을 같이 공부하던 동료들은 내게 인생을 낭비하지 말라고 했다. 하지만 그들은 이후에 일어난 일을 목격하고 마음을 바꾸었다.

예일대학교에서 셰익스피어를 만나다

그 다음 과정들은 빨리 진행되지 않았다. 수년간 비정형적 뇌세포를 연구한 경험을 바탕으로 나는 르네상스 문학에 대한 기이한 이론을 펼쳐 예일대 교수들을 당황시키고 동료들을 즐겁게 했다. 그 때문에 박사 학위를 그만두라는 권유를 두 차례나 받았다.

하지만 시간이 흐르면서 내 특이한 배경은 오히려 강점이 되었다. 동료들과 다르게 문학을 읽고, 그들이 못 보는 것을 볼 수 있었다. 결국 셰익스피어에 대한 간단하지만 독창적인 이론에 도달했다. 셰익스피어는 효과적인 이야기를 만들어내는 방법을 고안했다. 그는 단순히 아름다운 글을 빚어낸 위대한 언어학자 그 이상이었다. 그는 이야기를 창조하고, 또 끊임없이 새롭게 바꾸는 영민한 혁신가였다.

예일대학교에서 학위를 마치고 뉴욕의학아카데미에서 여름을 보낸 후, 스탠퍼드대학교에 새로 설립된 인문학연구소 자리를 얻었다. 일주일에 두 차례, 대학교에 가서 셰익스피어 강의를 하는 것 외에는 아무 책임이 없었다. 어느 날 '감동을 주는 이야기를 만들 수 있다면 미래를 바꿀 수 있다'라는 제목의 강연에서 한 학생이 내게 픽사 영화를 본 적이 있느냐고 물었다. 학생은 픽사의 영화가 셰익스피어처럼 '감동을 주는 신선한 이야기'를 들려주는 것 같다고 했다. '영웅의 모험' 같은 전형적인 할리우드 공식을 따르기보다 독창적이고 효과적인 이야기를 만들기 때문에 권위 있는 상을 휩쓸고 흥행에도 성공한다는 것이었다.

강연을 마치고 15분 뒤, 나는 내 연구실에서 픽사에 전화했다. 픽사 스튜디오는 샌프란시스코 만 건너편에 위치했다. 셰익스피어에 대한 내 생각을 픽사에 전했더니 그들은 나를 스토리 담당 부서에 초청했다. 픽사의 자료실에서 나는 〈토이 스토리〉 같은 영화들의 풍부하고 무모한 자연사를 알게 되었다. 그 학생이 옳았다. 픽사는 실제로 셰익스피어의 방식을 차용하고 있었다. 전형적인 줄거리를 거부하고, 실험적인 서사 구조를 시도했다. 영화 〈업〉이 바로 그런 사례였다.

그러던 어느 날, 디즈니가 픽사를 인수했다. 디즈니 측은 아무것도 변하지 않을 거라 약속했지만, 우리 모두 그럴 리 없다는 사실을 알았다. 서사 공식을 대량생산하는 회사가 창의적인 생태계를 장악한 것이었다. 그 속의 생명체는 보존될지언정 살아 있지는 못할 터였다. 포름알데히드에 담긴 뉴런 신세가 될 게 뻔했다.

자연주의를 펼칠 새로운 생태계가 필요했던 나는 로스앤젤레스 남쪽으로 향했다. 그곳에서 서던캘리포니아대학교 교수진에 합류했고, 오스카상 수상 작가, 프로듀서, 감독으로 구성된 영화예술과학아카데미Academy of Motion Picture에서 연구를 진행했다. 그들은 내 이론에 흥미를 보이며, 시나리오를 직접 써서 그 이론을 시험해보라고 권했다. 나의 첫 시나리오를 할리우드 글로벌 에이전시 CAA에 보냈더니 "이 작가는 재능이 없다"는 답이 돌아왔다. 나는 다시 책상 앞에 앉아, 내 이론에 따라 계속해서 도전했다. 몇 달 후 내가 쓴 시나리오가 대형 스튜디오에 판매되었다. 그 후로도 판매는 이어졌다. 소니, 파라마운트, 유니버설, 심지어 '데스 스타' 디즈니와도 프로젝트를 진행했다. 나는 영화, TV, 연극을 넘나들며 왕립셰익스피어극단 출신 작가와 배우들, 신경발달 장애인을 위한 지역 극단들과도 협력했다.

그리고 마침내 나는 일생일대의 기회를 잡았다. 할리우드가 아닌 과학계에서였다.

프로젝트 내러티브: 이론이 현실이 되는 곳

나는 스토리 연구에 관한 세계 최고의 학술 싱크탱크인 '프로젝트 내러티브'의 연락을 받았다. 이 기관은 로스앤젤레스나 뉴욕 같은 화려한 미디어 중심지가 아닌 오하이오주립대학교에 조용히 자리 잡고 있었다. 이야기를 청중과 함께 만든다는 신념에 따라 대중 감수성의 심장부인 미국 중부에 뿌리내리고 있었던 것이다.

프로젝트 내러티브는 내 꿈을 이룰 연구실을 지원했다. 나는 이야기가 뇌에서 어떻게 작용하는지에 대한 이론으로 학계의 인정을 받았고, 신경과학과 심리학 분야의 동료들과도 다시 교류했다. 작가의 상상력에 대한 연구를 이어가는 한편 엔지니어, 기업가, 의사, 리더들의 독창적인 지적 능력을 탐구하기 시작했다. 실리콘밸리에 머무는 동안 나는 애플, 구글, 페이스북 인맥을 쌓았고, 로스앤젤레스에서는 아마존, 넷플릭스와 협업했다. 프로젝트 내러티브를 통해 카디널 헬스 같은 거대 의료기업, 갭과 빅토리아 시크릿 같은 유명 패션회사, 스테이트 팜 같은 대형 보험사, 웬디스 같은 패스트푸드 체인, 나이키 같은 스포츠용품 회사, 록히드마틴과 제너럴 일렉트릭 같은 블루칩 기업, 페어Faire, 인디드Indeed처럼 급성장하는 스타트업과 협력했다. 벤처캐피털 투자자, 헤지펀드 매니저, 국책연구소와 예술재단, 임업조합, 반려동물 스파 운영자까지, 각양각색의 조직과 사람들을 만났다.

처음에 이 기업들은 내게 마케팅 자문을 요청했다. 나는 전략과 운영에 참여하는 조건을 달았다. 회사 측은 주저했다. 전략과 운영이 마케팅과 무슨 관계가 있느냐고 물었다. 나는 세 가지 모두 이야기라고 설명했다. 전략은 회사가 하고자 하는 일에 대한 이야기, 운영은 회사가 실제로 하고 있는 일에 대한 이야기, 마케팅은 회사가 사람들에게 '우리가 이런 일을 하고 있다'고 믿게 만들고 싶은 이야기다. 성공하는 회사는 세 가지 이야기에 일관성이 있다. 건강하지 못한 회사는 세 가지 이야기가 서로 어긋나서 마케팅에 진정성이 없다.

내 설명에 설득된 그들은 내게 접근 권한을 주었고, 나는 그들의 탁월한 임원을 살펴보며, 흥미로운 사실을 발견했다. 임원진은 크게 세 부류로 나뉘었다.

- **고전적 합리주의자**: 이들은 합리적 선택 이론과 정량 경제학을 믿는다. 경영학을 공부했고, 이 학문을 어떤 사업에도 적용할 수 있는 보편적 과학으로 여겼다. 이들은 주방 세제, TV 프로그램, 의료 서비스 등 모든 것을 분기별 실적 보고서에 담을 수 있는 숫자로 취급했다.
- **합리적 인본주의자**: 이들은 공감과 아이디에이션을 중시한다. 디자인씽킹을 좋아하고 대니얼 카너먼과 댄 애리얼리Dan Ariely 같은 행동경제학자들을 참고한다. 페인 포인트pain point(고객, 생산자, 사용자 등이 겪고 있는 문제나 불편함, 불만 등을 일컫는 용어-옮긴이)를 고민했고, 성격 유형 검사나 인구통계학적 분석을 신뢰한다.
- **AI 미래학주의자**: 이들은 컴퓨터가 인간보다 데이터 처리 속도가 훨씬 빠르다는 것을 알고 있고 데이터를 현명한 의사결정의 핵심으로 여기기 때문에, 머지 않아 컴퓨터가 인간 리더를 대체할 것이라고 확신한다.

이 유형들은 서로를 경쟁자로 여겼지만, 그들 모두가 공유하는 지적 모델은 합리적 의사결정 하나였다. 그들 대부분은 자신이 남들에 비해 합리적이라고 믿었다. 편견, 감정, 불완전한 데이터라는 함정에 빠진 사람에게는 더 많은 정보를 제공해야 하며, 비합리성을 극복하지 못하는 경우 인센티브, 넛지nudge, 선택 설계choice architecture(사람들의 선택에 영향을 주기 위해 선택지의 배열이나 구성을 조정하는 것-옮긴이) 등의 방법으로 '좋은 결정'을 내리도록 유도해야 한다고 보았다.

그들이 보기엔 마케팅이야말로 그 역할을 수행하는 도구였다. 그들에 따르면 마케팅은 이야기를 활용해 사람들에게 올바른 정보나 행동을 주입하고, 대중을 이성의 길로 인도한다. 옳은 이야기를 전달하면 편견이 사라지고, 행복은 증진하며, 세상 사람들이 건전한 제품을 구매하게 되므로 건강한 정치, 윤리, 회계라는 밝은 미래를 열 수 있다는 것이다.

나는 이 사고방식이 소름 끼쳤다. 그들의 생각은 내가 알고 있는 지능의 실체와도 충돌했다. 컴퓨터는 미래를 볼 수 없었고, 관리나 아이디에이션도 마찬가지다. 모두 데이터에 의존하기 때문이다. 그들이 신봉하는 데이터는 본질적으로 과거의 기록이다. 지나고 나서 얻는 깨달음은 미래가 과거와 똑같을 때, 이를테면 시간을 초월한 수학의 세계에서는 유용할 수 있다. 하지만 생물학의 현실 세계에서는 모든 것이 변하기 때문에 데이터와 그 패턴도 깨지기 마련이다. 그래서 우리의 미래는 디자인이 아니라 (다윈의 생각대로) 생물학적 진화의 비대칭적 갈등에 있다. 그래서 우리의 미래는 관리가 아니라 (픽사 임원들의 생각대로) 비전을 가진 리더에 달려 있다. 그래서 우리의 미래는 컴퓨터의 탁월한 통계 처리 능력이 아니라 (셰익스피어의 생각대로) 인간의 상상력에 있다.

그들은 디자인과 컴퓨터에 대한 내 견해를 정중히 무시했다. 하지만 리더십에 대한 내 주장에는 공감했다. 임원들은 모두 비전의 힘을 경험해본 사람들이었다. 그들은 리더가 데이터 너머의 새로운 미래를 볼 수 있어야 한다는 것을 알았다. 그래서 그들의 뇌가 유용한 전략, 이야기를 더 많이 만들어내도록 내가 도움을 줄 수 있는지 알고 싶어 했다.

나는 가능하다고 했다. 이를 증명하기 위해 임원들에게 현재의 제품, 전략, 운영에 대해 설명해달라고 요청했다. 그리고는 셰익스피어라면 그 속편으로 어떤 후속 제품을 만들지 말해주었다. 그렇게 말한 이유는 임원들에게 셰익스피어를 읽히기 위해서였다. 하지만 그런 일은 일어나지 않았다.

대신 임원들은 내게 컨설팅을 해주면 시간당 수천 달러를 주겠다고 제안했다. 그들은 나더러 전략, 기술, 보건의료, 경영, 목재, 반려동물 스파 운영, 벤처 캐피털 분야에 대한 안목이 뛰어나다고 했다. 내게 사업을 직관적으로 이해하는 능력이 있다고 했다.

이 말을 듣고 나는 교사로서 실패했음을 깨달았다. 내가 진짜 어떤 사람인지도 제대로 전달하지 못한 것이다. 사업이든 뭐든 나는 모든 세상일에 서툴렀다. 객관적인 관찰자라면 하나같이 나를 어설

픈 사람이라고 평가할 것이다. 새로운 상황을 만나면 나는 실수를 피하지 못한다. 내가 지금껏 살아남은 유일한 비결은 객관식 문제의 답을 찾는 재주였다. 보기 중에서 정답을 잘 고르는 능력 덕분에 사립학교와 대학에서 장학금을 받았고, 신경과학에서 셰익스피어로의 여정을 시작할 수 있었다.

아마도 당신은 내가 앞에서 건너뛴 그 여정의 상세한 경위가 궁금했을 것이다. 시냅스를 연구하던 사람이 어떻게 세계 최고의 셰익스피어 박사과정에 들어갈 수 있었을까? 음, 표준화된 시험을 객관식으로 치르고 들어갔다. 그 시험이란 《베오울프》부터 《빌러비드》까지를 다루는 '문학 GRE'였다. 나는 두 책 모두, 아니 둘 사이에 있는 수천 권의 책도 읽지 않았다. 하지만 객관식 시험을 수없이 치러본 경험 덕분에, 어떻게 하면 고득점을 받을 수 있는지 알고 있었다. GRE 기출 문제를 구하는 것부터 시작했다. 통계학자나 합리적 선택 이론가처럼 그것들을 도표와 스프레드시트로 분석했다. 몇 시간 만에 나는 시험의 핵심 논리를 파악하고 그 내용을 요약해 머릿속에 저장했다. 그러고는 시험을 치러 아주 높은 점수를 받았다.

예일대학교는 그 점수와 과학 분야에서의 내 실적을 보고, 내가 아는 것이 많다고 판단했다. 하지만 예일대학교는 조만간 내가 아무것도 모른다는 진실을 알게 된다. 나는 단지 정답을 잘 고르는 셰익스피어 챗봇의 인간 버전이었을 뿐이다.

이것이 내가 숨겨온 비밀이다. 내가 IQ 테스트와 통계를 싫어하는 이유는 그것들을 아주 잘하기 때문이다. 너무 잘해서 그 한계를 정확히 안다. 수십 년 동안의 경험을 바탕으로 분명히 말하자면, IQ 검사와 통계에 뛰어나다고 인생에 뛰어난 것은 아니다.

그렇다면 나는 어떻게 CEO들에게 수십억 달러 규모의 사업을 운영하는 방법에 대해 조언할 수 있었을까? 그들에게 설명한 내용을 당신에게도 알려주겠다.

CEO들에게 전한 셰익스피어의 비밀

CEO들에게 내 조언은 예일대학교와 픽사에서 발전시킨 하나의 이론에서 나왔다고 설명했다. 작동하는 이야기를 만드는 방법은 분명히 있다는 뜻이다. 내가 그 이론을 설명하자 기업 임원들은 그것이 단순히 시나리오 쓰기, 마케팅, 기타 형태의 스토리텔링에만 해당하는 이론이라고 생각했다. 하지만 사실은 그 이상이었다.

이야기의 다른 말은 플롯이고, 플롯의 다른 말은 계획이며, 계획이란 결국 인생을 건너는 경로다. 좌절을 극복하고 새로운 약, 새로운 기술, 새로운 시장을 발명하는 방식이다. 실질적인 문제와 기회에 적용되는 상상력이다. 사업, 공학, 그 밖의 모든 분야에서 성공하는 비결이다.

나는 그 진실을 셰익스피어를 통해 배웠다. 셰익스피어는 단순히 작가로 성장한 것이 아니다. 그는 삶 전체에서 성공하는 법을 알아낸 전략가였다. 물론 처음부터 그렇지는 않았다. 처음에 그는 대단치 않았다. 1564년 영국의 시골 마을에서 태어난 그는 18세에 결혼하고 21세에 자취를 감췄다. 7년 동안 무명이었다. 그의 창작 활동에 대한 기록은 없다. 그가 어떤 창작 활동을 했든, 기록할 만큼 주목받지 못했다.

1592년 런던에 다시 등장했을 때, 셰익스피어는 표절 시비에 휘말렸다. 가혹한 비난을 받았지만 영 근거가 없지는 않았다. 이 시기에 셰익스피어의 작품들은 별로 독창적이지 않았다. 통속 연대기와 옛날 연극 대본을 재탕한 이야기는 남의 문체를 베낀 티가 확연했다. 많은 학자는 실제로 셰익스피어가 다른 작가의 문장을 그대로 도용했다고 생각한다.

그러던 중 재앙이 닥쳤다. 셰익스피어가 글을 쓰는 골방 바깥 거리에 시커먼 시체가 쌓였다. 아시아, 아프리카, 유럽에서 수백만 명을 죽인 흑사병이 재발한 것이다. 전염병의 확산을 막기 위해 런던 극장은 문을 닫았고, 시민 열 명 가운데 한 명이 목숨을 잃었다. 부유한 사람들은 모두 도시를 떠났고, 극단은 파산하거나 소리 없이 해체되었다.

셰익스피어의 경력은 이대로 끝날 수도 있었다. 하지만 전염병이 창궐해 재정적 불안과 사회적 혼란에 시달리던 그 해, 셰익스피어는 자기만의 목소리를 찾았다. 그리고 수십억 명의 상상력에 불을 지핀 선구자가 되었다. 표절자에서 선구자로, 흐름을 따르던 사람에서 흐름을 만드는 사람이 되었다.

셰익스피어가 단번에 모든 것을 이룬 것은 아니었다. 하지만 그의 변화는 놀라울 만큼 빨랐다. 그는 사업 전략을 수정하고 투자자를 모집하고 대중을 참여시킬 새 전략을 짰다. 한마디로 그는 새로운 계획을 세웠다. 그런데 그 새로운 계획보다 더 강력한 것이 있었다. 바로 새 계획을 세우는 방법이었다. 방향을 바꾸고, 상황에 적응하고, 변화를 주도하는 방법이었다. 이 방법은 합리적 의사결정과는 근본적으로 달랐다. 합리적 의사결정에서는 데이터를 바탕으로 최선의 대안을 선택한다. 하지만 셰익스피어의 방법은 상상력을 발휘해 새로운 선택지를 만들어낸다. 알려진 것 중에서 선택하지 않고 그 너머로 질주하는 것이다.

이 방법은 셰익스피어가 후대에 남긴 위대한 유산이 되었다. 내게 전해지기 전에는 빈센트 반 고흐, 마리 퀴리, 스티브 잡스, 그리고 앞서 언급한 리더와 혁신가들이 이 방법을 통해 돌파구를 만들었다. 앞서 살펴본 것처럼 새로운 계획은 새로운 이야기다. 하나를 만들어낼 수 있다면 다른 하나도 만들어낼 수 있다.

그렇다면 무엇이 먼저였을까? 계획을 만드는 능력이 셰익스피어를 혁신적인 스토리텔러로 만들었을까? 아니면 혁신적인 스토리텔링이 그에게 창의적인 계획을 만드는 능력을 주었을까? 그의 삶에 대한 기록이 적어서 확실히 말할 수는 없지만, 합리적인 추정은 할 수 있다. 셰익스피어는 표절 시비에 휘말린 후 《리처드 3세》를 썼다. 처음으로 그의 독창성을 엿볼 수 있는 희곡이라는 찬사를 받았지만, 사실 그렇게 독창적이지는 않다. 큰 줄기는 당시 유명한 극작가 크리스토퍼 말로의 작품을 차용한 것이다. 대학을 중퇴했던 말로는

《탬버레인 대왕》과 《포스터스 박사》 같은 영웅극으로 1580년대 관객들을 매료시켰다(5장 참조).

셰익스피어는 말로의 희곡에서 야심만만하고 기발한 음모꾼이라는 캐릭터를 빌려와 희곡의 줄거리를 구상하면서 리처드 3세처럼 생각해보았다. '야심차고 창의적인 음모꾼이라면 어떻게 행동할까?' 셰익스피어는 《리처드 3세》를 완성한 후에도 플롯 구상을 멈추지 않았다. 햄릿과 클레오파트라 같은 전설적인 인물들의 이야기들을 창조했으며, 극단에 돈을 벌어다줄 사업 전략도 고안했다. 역사에 남은 희미한 증거에 따르면 셰익스피어는 음모꾼에 대한 이야기를 읽으며 어떻게 플롯을 짜는지 배웠고, 그 이야기는 그의 상상력을 자극해 현실 세계에서도 유능한 계획자로 만들었다. 연이은 성공에 만족한 그는 청중의 상상력을 자극하는 새 이야기를 창작하는 한편, 그들의 두뇌를 훈련시켜 현실에서도 더 나은 인생 전략을 발명할 수 있도록 도왔다.

나는 이 이야기를 기업 임원들에게 여러 번 들려주었지만 그들은 좀처럼 납득하지 못했다. 그들은 셰익스피어가 내게 새로운 계획을 세우는 법을 알려주었다고는 믿지 않았다. 내가 원래 타고난 전략가라고 믿었다. 나는 셰익스피어 희곡 전집을 읽는 것이 얼마나 가치 있는 일인지에 대해 회의적인 임원들을 비난할 수는 없었다. 나는 셰익스피어의 서사로 뇌가 바뀌는 경험을 직접 했지만 그들도 나와 같은 경험을 하도록 설득할 수는 없었다. 그 결과 임원들은 자신의 상상력을 키우지 못하고 내 상상력을 잠시 빌려 쓰는 데 그쳤다.

그러던 어느 날, 이 이야기의 마지막 장면처럼 미 육군 특수부대가 나를 찾아왔다.

특수부대와의 운명적 만남

특수부대 요원들을 처음 만났을 때, 나는 문을 부수고 들어가 테러리스트를 잡는 장발의 특공대를 떠올렸다. 그들은 웃으며 인터넷에서 본 것을 전부 믿지 말라고 했다. 그들의 실제 임무는 '다른 누구도 해결할 수 없는 문제를 푸는 것'이었다. 구체적으로 어떤 문제인지 물었더니 어떤 문제라도 될 수 있다는 답이 돌아왔다. "국민이 해결할 수 없는 문제가 생기면 정부에 요청하고, 정부가 해결할 수 없으면 군에 요청하고, 군이 해결할 수 없으면 우리에게 요청합니다." 해결책을 찾기 위해 특수 요원들은 수년간 낯선 환경에 숨어 살면서 끈질기게 기회를 찾고 전략을 만들어낸다.

따라서 특수 요원들은 나처럼 자연주의자였다. 자연주의에 따라 개인의 가치를 강조하고, 수학과 데이터로는 불가능한 계획을 상상력이 만들어낼 수 있다고 믿는다.

이렇게 같은 방법을 쓰기 때문에 요원들과 나는 금세 친해질 수 있었다. 내가 재능을 타고난 사람이 아니라는 사실 역시 우리가 돈독해지는 데 한몫을 했다. 그들은 나를 만난 순간부터 그 점을 의심했다. 그리고 내가 감추고 있던 또 하나의 비밀을 파헤쳐 그 사실을 확인시켜주었다. 요원들이 끄집어내지 않았다면 평생 누구에게도 숨겼을 비밀이었다.

그 비밀은 내 아버지에게서 시작된다. 영국 레이크 디스트릭트의 푸르고 쾌적한 땅에서 태어난 아버지는 총명하고 섬세한 지성의 소유자였다. 하지만 실생활에서는 미숙했다. 런던 병원에서 신경외과 의사로 일하던 젊은 시절, 아버지는 자주 불안에 휩싸였다. 생사를 다루는 까다로운 일을 하면서 걱정을 다스리기 위해 약물에 의존하기 시작했다. 다른 의사들이 그 사실을 알아채면서 아버지는 곧바로 해고되었다.

갑자기 실직한 아버지는 공황 상태에 빠졌다. 어느 날, 그는 영업을 하겠다며 한 제약 회사를 찾아갔지만 영업에 대해 아무것도 몰랐다. 회사에 채용되었지만, 날마다 출근해 8시간을 멍하니 앉아 있다가 퇴근하기를 반복했다. 석 달 후 회사는 아버지가 책상 서랍을 연 적도, 전화기를 쓴 적도 없다는 사실을 알게 되었다. 아버지는 또 해고되었다.

새 출발을 원하던 아버지는 미국에서 일자리를 얻었다. 뉴저지에서 어머니에게 새집을 샀다고 연락했다. 어머니는 놀랐다. 영국에서 어린 나와 연로한 부모님을 보살피던 어머니는 가본 적도 없는 대서양 너머로 이사할 마음이 전혀 없었다. 아버지는 새 직장과 새집은 잠깐 머무를 곳이라며 어머니를 안심시켰다. 아버지의 뜻과 전혀 다른 의미로 그 말은 옳았다.

그 후 15년 동안, 아버지는 실직에 실직을 거듭했다. 전화가 울릴 때마다 어머니는 아버지의 해고 통보인 줄 알고 긴장했다. 대개는 직장에서 사고를 친 아버지가 사무실에 틀어박힌 채 불안에 떨면서 거는 전화였다. 주말이면 아버지는 다가오는 한 주, 아니 자신의 인생 전체를 잊으려는 듯 술을 마셨다. 어머니는 처음에는 분노로, 나중에는 절망으로 아버지를 몰아부쳤다. 아버지에게 제발 자식들(이제 내게는 여동생들이 생겼다)을 생각하라고 소리를 질렀다. 그러다 결국에는 그냥 소리를 질렀다. 아래층에서 난리를 치르는 동안 나와 동생들은 위층 침대에서 이불을 덮어쓴 채 떨고 있어야 했다.

그러던 어느 날, 여동생 조안나가 죽었다. 두통을 호소하며 잠들었다가 다시 깨어나지 못했다. 부검 결과는 불명확했지만 아버지는 자신을 탓했다. 아버지는 의사였다. 증상을 알아차렸어야 했다. 동생을 살렸어야 했다. 죄책감에 시달리던 아버지는 완전히 무너졌다. 직장에서 아버지는 사무실에 틀어박혀 죽은 자식에게 보내는 시를 썼고, 집에서는 욕조에 앉아 몇 시간이고 몸을 씻어댔다. 우리는 아버지가 이번에도 직장에서 잘리면 끝이라는 사실을 잘 알았다. 그런 일이 생기면 우리는 어떻게 살아야 할까?

나는 겁에 질려 학교 공부에 매달렸고, 과학 실험실과 고전문학과가 있는 사립대학에서 장학금을 받았다. 아름답고 푸른 캠퍼스에서 나는 고통스럽게 겉돌았다. 다른 학생들은 고급 승용차를 몰았지만, 나는 아버지가 운전하는 20년 된 뷰익을 타고 (대개 늦은 시간에) 학교에 도착했다. 이민자 가족의 어색함이 부끄러웠고 아버지에게서 현실과의 불편한 관계를 물려받은 탓에 터무니없는 거짓말을 하기 시작했다. 베일의 스키장에서 휴가를 보내는 친구들에게 밀리지 않으려고 프랑스 알프스에서 스키를 배웠다고 떠들었다. HBO 채널이 없는 집은 우리 집뿐이었기에, 보지도 않은 TV 프로그램을 보았다고 우겼다. 할아버지가 제2차 세계대전 승리에 기여한 비밀 병기를 발명했다는 주장도 했다.

학교에서 내 거짓말을 믿는 사람은 아무도 없었다. 다들 나를 가엾고 우습다는 듯이 바라보았다. 하지만 내 시험 성적은 줄곧 우수했기에 선생님들은 내가 좋은 대학에 들어갈 거라고 예상했다. 그들은 내가 대학에 들어가기만 하면 괜찮을 거라고 생각했다. 하지만 대학에 진학해도 달라지는 것은 없었다.

역시 성적은 좋았지만 수업에서 의미를 찾을 수 없었다. 나는 마법이 없는 호그와트에 갇혀 교실 밖에서는 아무 쓸모도 없는 고리타분한 공식을 외우는 기분이었다. 학교의 자만과 위선에 실망한 나는 목적 없이 방황했다. 그러다 어느 날 신병 모집 담당자를 만났다.

그는 미 해병대의 부사관이었다. 그는 고등학교 시절 아이오와에서 가장 뛰어난 육상 선수였고 지금은 일반 교양을 전공하고 있는 내 친구 크리스를 포섭할 작정이었다. 크리스는 베트남 전쟁에 참전한 특전부대 출신인 아버지 때문에 이미 군대에 대해 많이 알고 있었다. 하지만 나는 그 모집 담당자에게 매료되었다. 그는 두려움이 없었고 확고한 목표를 갖고 움직였다. 내 아버지와는 정반대의 사람이었다.

내 관심을 알아챈 채용 담당자는 버지니아주 콴티코에 위치한 장교 후보생 학교에 지원해보라고 권했다. 나는 곧바로 수락했다. 이렇게 수월한 영업은 처음이라고 생각한 듯, 모집 담당자는 나를 훈련소 선발 절차를 밟는 곳으로 데려갔다. 나는 객관식 시험인 군 복무 적성 검사에 응시해 담당자의 눈이 휘둥그레질 만큼 높은 점수를 받았다. 그에게 나는 엄청난 횡재, 하늘에서 뚝 떨어진 완벽한 지원자였다.

다음으로 나는 체력 검사를 받으러 갔다. 모집 담당자는 이를 순전히 형식적인 절차로 여겼다. 내가 중서부에서 가장 빠른 사람과 친구였기에 나 역시 달리기를 잘할 줄로 여겼다. 하지만 전혀 아니었다. 나는 5킬로미터 코스에서 100미터쯤 달리다가 멈췄다. 담당자는 내가 다친 줄 알고 달려왔다. 하지만 폐가 아팠을 뿐이었다. 그렇게 긴 거리를 달린 것은 처음이었다.

나는 담당자에게 이 사실을 밝히지 않았다. 내가 고등학교 때 운동신경이 둔하기로 유명했다는 말을 하고 싶지 않았다. 나는 무르고 굼뜨고 서툴렀다. 체육 시간에 의무적으로 참여해야 했기 때문에 겨우 친구들 틈에 낄 수 있었다. 하지만 연습 시간에 얼굴을 비치고 공을 몇 개 던지는 시늉만 하다가 경기 중에는 벤치에 앉아 책을 읽었다. 모집 담당자가 그 사실을 알면 나를 뽑을 리 없다고 생각했다. 그래서 나는 그저 컨디션이 안 좋은 척했다. 담당자에게 체육관이 아닌 도서관에서만 지내서 그렇다는 핑계를 대며 앞으로 열심히 훈련하겠다고 약속했다. 다음번에는 체력 검사를 꼭 통과하겠다고 장담하면서.

모집 담당자는 가만히 기다리지 않고, 나를 직접 훈련시키기로 했다. 그는 석 달 내내 일주일에 사흘씩 새벽부터 나를 깨워 달리기와 웨이트 트레이닝을 시켰다. 근육을 키우기 위해 식단도 관리했다. 금요일마다 내 몸무게를 재고 가슴과 이두근을 확인했다. 그의 지극한 관리 덕분에 내 몸에는 변화가 생겼다. 근육이 늘어 체중이 84킬로그램까지 불었고, 다리는 며칠이고 뛸 수 있을 만큼 튼튼해졌다. 여전히 균형 감각은 없었지만 금발을 짧게 깎은 180센티미터의 나는 가만히 서 있으면 신병 모집 포스터 모델 같은 모습이 되었다.

체력 검사에 다시 도전한 나는 당당히 통과했다. 마침내 콴티코행 항공권을 손에 넣었다.

비행기는 습한 여름 아침에 착륙했다. 안전벨트를 풀고 통로로 나오는 순간 무언가가 내 얼굴을 세차게 강타했다. 앞좌석 남자가 머리 위 짐칸에서 가방을 꺼내다가 내 콧등에 얹힌 티타늄 안경을 친 것이었다. 모집 담당자의 허락을 받아 특별히 맞춘 안경이었다. 심한 근시인 데다 매사에 어설픈 내게 딱 적합한, 절대 부서지지 않는다는 안경이었다. 하지만 사실은 쉽게 부서진다는 것이 그 순간 비행기에서 밝혀졌다. 떨어지는 가방이 후려치자, 안경은 산산조각이 났다.

당황한 나는 부서진 파편을 주워 모아 도망치다시피 비행기에서 내렸다. 흐릿한 눈으로 주위를 살피며 깨진 안경을 이어 붙이려고 더듬거리다가, 결국 소용없다는 결론을 내렸다. 어떻게 해야 할까? 공항에 안과가 있을까? 아니, 없었다. 눈을 가늘게 뜨고 공항 지도를 들여다보던 나는 겁에 질렸다. 그러면 이제 어떻게 해야 할까?

　나를 비행기에 태우기 전, 모집 담당자는 두 가지를 분명히 당부했다. 첫째, 비행기에서 내리면 곧장 공항 출구로 향해 해병대 버스를 타라. 둘째, 부정적인 주목을 끌 행동은 절대 하지 마라. 나는 절대 부서지지 않는 안경을 망가뜨렸다고 고백하는 것만으로도 부정적인 주목을 끌 거라고 판단했다. 그렇다면 내가 할 수 있는 행동은 한 가지뿐이었다. 나는 깨진 안경을 쓰레기통에 던져 증거를 없앴다. 그리고 눈이 거의 안 보이는 상태로 버스를 기다리는 줄에 합류했다.

　버스가 도착하자, 나는 비틀거리며 올라탔다. 어떻게든 계획을 짜야했다. 만약 내게 조금이라도 분별력이 있었다면, 누구에게든 새 안경이 필요하다고 고백했을 것이다. 하지만 나는 가장 강해져야 할 곳에서 약하게 보일 것이 창피했다. 나를 여기까지 데려오기 위해 그토록 많은 사랑을 쏟은, 아버지 같은 모집 담당자를 실망시킬 것도 두려웠다. 그래서 나는 이런 계획을 세웠다. 안경이 필요 없는 척하자. 잘 보이는 듯이 행동하자. 안 보이는 상태로 훈련에 참가하자.

　어리석기 짝이 없는 계획이었다. 고등학교 때 체육을 가장 못하는 아이로 찍혔듯이, 나는 우리 소대에서 가장 무능한 신병으로 찍히게 되었다. 복장을 갖추는 법, 사격하는 법, 나침반 사용법을 배울 때도 그들의 시범을 볼 수 없었다. 그래서 그냥 추측했다. 그리고 거의 항상 틀렸다. 위장 모자를 팔각형이 아닌 칠각형으로 다림질했다. 소총에 총알을 거꾸로 장전했다. 존재하지 않는 표적을 향해 돌진했다.

 이렇게 우스꽝스러운 짓을 마친 후에, 훈련소 의무병은 내가 절뚝거린다는 것을 눈치챘다. 그는 내게 군화를 벗어보라고 했다. 양말은 피로 축축했고 발꿈치는 끔찍하게 부어 있었다. 나는 며칠 동안 행군하면서 생기는 대수롭지 않은 상처라 여기고 아무에게도 알리지 않았다. 하지만 알고 보니 세균 감염증인 봉와직염 증상이었다. 발 관리 교육 시간에도 보이지 않는데 보이는 척하느라 물집에 붕대를 제대로 감을 줄 몰랐다. 감염이 너무 심해져 의무병은 패혈증 때문에 발을 절단해야 할 수도 있다고 경고했다. 나는 곧장 월터 리드 군의료센터로 후송되어 항생제를 잔뜩 투여받았다. 다행히 발은 지켰지만 훈련소 생활은 끝이 났다.

 해병대를 떠난 것은 차라리 잘된 일이었다. 대학으로 돌아온 나는 신경과학이라는 독특하고 멋진 분야에 들어섰다. 결국 그렇게 되어 다행이었지만, 훈련소를 나오게 된 경위를 사람들에게 정확하게 털어놓을 수는 없었다.

 나는 모자를 잘못 다리고, 총에 탄알을 잘못 넣고, 물집 치료도 제대로 못했다고만 했다. 그러면서 애초에 운동신경이 없고 군 생활에 대체로 안 맞는 성향이라서 그렇다며 웃어넘기려 했다. 안경이 박살 났는데도, 새로 안경을 맞춰야 한다는 부탁도 못할 만큼 주눅이 들어 사실상 눈이 먼 상태로 지냈다는 말은 꺼낸 적이 없다. 부서진 안경을 손에 들고 비행기 통로에 서 있던 내 모습을 떠올릴 때마다 예상치 못한 위기를 만난 그 순간과 똑같은 공포, 수치심, 무력감을 느꼈다. 오랜 세월이 지난 지금도 내가 그토록 터무니없이 어리석은 행동을 했다는 사실을 어떻게 받아들여야 할지 알 수 없다. 그래서 나는 항상 그 기억을 머릿속에서 밀어냈다.

그러던 중 특수부대가 그 실상을 밝혀냈다. 그때 나는 그들과 함께 연구할 기회도 끝났다고 느꼈다. 요원들이 과연 기본 군사 훈련에도 낙오한 사람과 함께 고급 두뇌 훈련을 개발할 리 없었다. 상식이라고는 없는 사람과 함께 고유지능을 연구할 이유가 없었다.

하지만 요원들은 조금도 동요하지 않았다. 내게 타고난 재능이 없다는 사실에 신경 쓰지 않았다. 오히려 그 덕분에 협업을 바라는 듯했다. 나처럼 능력이 떨어지는 사람에게 효과가 있다면 진짜 유익한 훈련이라는 뜻이니까. 그리고 요원들은 미소를 지으며 자신들 역시 타고난 능력자는 아니라고 말해주었다. 물론 세상은 그들을 뛰어난 재능의 소유자로 여긴다. 놀라운 일을 해내는 놀라운 사람들로 여기지만, 사실은 그렇지 않다는 것을 자신들은 잘 알고 있다. 그들 역시 적절한 도구의 도움으로 대단한 일을 해낸 평범한 사람들일 뿐이다. 그들은 내 성공 비결 역시 같을 거라고 믿기 때문에 도구를 서로 교환하자고 제안했다.

"특별한 노하우가 있다면 팀에 넘겨주세요. 나중에 당신이 없어도 목표를 달성할 수 있게요. 언제 총알에 관통될지 모르니까요. 당신의 머릿속에 든 것을 알려주면 우리가 대신 임무를 완성하죠."

요원들 덕분에 나는 머릿속에서 노하우를 꺼낼 수 있었다. 가짜 학자를 그만두고 진짜 교사가 되었다. 셰익스피어가 가르쳐준 것을 마침내 다른 사람들에게 가르치는 법을 배웠다. 뇌의 고유한 능력을 일깨워 유용한 새 계획을 만드는 방법을 전수할 수 있게 되었다. 그 방법으로 당신은 변화에 적응하고 혼란 속에서도 목표를 이룰 수 있다. 가능성을 더 빨리 발견해 미래를 창조할 수 있다. 뜻밖의 총알이 날아와도 임무를 이어갈 수 있다.

바로 그 방법이 지금 당신이 손에 쥔 이 책에 상세히 담겨 있다. 그 방법은 수많은 초등학생, 대학생, MFA, 엔지니어, 영업 사원, 의사, 교사, 운동선수, 예술가, 사회복지사, CEO, 그리고 특수 요원에게 실제로 효과가 있다.

그리고 그 방법은 당신에게도 효과가 있을 것이다.

부록 1

고유지능 자기평가 퀴즈

아래 20가지 질문에 답해 자신의 고유한 능력을 진단하고, 성장할 계획을 세워보자.

영역 I

1. 사람들의 고유한 강점을 잘 찾아낸다.
   ☐ 매우 아니다   ☐ 아니다   ☐ 보통이다   ☐ 그렇다   ☐ 매우 그렇다

2. 이상하거나 예상치 못한 상황이 발생하면 우연이거나 일시적인 문제라고 여긴다.
   ☐ 매우 아니다   ☐ 아니다   ☐ 보통이다   ☐ 그렇다   ☐ 매우 그렇다

3. 유행이 되기 전에 미리 트렌드를 포착하는 편이다.
   ☐ 매우 아니다   ☐ 아니다   ☐ 보통이다   ☐ 그렇다   ☐ 매우 그렇다

4. 누군가 이상한 행동을 하면 대체로 그 사람에게 문제가 있다고 생각한다.
   ☐ 매우 아니다   ☐ 아니다   ☐ 보통이다   ☐ 그렇다   ☐ 매우 그렇다

5. 세상을 많이 경험할수록 내가 알아야 할 것이 더 많다고 느낀다.
☐ 매우 아니다   ☐ 아니다   ☐ 보통이다   ☐ 그렇다   ☐ 매우 그렇다

영역 II

1. 삶에 변화가 생기면, 즉시 새로운 대안을 떠올린다.
☐ 매우 아니다   ☐ 아니다   ☐ 보통이다   ☐ 그렇다   ☐ 매우 그렇다

2. 장기 목표를 달성하는 데 종종 어려움을 느낀다.
☐ 매우 아니다   ☐ 아니다   ☐ 보통이다   ☐ 그렇다   ☐ 매우 그렇다

3. 어떤 일이 생기면 그것이 발생한 여러 가능한 이유를 금방 떠올릴 수 있다.
☐ 매우 아니다   ☐ 아니다   ☐ 보통이다   ☐ 그렇다   ☐ 매우 그렇다

4. 답을 모를 때는 즉시 다른 사람에게 조언을 구한다.
☐ 매우 아니다   ☐ 아니다   ☐ 보통이다   ☐ 그렇다   ☐ 매우 그렇다

5. 계획이 실패해도 곧바로 대처할 수 있으므로 크게 불안하지 않다.
☐ 매우 아니다   ☐ 아니다   ☐ 보통이다   ☐ 그렇다   ☐ 매우 그렇다

영역 III

1. 슬픔이나 수치심을 느낄 때면 그것들을 긍정적인 성장 동력으로 여긴다.

☐ 매우 아니다   ☐ 아니다   ☐ 보통이다   ☐ 그렇다   ☐ 매우 그렇다

2. 과거를 돌아보면 뚜렷한 방향감 없이 떠밀리듯 살아온 적이 많다.

☐ 매우 아니다   ☐ 아니다   ☐ 보통이다   ☐ 그렇다   ☐ 매우 그렇다

3. 화를 잘 내지 않지만, 내 입장을 분명히 말하는 편이다.

☐ 매우 아니다   ☐ 아니다   ☐ 보통이다   ☐ 그렇다   ☐ 매우 그렇다

4. 리더가 되고 싶지만, 남이 이끄는 대로 따르는 것이 더 편하다.

☐ 매우 아니다   ☐ 아니다   ☐ 보통이다   ☐ 그렇다   ☐ 매우 그렇다

5. 무언가(또는 누군가) 내게 해롭다고 판단되면, 즉시 내 삶에서 제거한다.

☐ 매우 아니다   ☐ 아니다   ☐ 보통이다   ☐ 그렇다   ☐ 매우 그렇다

영역 IV

1. 익숙한 상황에서는 과거에 통하던 방법대로 행동한다.

☐ 매우 아니다   ☐ 아니다   ☐ 보통이다   ☐ 그렇다   ☐ 매우 그렇다

2. 현명한 결정을 내리려면 많은 정보가 필요하다.

☐ 매우 아니다　☐ 아니다　☐ 보통이다　☐ 그렇다　☐ 매우 그렇다

3. 내가 불안할 때는 항상 전에 없던 일이 일어나는 경우다.

☐ 매우 아니다　☐ 아니다　☐ 보통이다　☐ 그렇다　☐ 매우 그렇다

4. 상황이 변해도 내 방식을 고수한다.

☐ 매우 아니다　☐ 아니다　☐ 보통이다　☐ 그렇다　☐ 매우 그렇다

5. 금융 투자에 뛰어난 감각이 있다고 생각한다.

☐ 매우 아니다　☐ 아니다　☐ 보통이다　☐ 그렇다　☐ 매우 그렇다

채점 방법

① 먼저 모든 영역에서 홀수 번호(1, 3, 5) 질문을 채점한다. '매우 그렇다'라고 답했다면 질문 옆에 +2를, '그렇다'는 +1을, '아니다'는 -1을, '보통이다'는 0을, '매우 아니다'는 -2를 적는다.

② 모든 영역에서 짝수 번호(2, 4) 질문을 채점한다. '매우 그렇다'라고 답했다면 질문 옆에 -2를, '그렇다'는 -1을, '아니다'는 +1을, '매우 아니다'는 +2를 적는다(즉 짝수 질문은 홀수 질문과 반대로 채점한다).

③ 각 영역의 점수를 합산한다.

④ 영역 I은 '직관', 영역 II는 '상상력', 영역 III은 '감정', 영역 IV는 '상식'이다(자

세한 내용은 아래 표 참고).

⑤ 점수가 가장 높은 영역부터 가장 낮은 영역까지 순서를 매긴다.

⑥ 점수가 가장 높은 영역은 '주도적인 고유한 능력'이며, 점수가 가장 낮은 영역은 '제한적인 고유한 능력'이다.

⑦ 이 점수는 절대적이 아니라 상대적이다. 다른 사람들과 비교한 능력 수준이 아니라 당신의 고유한 능력들을 서로 비교한 것이며, 훈련을 통해 향상될 수 있다.

직관 I_N • 규칙에 대한 예외를 찾는 능력 • 기회의 발견과 '공감'(사실은 호기심)을 촉진 • 논리는 이를 패턴 인식으로 오해	상상력 I_M • 새로운 계획을 만드는 능력 • 즉흥적, 효과적으로 전략을 창조 • 논리는 이를 아이디에이션이나 환상으로 오해
감정 E_M • 개인의 방향을 정하는 힘 • 좋은 경험과 나쁜 경험에서 비롯됨 • 논리는 이를 타인을 이해하는 도구로 오해하지만 사실은 자신을 이해하는 도구	상식 C_S • 상황을 분석하는 능력 • 특정 시기에 적합한 행동을 끌어내어 성과를 최대로 높임 • 논리는 이를 통계적 분석으로 오해

고유 재능

- **혁신:** 직관+상상력. 미래를 빠르게 상상하고 실현한다.
- **회복탄력성:** 감정+상상력. 고통을 통해 더 강해지고 실패를 통해 더 현명해진다.
- **의사결정:** 상상력+상식. 제한된 정보로 올바른 결정을 내린다.
- **소통:** 상식+감정. 상대의 세계에서 출발해 나의 세계로 이끈다.
- **삶의 목적:** 감정+직관. 당신이 존재하는 궁극적 이유를 찾는다.
- **코칭:** 직관+상식. 다른 사람들이 잠재력을 극대화하도록 도움을 준다.
- **리더십:** 상상+직관+감정+상식. 더 나은 세상을 만든다.

일반적으로 내게 부족한 '제한적인 고유한 능력'에 주력할 때 성장이 가장 빠르다. 하지만 원하는 고유 재능을 목표로 성장할 수도 있다. 만약 소통을 잘하고 싶다면 상식이나 감정을 강화하는 데 집중하되, 둘 중 점수가 낮은 것부터 시작한다. 훈련 연습은 부록2를, 추가 훈련은 operationhuman.com을 참고하자.

부록 2

고유지능 속성 가이드

뇌는 이론과 실습을 병행할 때 가장 빨리 배운다. 무언가가 '왜' 작동하는지 이해하는 동시에 '어떻게' 작동하는지 경험해야 한다는 뜻이다. '왜-어떻게'를 설명하기 위해 이 책은 이야기의 형식을 이용했다. 이야기는 이해와 경험을 결합해, 큰 그림을 전달하면서도 직접 체험하는 듯한 몰입감을 준다. 이 속성 가이드는 '왜-어떻게'를 습득할 수 있게 이론적 개요와 실제 연습을 결합했다. 다음 내용을 읽으면서 직접 연습한다면 고유지능을 빠르게 훈련할 수 있다.

고유지능의 활성화: 이론적 개요

- 삶은 본질적으로 변동성이 크고 불확실하기 때문에, 적은 정보로도 작동할 수 있는 지능이 필요하다. 우리 뇌에서 그러한 지능을 이끄는 것은 바로 이야기로 사고하는 능력, 즉 스토리씽킹이다.
- 가장 중요한 이야기는 당신이 자신에 대해 스스로에게 들려주는 이야기다.
- 과거의 경험이 하나로 통합되고 미래가 다양한 가능성으로 분

화될 때, 당신의 이야기는 지적 능력을 최대로 끌어올려 명확한 전략과 무한한 전술을 제공한다.

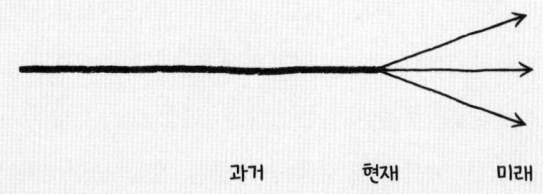

과거　　현재　　미래

- 이 이야기는 당신의 인생 계획이다. 계획은 다른 말로 플롯이라 하고, 플롯은 곧 이야기를 가리킨다. 인생 계획은 다른 모든 계획의 원천이며, 직업과 인간관계, 저녁 식사 메뉴까지 모든 것을 움직인다.
- 최대한 효과적인 계획을 만들기 위해 당신의 뇌는 직관, 상상력, 감정, 상식이라는 네 가지 고유한 능력을 계발했다.
- 직관은 계획을 촉발하고, 상상력은 계획을 형성하며, 감정은 계획을 유지하고, 상식은 계획을 선택한다.
- 직관은 규칙의 예외를 발견하는 데서 비롯된다. 예외를 발견하려면 '왜'를 보류하고 놀라움을 주는 '누가, 언제, 어디서, 무엇을, 어떻게'에 집중하자.
- 상상력은 직관을 계획으로 바꿔준다. 더 유연하게 상상하려면 새로운 '왜'를 찾아보자. 더 정확하게 상상하려면 최고 목표를 하나로 제한하자.
- 감정은 개인의 이야기의 방향과 무게를 측정한다. 슬픔은 두 세

계 사이에서 갈팡질팡하느라 당신의 영향력이 약해지고 있다는 뜻이다. 수치심은 두 사람으로 분열되어 당신의 목적이 약해지고 있다는 뜻이다. 분노는 당신이 미래를 향한 단 하나의 경로만 보고 있다는 뜻이다. 두려움은 당신이 미래로 가는 어떤 경로도 찾지 못했다는 뜻이다. '어리석은 자부심'과 '예상치 못한 감사'는 당신의 투쟁에서 특별한 점을 드러내어 당신의 '왜'(존재 이유)를 강화한다.

- 상식은 내가 무엇을 모르는지 아는 것이다. 환경이 완전히 바뀌었으므로 기존 계획이 쓸모를 잃었다는 것을 보여준다. 상식을 조정하려면 표준 행동 절차를 개선해 과거의 불안을 없애야 한다. 그리고 '지금+1'로 이동해 다음번 과제에 집중하고 더 먼 미래는 바라보지 않는다.
- 이 모든 것을 '이야기'의 관점에서 다시 정리하면 이렇다.
  - 직관은 이야기의 시작점이다. 당신과 세상의 예외적인 것들을 포착하며 이야기의 불씨를 붙인다.
  - 상상력은 그 불씨를 이야기로 성장시키는 힘이다. 당신의 예외성을 하나의 연결된 과거로 정리하고, 세상의 예외를 다양한 미래 가능성의 가지로 확장한다.
  - 감정은 당신의 이야기를 유지하고 점검하는 센서다. 과거가 분열되거나 미래가 좁아질 때를 알려준다.
  - 상식은 당신의 이야기를 현실에 맞춰 방향을 설정하게 한다. 지금의 상황에 가장 적절한 길을 선택할 수 있도록 도와준다.

- 네 가지 고유 능력은 동시에 발휘될 때 더 강력하다. 상상력은 상식을 민첩하게 하고, 상식은 감정을 유용하게 하며, 감정은 직관에 목적을 부여하고, 직관은 상상력에 통찰을 부여한다. 이렇게 결합된 능력은 우리 모두의 내면에서 깨어나기를 기다리고 있다.

고유지능 깨우기: 실전 연습

어떤 연습을 할지 정할 때는 다음의 상식적 규칙을 따른다. 편한 날에는 약점을, 힘든 날에는 강점을 훈련한다.

직관 훈련

- 모르는 사람이 먼 장소에서 찍은 오래된 사진을 구한다. 당신이 지금은 할 수 없지만 사진 속 세계에서 할 수 있는 일은 무엇인가? (너무 쉬운 질문이라고 생각하면, 좀 더 친한 사람이 가까운 장소에서 찍은 다른 사진으로 바꾼다.)
- 창의적인 사람들을 나열해보자. 자, 지금 당신은 방금 컴퓨터처럼 키워드 검색을 한 것이다. 이제는 아이처럼 생각해보자. 나열된 사람들의 창의적인 행동을 구체적인 이야기로 떠올리거나 새로 찾아보자. 그런 다음 '현명한 사람', '관대한 사람', '강인한 사람' 등 다른 정신적 특성을 설명해보자.
- 같은 직업을 가진 두 사람을 떠올려보라. 두 명의 식당 종업원,

두 명의 영업 사원, 두 명의 외과의사 등. 두 사람이 일하는 방식은 어떻게 다른가? 한 사람은 처리할 수 있지만, 다른 사람은 처리할 수 없는 업무 상황은 무엇인가?

상상력 훈련

- 당신의 하루를 방해할 만한 예상치 못한 문제는 무엇인가? (전에 겪은 적이 있는 문제라면, 당신은 방금 연습에 실패한 것이다. 미래를 상상하는 것이 아니라 과거를 회상했기 때문이다. 다음번에는 성공하려면 일단 한 가지 예외적 정보에 집중해보자.) 문제를 상상했다면 이번에는 뜻밖의 기회를 상상해보자.
- 올해의 목표 세 가지를 적어 우선순위를 매겨보자. 이제 목표 2와 3은 버리자(당신은 방금 전략을 정했다).
- 늘 하는 일 한 가지를 골라, 오늘은 다른 방식으로 해보자. 내일은 또 다른 방식으로 해보자(당신은 방금 전술을 분화했다).

감성 훈련

- 분노는 총과 같다. 의도적으로 사용하는 법을 배워 실수로 발사되는 것을 방지해야 한다. 먼저, 소중한 무언가가 위협받고 있다고 상상해 자신의 분노를 일으켜보자. 그다음, 계획을 상황에 맞게 조정했던 때를 생생하게 떠올려 분노를 해소하자. 이 과정을 반복하며 분노를 신속히 일으키고 다스리는 법을 훈련하자.
- 당신을 두렵게 하는 것은 무엇인가? 그 두려움 때문에 자신을

버리고 타인을 따라 한 적이 있는가?
- 타인을 위해 희생했지만 뿌듯했던 경험을 떠올려보자. 그 뿌듯함을 다시 느끼려면 어떻게 해야 할까? (잘 모르겠다면 무엇을, 왜 희생했는지 구체적으로 다시 살펴보자.)

상식 훈련
- 당신이 성공한 일을 한 가지 골라보자. 누군가가 당신만큼 그 일을 잘하려면 따라야 할 규칙 세 가지는 무엇인가? (당신은 방금 표준 행동 절차를 정했다.)
- 당신이 불운했던 순간을 떠올려보자. 그런 일이 또 일어난다고 상상해보자. 긴장된다면, 운은 당신이 통제할 수 없기 때문에 운이라는 것을 떠올리자. 긴장이 사라질 때까지 반복하자.
- 이번 주에 잘못될 수 있는 온갖 일을 떠올려보자. 이번에는 초점을 좁혀 앞으로 몇 초 안에 잘못될 수 있는 모든 일을 생각하자. 그 순간에 밀려드는 불안을 느껴보자.

고유지능을 깨우는 연습이 더 필요하다면 operationhuman.com/more를 참고하자.

고유지능의 적용: 이론적 개요

- **혁신**은 직관으로 시작되어 상상력에 의해 발전한다. 혁신은 예외에 집중하고, 기존 규칙의 '왜'와 예외의 '만약에' 사이의 긴장을 이용해 적대하는 인물의 핵심을 당신의 일부로 흡수하라.
- **회복탄력성**은 끈기와 인내 이상이다. 회복탄력성에는 목적, 의지, 유연성이 필요한데, 이는 최적화를 반취약성으로 대체할 때 나온다.
- **반취약성**은 낙관과 효과적인 계획이 결합될 때 나온다.
- **낙관**은 '나는 성공할 것이다'가 아니라 '나는 성공할 수 있다'이다.
- **효과적인 계획의 법칙**은 '계획을 개선하기 위해 계획하지 말고, 계획을 하는 사람을 개선하기 위해 계획하라'다.
- **뛰어난 의사 결정**은 새로운 상황에 맞는 새로운 계획을 만들어 전문가조차 반대할 수 없는 길로 나아가는 것이다.
- **비전**을 전달하려면 청중에게 한 가지 질문을 상상하게 한 다음, 청중보다 나은 답을 제시해야 한다. 지시를 전달하려면 팀에 하나의 목표를 제시하고 '왜'를 알려주어야 한다.
- **코치**는 항상 신참에게 비행을 맡기되 추락하도록 내버려두지 않는다.
- **리더십**은 전략적 비전과 자기 신뢰의 결합이다.
- **전략적 비전**은 미래에 대한 이야기를 창조하고 전달하는 것이다.
- **자기 신뢰**는 누구에게도 말할 필요 없이 스스로 자부심을 느끼는 행동을 하는 것이다. 이를 '은밀한 승리'라고 한다.

> **고유지능의 적용: 실전 연습**

혁신 훈련

- 실패했던 프로젝트를 다시 떠올려보자. 그중 가장 독창적인 요소에 집중해 다시 시작해보자.
- 자신과 가족, 공동체, 조직 사이의 갈등 한 가지를 떠올려보자. 당신이 위반한 그들의 규칙은 무엇인가? 그 규칙의 취지를 유지하면서도 당신이 원하는 일을 허용할 새로운 규칙은 무엇인가?
- 당신이 위협이라고 느끼는 대상을 관찰해보자. 어떻게 하면 자신의 본질을 훼손하지 않고 그 힘을 내 삶에 통합할 수 있을까?

회복탄력성 훈련

- 당신이 올해 이룰 수 있는 '가능한 승리'들을 목록으로 만들어 보라.
- 싸우고 나서 관계가 더 끈끈해진 경험을 떠올려보자.
- 인생의 목표 중에 다른 방식으로 성취할 수 있는 것은 무엇인가?

의사결정 훈련

- 당신의 인생 규칙 하나하나에 대해, 어떤 상황에서 그 규칙을 포기할 수 있을지 자문해보자.
- 업무 루틴 한 가지를 선택해 개선 계획을 세우자. 그 계획을 실행하지는 않는다.

- 현재 겪고 있는 문제 한 가지를 정해, 친구들에게 조언을 구하자. 그중 문제만큼이나 불안을 야기하는 조언을 골라보자.

소통 훈련

- 한 가지 주제를 선택해, 그 주제에 대해 아는 사실을 메모지 한 장당 하나씩 적어보자. 사람들이 끝까지 다 읽고 싶어지도록 메모지를 순서대로 배열해보자(힌트: 놀라움을 주며 시작해 뜻밖의 반전을 제시하고, 경이로움으로 호기심을 유발한다).
- 파트너를 정한다. 파트너에게 목표(예: 바나나 구하기)와 왜(예: 한 살배기 아이가 으깬 바나나를 좋아하기 때문에)를 제시한다. 파트너에게 그 목표를 달성할 계획을 물어본다. 괜찮은 계획 같으면(예: 가까운 슈퍼마켓에 간다) 파트너에게 계획이 실패할 수 있는 이유(예: 가게에 바나나가 떨어졌다)를 대면서 두 번째 계획을 물어본다. 두 번째 계획이 괜찮다면(예: 다른 슈퍼마켓에 간다) 파트너에게 목표 달성 자체가 불가능한 이유(예: 전 세계에 과일이 동나서 어느 매장에서도 바나나를 구할 수 없다)를 대고 파트너에게 세 번째 계획을 물어본다. 세 번째 계획이 괜찮다면(예: 으깬 고구마는 으깬 바나나와 비슷하므로, 고구마를 산다) 당신은 소통에 성공한 것이다(첫 번째 계획이 별로라면 더 명확한 목표를 제시하는 연습을 한다. 두 번째 계획이 별로라면, 목표를 달성하는 방법은 빼고 오로지 목표만 제시하는 연습을 한다. 즉 '무엇'을 해야 하는가만 제시하고 '어떻게' 해야 하는가는 밝히지 않는다. 세 번째 계획이 별로라면, '왜'를 더 구체

적으로 제시하는 연습을 한다.)
- 당신의 삶에서 불편한 사실 한 가지를 떠올린다. 다음 대화 때 그 사실을 밝힐 준비를 한다. 단, 자연스레 화제가 될 때만 공개한다. 그러면 대화 상대도 자신에 대한 사실을 쉽게 털어놓게 되므로 상호 신뢰가 형성된다.

코칭 훈련
- 수행할 때 불안이 낮은(전혀 없지는 않은) 과제를 선택한다. 자신을 전문가라고 선언한다.
- 당신보다 지식이 적은 사람에게 조언을 구한다. 그 조언을 받아들여 과제를 성공시킨다.
- 이미 당신이 잘 해결한 문제 한 가지를 떠올린다. 다른 사람들에게 그 문제를 어떻게 해결할지 물어본다. 해결법이 다르더라도 판단하지 않는다.

리더십 훈련
- 어린 시절의 꿈 하나를 떠올린다. 그 꿈이 앞으로 5년 안에 어떤 비전을 이룰 수 있을까?
- 실현 가능성이 있지만 높지는 않은 삶의 목표를 상상한다. 지금 당장 취할 수 있는 첫 단계는 무엇일까?
- 좋은 일을 하되 그 사실을 알리지 마라.

> **핵심 개념 요약**

- **스토리씽킹** = 직관(예외적 정보 감지) + 상상력('왜'와 '만약에'를 추측)
- **감성지능** = 두려움과 분노를 전술적 창의성을 높여야 한다는 신호로, 슬픔과 수치심을 전략적 통합을 추구해야 한다는 신호로 받아들인다.
- **상식** = 익숙한 상황에서는 검증된 계획을, 변화하는 시기에는 독창적인 계획을 사용한다.
- **반취약성** = 낙관 + 계획이 아닌 계획을 하는 사람
- **고유지능** = 스토리씽킹 + 감성지능 + 상식 + 반취약성
- **논리** = 귀납 + 연역 + 해석 + 수학
- **인공지능** = 논리
- **인간지능** = 논리 + 고유지능

감사의 말

보이지 않는 손에 대해 톰 게인스에게, 헬리콥터 점프에 대해 켈리 그린에게, 길을 알려준 앤절라 새머슨에게, 예외적 정보를 준 리처드 매코널에게, 자극이 되는 지혜에 대해 케네스 롱에게, 미래를 더 빨리 보게 해준 그레그 번치에게, 암묵 지식에 대해 프레스턴 클라인에게, 세상에 둘도 없는 영웅 브리트니 로니에게, 무한한 이야기를 들려준 클레어 머피에게, 비즈니스 침투에 대해 토비 레스터에게, 비전통적 리더십에 대해 에드 크루트에게, 운영 비전에 대해 닉 도커리에게, 첫걸음 계획에 대해 얼 플럼리에게, 로빈 세이지에 대해 크리스토퍼 해빌리에게, 도조에 대해 트렌드 업턴에게, 변화를 이끈 제너럴 비글에게, 엄청난 겸손함에 대해 재코에게, 통합된 삶에 대해 톰 스푸터에게, 전설적인 지능에 대해 새니에게, 효과적인 호기심에 대해 스웍에, 반취약성에 대해 부대에, 나를 보내준 다른 부대에, 연구실 운영에 대해 마이크 벤베니스트에게, AI를 무찌른 에릭 라슨에게, 기초를 다진 팻 엔시소에게, 학교 개선에 대해 켈리 위글리에게, 예스라고 해준 트렌트 보워스에게, 큰 창의성에 대해 전국영어교사협회에, 너그러운 성품에 대해 미국캠프협회에, 현실 다시 쓰기에 대해 미국 영화예술과학아카데미에, 자연사에 대해 폴 데이턴에게, 혼돈의 시간에 굳건했던 척 D에게, 이야기 대학에 대해 게리

골드먼에게, 셰익스피어에 대해 로런스 맨리에게, 뇌과학에 대해 에스워드 스튜언켈에게, 프로젝트 내러티브에 대해 짐 펠런에게, 전략적 천재성에 대해 캐럴린 세이버레스에게, 직관에 대해 메건 뉴먼에게, 상식에 대해 해나 스테이그마이어에게, 상상력에 대해 엘리자베스 코이프먼에게, 타깃 클로스에 대해 트레이시 비하르에게 감사드린다.

저스트 블룸에 대해 세라에게 감사드린다.

더 읽을 거리

Fletcher, Angus. 2021. *Wonderworks: Literary Invention and the Science of Stories*. New York: Simon & Schuster.(《우리는 지금 문학이 필요하다》, 앵거스 플레처, 비잉, 2021.)

Fletcher, Angus. 2022. *Creative Thinking: A Field Guide to Strengthening Your Creative Core*. U.S. Army Command and General Staff College.

Fletcher, Angus. 2022. "3 Exercises to Boost Your Team's Creativity." *Harvard Business Review*, March 24.

Fletcher, Angus. 2022. "Why Computer AI Will Never Do What We Imagine It Can." *Narrative* 30: 114-37.

Fletcher, Angus. 2023. *Storythinking: The New Science of Narrative Intelligence*. Columbia University Press.(《스토리씽킹》, 앵거스 플레처, 상상스퀘어, 2025.)

Fletcher, Angus. 2024. "Shakespeare Didn't Brainstorm: Why Literature Proves That There's More to Intelligence Than AI." *In Routledge Companion to Literature and Artificial Intelligence*, edited by Genevieve Lively and Will Slocombe. Routledge.

Fletcher, Angus, and Mike Benveniste. 2022. "A New Method for Training Creativity: Narrative as an Alternative to Divergent Thinking." *Annals of the New York Academy of Sciences* 1512 (1): 29-45. https://doi.org/10.1111/nyas.14763.

Fletcher, Angus, and Mike Benveniste. 2024. *Narrative Creativity: An Introduction to How and Why*. Cambridge University Press.

Fletcher, Angus, Preston Cline, and Matthew Hoffman. 2023. "A Better Approach to After-Action Reviews." *Harvard Business Review*, January 12.

Flecher, Angus, Patricia Enciso, and Mike Benveniste. 2023. "Narrative Creativity Training: A New Method for Increasing Resilience in Elementary Students." *Journal of Creativity* 33 (3): 100061. http://doi.org/10.1016/j.yjoc.2023.100061.

Fletcher, Angus, and Thomas L. Gaines. 2021. "The Limits of Logic: Why Narrative Thinking is Better Suited for Modern Combat." *Modern Warfare Institute*. October 19.

Fletcher, Angus, Thomas L. Gaines, and Brittany Loney. 2023. "How to Be a Better Leader Amid Volatility, Uncertainty, Complexity, and Ambiguity." *Havard Business Review*, September 28.

옮긴이 김효정

연세대학교에서 심리학과 영문학을 전공했다. 글밥 아카데미 수료 후 현재 바른번역 소속 번역가로 활동하고 있다. 옮긴 책으로 《수평적 권력》, 《나이가 든다는 착각》, 《울고 싶을 때마다 한 발씩 내디뎠다》, 《슈퍼 씽킹》, 《나무 이야기》, 《찬란한 존재들》 등이 있다.

고유지능
당신 안에 있는 위대한 지성을 깨워라

초판 1쇄	2025년 10월 29일
초판 2쇄	2025년 11월 19일
지은이	앵거스 플레처
옮긴이	김효정
발행인	문태진
본부장	서금선
책임편집	송현경　　　편집 1팀 한성수 이예림
기획편집팀	임은선 임선아 허문선 최지인 이준환 송은하 김광연 이은지 김수현 원지연
마케팅팀	김동준 이재성 박병국 문무현 김은지 이지현 전지혜 조용환 김화정 천윤정
저작권팀	정선주
디자인팀	김현철
경영지원팀	노강희 윤현성 정헌준 조샘 이지연 조희연 김기현
강연팀	장진항 조은빛 신유리 김수연 송해인
펴낸곳	㈜인플루엔셜
출판신고	2012년 5월 18일 제300-2012-1043호
주소	(06619) 서울특별시 서초구 서초대로 398 BnK디지털타워 11층
전화	02)720-1034(기획편집) 02)720-1024(마케팅) 02)720-1042(강연섭외)
팩스	02)720-1043
전자우편	books@influential.co.kr
홈페이지	www.influential.co.kr

한국어판 출판권 ⓒ ㈜인플루엔셜, 2025

ISBN 979-11-6834-330-6 (03190)

- 이 책은 저작권법에 따라 보호받는 저작물이므로 무단 전재와 무단 복제를 금하며, 이 책 내용의 전부 또는 일부를 이용하려면 반드시 저작권자와 ㈜인플루엔셜의 서면 동의를 받아야 합니다.
- 잘못된 책은 구입처에서 바꿔 드립니다.
- 책값은 뒤표지에 있습니다.
- ㈜인플루엔셜은 세상에 영향력 있는 지혜를 전달하고자 합니다. 참신한 아이디어와 원고가 있으신 분은 연락처와 함께 letter@influential.co.kr로 보내주세요. 지혜를 더하는 일에 함께하겠습니다.